河南省社会科学规划项目"中原作家群资料整理"研究成果
本成果出版得到淮河文明研究中心资助

张一弓研究

中原作家群研究资料丛刊
程光炜　吴圣刚　主编

张一弓研究

吕东亮 编著

河南大学出版社
HENAN UNIVERSITY PRESS

图书在版编目(CIP)数据

张一弓研究/吕东亮编著. — 郑州:河南大学出版社,2015.2
(中原作家群研究资料丛刊)
ISBN 978-7-5649-1899-6

Ⅰ.①张… Ⅱ.①吕… Ⅲ.①张一弓-文学研究
Ⅳ.①I206.7

中国版本图书馆 CIP 数据核字(2015)第 041994 号

出 版 人	张云鹏
出版统筹	侯若愚
责任编辑	甘慧君
责任校对	舒慧敏
封面设计	侯一言

出 版	河南大学出版社
地 址	郑州市郑东新区商务外环中华大厦 2401 室
电 话	0371-60993151(人文社科出版分社)
	0371-86059753
网 址	www.hupress.com
排 版	河南金河印务有限公司
印 刷	河南省瑞光印务股份有限公司
版 次	2015 年 4 月第 1 版
印 次	2015 年 4 月第 1 次印刷
开 本	710mm×1000mm 1/16
印 张	15.5
字 数	286 千字
定 价	46.50 元

本书如有印装质量问题,请与河南大学出版社营销部联系调换。

编选说明

从最初动议到确定方案,再到最后完成,这套"中原作家群研究资料丛刊"历时一年有余。因为,它绝不仅仅是已有研究成果的简单整合。首先,编著者必须通读该作家的所有作品,包括文学作品、散文随笔、演讲报告、文艺批评等等,形成对作家作品的感性认识和理性判断,这是编选作家研究资料的基础和前提。然后收集研究资料,要求尽可能全面详尽,网络、期刊、报纸、杂志、著作、作家本人及其亲友、故交等各种途径、各种渠道,越全面越好。最耗时、最费力、最艰苦的工作是资料的分类、甄别和遴选,它体现了编著者的眼光、立场、态度和学养,决定了研究资料的分量和品质。典型性、历史性、多元性是我们选文的基本原则,力求覆盖作家不同时段、不同类型、不同风格的作品,兼顾专家批评和新锐批评,体现不同时期的文学生态和文化场域。总之,整个过程没有捷径可走,全是笨功夫、苦功夫。尽管如此,其疏漏之处肯定不少,恳请专家学者批评指正。

本研究资料共分四大部分,即作家"自述·访谈·印象记"、"研究论文选辑"、"作品年表"、"研究资料索引"。"研究论文选辑"以时间为线索,以"问题"为中心,先总论、后分论,同一"问题"相对集中,体现逻辑性和层次感,并努力体现作家作品研究的历史进程。对入选的文章,为了出版方便,作统一技术处理,删减了摘要、关键词,注释一律改为脚注,除对一些明显的文字和标点符号的疏误作订正外,其他方面包括注释的不完整、不规范,词语使用的不当等,则依旧保持原貌。"作品年表"部分按时间顺序排列整理收录,截止时间为2014年7月。只列入作品的首发、首印,作品的再版、转载不列入年表,海外翻译版本尽可能列入年表。期刊、著作均按年、月排序,报纸具体到日期。重要散文、发表的重要演讲等列入作品年表,但作家编辑的书目、研究资料等均不列入。"研究资料索引"包括单篇学术论文索引、学位论文索引、研究专著索引三部分,截止时间同样为2014年7月,均按刊发/出版时间先后顺序编排。

需要特别说明的是,由于各种原因,编委会没能与选用论文的作者一一联系,丛书出版后,将赠书一本,以表歉意和谢意!且本书用于学术研究而非商业目的,想学界前辈、同人亦能理解支持。在此真诚致谢!如需稿费,请与编委会联系。

编委会
2014.10.31

总　　序
程光炜　吴圣刚

新时期以来,中国当代文学呈现为多样、多态发展的趋势。在当代文学的版图中,"文学豫军"或"中原作家群"早已成为中国当代文学的重要现象和重要构成。之所以称之为"文学豫军"或"中原作家群",是因为它呈现出群体性,是一个集合的概念。但是,这绝不意味着这个群体中的个体是孱弱的,没有独立呈现的分量。相反,正是一个个有分量的个体组成了一个有广泛影响的作家群体:姚雪垠、叶楠、白桦、李准、张一弓、南丁、田中禾、张宇、郑彦英、李佩甫、二月河、周同宾、刘震云、阎连科、周大新、刘庆邦、李洱、柳建伟、孙方友、墨白、邵丽、乔叶、计文君等等,每位作家都有不凡的创作业绩,每个人都有自己的独特之处,都是文学中的"这一个"。

地处中原的河南,在当代中国政治、经济版图上不是核心地带,但在历史、文化地理图上却是积淀深厚的重镇。这里也在接受全球化的荡涤,也在搭载现代化的快车,但这里与中国当下的经济前沿存在着距离,呈现着现代化的滞后性。因此,河南在时代的节奏中存在着"时间差"。这使得中州大地在现代化的浪潮中还氤氲着农业文明、历史文化的气息,也使得中原儿女在这种相对的"慢节奏"中对历史、现实和文化进行思考,精神和灵魂回归这片土地,并以中原文化的思维方式进行着多种表达。走进历史,走进中原文化,是豫籍作家的共同选择。无论是身居河南的作家还是移居他乡的作家,他们的灵魂仍然栖居在家乡故土,并用他们敏感的触角细腻地联系和感受着中原文化,中原文化是他们精神发生的原点,河南历史和家乡生活是他们创作的源泉。对于这些河南作家来说,似乎只有这片故土和其中的点点滴滴才能够激活创作的灵性。正如阎连科所说:"我家住在一个镇子上,那是一个很大的村庄。那个村庄是我写作取之不尽的生活源泉、情感源泉、想象的源泉。一句话,是我写作的一切的灵感之源。那个镇子奇妙无比,任何现实中的一件事情都可能是荒诞的、合理的。"① 正是在这种表达中,作家们完成了自己的一部部皇皇巨著,成就了当代河南文学的气象大观。

---

①阎连科:《我的现实,我的主义》,http://v.book.ifeng.com/book/ts/7332.htm。

"中原作家群"不仅是河南的文学现象,也是全国的文学现象;产生于中原大地的河南文学,早已超越了这一区域空间。无论是二月河、李佩甫的作品红遍全国、传播域外,还是刘震云、阎连科、周大新、李洱的作品的海外影响,都说明豫籍作家的作品是全国性的,也具有世界性的分量。这足以构成河南自己的文学史。关于河南文学和"中原作家群"研究,近十年来,随着作家作品的动态性呈现,更多表现为个案化的文学研究,而当代河南文学的整体性、系统性研究则不够。这一方面与河南的经济实力及其对文化提升、带动能力的不足有关,另一方面也与学界、文学界对河南文学在当下中国文化地理学上的地位认识不足有关,特别是与本土学界的研究、推介的成绩有关。弥补这一不足,是一项浩繁的工作,但起步必须从基础开始。

资料整理无疑是学术研究中最基础性的工作。学术界目前关于河南作家的研究资料,主要是上世纪80年代出版的《李准研究资料》、《姚雪垠研究资料》等有限的几种。相关研究主要体现在两个方面:一是关于"文学豫军"、"中原作家群"的正当性和合理性的阐述,这方面的研究成果主要有孙荪的《文学豫军论》等,该文系统性地评述了"文学豫军"的由来、构成及文化特征。二是"中原作家群"形成的历史文化原因以及具体作家作品的研究。刘增杰主编的《精神中原》以论文集的形式综合了学界对于中原作家群整体把握和作家研究的成果;张鸿声主编的《河南文学史·当代卷》则是系统描述当代河南文学发展的第一部史著;梁鸿的《"外省笔记":20世纪河南文学》以"外省"的视角考察河南文学,从文化的角度寻觅和审视河南文学;何弘的《超越还是重复——中原文学论稿》试图对"中原作家群"或中原文学作出一个整体性的描述。这些研究对于解说一种文学现象的发生、发展是必要的,但都是初步的,特别是对"中原作家群"形成的历史文化原因和整体性特征的研究,远未形成对"中原作家群"完整的、核心的解说,更没有评估、揭示出"中原作家群"的应有价值。因此,就需要有人真正深入下去,沉入到纷繁的资料中去,耐心、细密地梳理,把那些能够反映和体现作家创作实绩、作品价值和当代河南文学整体面貌的资料整理出来,形成完整、系统的当代河南文学的资料体系,为文学史的生成奠定坚实的基础。

信阳师范学院文学院的一些老师近年来致力于河南文学研究,逐渐形成了自己的方向和领域,引起了学界的关注。作为一所本土的有长期人文积淀的高校,研究河南文学、推动河南文学发展是应有的责任。2013年起,文学院整合文艺学、现当代文学和写作学等学科的十几位教授、博士组成研究团队,集中开展当代河南文学研究。这个团队以博士为主,中青年结合,队伍整齐,潜力很大。他们首先从资料整理开始,扎扎实实开展研究工作。第一批选取"中原作家群"中影响最大的15位作家,经过近一年的努力,整理出《白桦研究》(陶广学讲师,扬州大学博士)、《张一弓研究》(吕东亮副教授,武汉大学博士)、《田中禾研究》(徐洪军讲师,上海大学博士)、《张宇研究》(杨文臣讲师,山东大学博士)、《李佩甫研究》(樊会芹讲师,江苏师范大学硕士)、《二月河研究》(吴圣刚教授)、《刘震云研究》(禹权恒讲师,武汉大学博士)、《阎连科研究》(方志红副教授,四川大学博士)、《周大新研究》(沈文慧教授,华中师范大学博士)、《刘庆邦研究》(杜昆讲师,南京师范大学博士)、《李洱研究》(王雨海教授)、《墨白研究》(杨文臣讲师,山东大学博士)、《邵丽、乔叶、计文君研究》(李群副教授,河南大学硕士)等13卷,资料选编力求翔实、准确、有代表性。第一辑告罄之后还会启动第二辑,甚至第三辑,目标是把"中原作家群"主要作家的资料完整、系统地拓展出来,真正为当代河南文学的深化研究做些基础性的工作。

由于编选者的眼界、学识、水平有限,疏漏、不足,甚至差错定然存在,敬请学界批评指正。

目　录

1　编选说明
1　程光炜　吴圣刚　总序

自述·访谈·印象记

3　张一弓　听从时代的召唤——我在习作中的思考
10　张一弓　太阳正在落山
11　苗梅玲　孤独的身影与浪漫的灵魂——张一弓访谈
20　张　永　李鲁愿　秦　华　静守孤独的自由：中原之子系列人物之张一弓
25　南　丁　张一弓弓未藏
29　张　宇　张一弓的命运之神
33　刘学林　孤独的跋涉者
39　张婷婷　我有这样一位父亲——女儿眼中的张一弓

研究论文选辑

49　阎　纲　"高尚的圣者和殉道者"——读《犯人李铜钟的故事》
58　潘旭澜　胆识与艺术创新——评中篇小说《犯人李铜钟的故事》
61　曾镇南　并不轻松的喜剧——读张一弓的三篇小说
65　刘锡诚　一条坚实的道路
78　张　炯　人民道德精神力量的礼赞——评张一弓的《张铁匠的罗曼史》
84　刘思谦　张一弓创作论
96　周桐淦　失去的和缺少的——读《听从时代的召唤》致张一弓同志
101　谢望新　关于张一弓创作论辩的笔记
119　陈继会　张一弓：寻找与超越
126　孙　荪　英雄情结——张一弓创作思想之核
132　梅蕙兰　辉煌的瞬间与平淡的日子——张一弓与何士光创作比较
141　曹增渝　用激情和理性浇铸当代英雄——兼论张一弓对主流文学的意义

152　陈平原　不忍远去成绝响——张长弓、张一弓父子的"开封书写"
175　李遇春　告别与寻找——关于张一弓小说的话语转变
186　马治军　理性之光与理性之累——张一弓创作浮沉论
193　何镇邦　诗情与历史文化相交融的家族叙事
196　何向阳　历史的"张看"——评张一弓《远去的驿站》
199　叶永胜　家族传奇的温情回眸——评张一弓《远去的驿站》
206　赵修广　《远去的驿站》：张一弓的历史沉思与生命咏叹
212　刘　涛　历史小说的一种写法——《黄鹭鸟仍在啼叫》阅读札记

作品年表

219　张一弓作品年表

研究资料索引

227　张一弓研究资料索引

232　编后记

自述 · 访谈 · 印象记

听从时代的召唤
——我在习作中的思考

张一弓

一

我国革命现实主义文学在党的十一届三中全会前后重新崛起,它的植根于当代生活土壤中的强大生命力,它对当代重大社会矛盾的深刻揭示和思考,曾是那样强烈地震撼和吸引着我,使我对文学长期害着的"单相思"变得不可忍耐了。我不争气地流下那么多的眼泪,把一段严酷的历史留给我的一个不可消灭的记忆推上笔端,写了《犯人李铜钟的故事》,希望它能够对社会生活产生一些认识的作用——我便这样地把自己交给了文学。感激《收获》的编者,他们从"自流"来稿中拣出了这篇习作,把它交给了读者;感激党的十一届三中全会所开辟的一个新的时代,它成全了我对文学的一个并不轻松的抉择。

巴尔扎克说过:"从来小说家就是自己同时代人的秘书。"[①]当我写了《犯人李铜钟的故事》以后,才不无惶恐地意识到,我是在力不从心地做着这样的"秘书"工作了。

我不是一个好"秘书"。三年多来,我只写了十多个中、短篇小说,不多也不好。但我总在提醒自己:要追随时代的步伐,为正在经历着深刻变革的我国农村做一些忠实的"记录"。如果说,《犯人李铜钟的故事》记录了我对我国农民一段严酷的历史命运的痛苦思考,那么,《赵镢头的遗嘱》则试图记述在新的历史条件下,我国农民表现出来的充满智慧和勇敢的历史主动性,他们对适合我国国情的建设社会主义农村的新的道路的发现,以及他们为了肯定自己的发现而进行的斗争;《张铁匠的罗曼史》、《寻找》、《瓜园里的风波》则是农民刚刚赢得一个新的历史命运,而又负载着旧有的历史忧伤的亦喜亦惧的心理状态的纪实;《黑娃照相》仅仅是一个即兴的"人物速写",写下了"过去在他身上留下的穷乏所形成的心理的和外表的印痕与被生活唤醒的对物质和精神的生活不断

[①] 〔法〕奥诺雷·巴尔扎克:《巴尔扎克中短篇小说选》前言,人民文学出版社,1979年。

增长的需要之间的矛盾"①,以及他对美好未来的确信;《流泪的红蜡烛》是迅速变动着的农村现实生活传递给我的一个使我喜悦而怅惘的新的讯息,这是一幅富裕和愚昧掺杂一起的色彩极不协调的图画,它反映着现实生活中新出现的物质生产有了较大发展而精神生活依然"贫困"的矛盾,以及农村青年在物质和精神生活这两个方面的高尚、美好的追求;我还应当提一提《最后一票》,这个短篇是从政治生活的角度,记录了农民在民主革命时期曾经被唤醒的、此后都被遗忘了的、在新的历史条件下被重新激发出来的民主要求的一声呐喊。

当我回顾自己怎样追随农村变革的脚步,试图做一做"同时代人的秘书"的时候,常常感到我是在自讨苦吃。我发现,我是那样郑重而傻气地把自己推到重大的社会矛盾面前而毫无回避的余地了。因此,在我的文学习作道路上,必须对政治与艺术、歌颂与暴露以及吸收外来技法与表现民族的、时代的内容等重大问题,作出自己的思考和回答,否则我将寸步难行。

二

正如一些批评家所说,我的习作常常带有强烈的政治色彩,有的甚至触及当前农村变革中的经济政策。这是一个使我深感惶惑的问题。

在我国当代文学史上,在"艺术从属于政治"的口号下,出现过一批图解政策、为一时的中心工作效劳的作品,产生了实用主义的"运动文学"。历史已经证明,这样的作品是没有生命力的。这不仅仅是由于政治和政策的失误"株连"了"从属"于它的文学,而且由于图解政策——即使是正确的政策,也违背了文学来源于客观生活,而不是来源于既定概念的根本规律,在哲学思想上也是同唯物论的反映论背道而驰的。当我重新开始小说习作的时候,我是幸运的。我国革命现实主义文学的重新崛起,已经打破了长期以来主观唯心主义强加给文学的沉重枷锁,使我有可能十分警惕地提醒自己,让我的习作行走在生活的轨道上,避免重蹈图解政策的覆辙。

但我产生了新的困惑。一个作者对生活作出的形象和哲理的发现,以及他不可遏止地试图表达他的发现的创作冲动,总是离不开他正生活其中的客观环境和他的社会实践的制约。作为一个同农民一起试行联产责任制的驻队干部,使我在关注着农民的历史命运、注视着现实农村中各种人物情态的时候,总是摆脱不了历史变革时期的政策对他们的重大影响,排除不了在农村现实变革中

---

① 曾镇南:《并不轻松的喜剧》,《学习与研究》1982 年第 2 期。

起着决定作用的政策的因素。文学是人学,要写出各种栩栩如生的人物典型,这是毋庸置疑的。而我生活其中的环境和我的社会实践,总是使我情不自禁地从新的农村经济政策所带来的物质生产形式的变更和生产关系的变化中,观察不同人物在新的历史舞台上的各个不同的表演,他们在思想方式、行为方式、心理状态上所产生的深刻而微妙的变化。在试行"包产到户"的第一个丰收季节——这在当时并未见诸于正式文件的倡导,而是出于农民的智慧的创造,围绕着这种管理形式是社会主义的还是资本主义的,以及由此而来的"超产是否归己"、"奖罚是否兑现"这样一些是否真正实行按劳分配、多劳多得的社会主义分配原则的常识性问题,发生了何等激烈而尖锐的论争啊!在我蹲点的大队里,几乎每一户社员都在焦灼地期待着历史的一次新的裁决。四位女社员向我哭诉,要我在承包合同上"再咬个牙印"。一位中年汉子气恼地向我宣告:他要加高院墙,关上大门,在院子里打场,谁敢拿走他的超产粮,他就跟谁拼命!在坚持政策兑现之后,一个新的权威——劳动的权威,在农村出现了。一位历来不被人们注意的"实受货",由于超产吨粮而使人们发现了他的存在,赢得了社会的尊敬;而一位习惯于不劳而获的大队干部去菜园私摘青菜的时候,却受到了菜园承包户的抵制和揶揄……来自一场深刻变革的连续、密集、令人激动不已的生活讯息,使我处于高度的亢奋之中,并提醒我,应当干一干一个业余作者的活计了。

但我立即发现,使我激动不已的生活讯息里,却含有那么多的极不高雅、毫无诗意,而且与人们的肠胃系统有着密切联系的政策因素。这使我感到极大的惶恐了。我会不会重走图解政策的老路而陷入实用主义的泥沼呢?会不会被认为写了"急功近利"的"趋时之作"而惹来对我的人格的指责呢?一个习作者的郑重的思考和一个凡夫俗子的琐碎的顾忌,使我踌躇不前了。但在这时,邻近公社里发生了一个悲剧:一对勤劳、善良的农民夫妇,因干部推翻联产合同,夺走了他们即将到手的超产粮,而双双服毒了。这一悲剧性事件极其强烈地震动了我,使我不能不在踌躇和焦虑中作出抉择了。既然历史转折时期的政策如此广泛而深刻地联结着千家万户的命运,如此强有力地改变着人们的思想方式、行为方式和心理状态,既然这些政策是农民为之付出极大历史代价的智慧创造,那么当我试图反映现实农村的这一场深刻变革的时候,试图写出这一变革的比较典型的环境和具有较多的典型性的人物形象的时候,为什么一定要对变革时期的变革的政策畏而远之,似乎不如此就不能使文学得到"净化"而成为不朽呢?图解政策的教训是值得永远记取的,但在纠正这一谬误的时候,试图把溶化在人民的生活和命运中的政治和政策的因素清理出去,是不是一种"把婴儿同洗澡水一起泼出去"的不幸呢?如果我在文学习作的全过程中牢牢记住从生活出发、从人物出发,那么,当我在社会生活中,在人与人、人与环境的关系中碰到了政治的,甚而是政策的因素,是否可以不必避开这些因素,而把这样能否写出大约每一位作者都希望写出的不朽之作的批准权暂且交给历史,而心甘情愿地写一些可能"速朽"的文字呢?正是基于这样的思考,我写了《赵镢头的遗嘱》以及以后的刻有农村这场变革的历史印痕的《黑娃照相》、《寻找》、《瓜园里的风波》等姑且叫做"一个驻队干部在八十年代初期的文学记录"的文字。

不要图解政策和任何既定概念,但也不要避开政策对历史、对你所要写的人物命运以及他的形态和心态的重大影响;不要搞实用主义的趋时之作,但也不要拒绝接受不断变动着的时代通过活鲜鲜的人物形象传递给你的生活的指令。这是我根据自己的人生经历、我生活其中的具体环境以及我正在进行着的社会实践,对我提出的一个要求,而并非对我的习作在选材上的全部要求和概括。

生活的领域是无限广阔的。政治和政策并非构成社会生活和人物性格历史的无所不在的因素。每个作者都有自己所熟悉的生活领域以及属于他自己的包括选材习惯在内的写作个性。当我对自己习作中碰到的一个问题作出抉择时,并不以此衡量别人的作品,"不要求玫瑰花和紫罗兰散发出同样的芳香"①。

三

由于我的习作大都带有强烈的政治色彩,并常常触及变革时期的政策,这就使我常常产生另一个困惑:我的每一篇习作几乎都受到过两种截然相反的批评。有的不无激动地说它是"居心不良"的"暴露",有的则不无嘲讽地说它是"趋时"的"歌德"。好像为文学作品准备了两把椅子,必须在其中的一把椅子上对号就座。甚至像《黑娃照相》这个着重在新旧杂陈的时代背景上表现人物心态的短篇,大概是由于黑娃已经能够用饲养长毛兔挣来的三元八角钱照一张彩色相片,加之在社会背景上写了"责任田"、"专业户"的缘故,它被列入"很有应变能力"的"宣传工具"之中了。不幸,由于同样的原因,又有人质问道:难道落实农村新经济政策之后的农村青年,只能够在一张彩色相片里"画饼充饥"吗?由此可见,黑娃之黑,纯属作者的肆意涂抹。同时,由于在黑娃赖以存在的新旧杂陈的时代背景上写了庙会和香客,又有人发现,这个"简单的宣传工具"

---

① 〔德〕卡尔·马克思:《评普鲁士最近的书报检查会》。

正在宣传着封建迷信,等等,等等。

对于以上两种截然相反的批评,我必须要求自己不要由于其中包含着的过分激动和小小的讥刺而跟着激动起来,这里需要的是心平气和的讨论。

我没有想过要把自己的习作放在"暴露"抑或是"歌颂"的模式里,而是试图让"暴露"与"歌颂"共居于一个"对立的统一体"中。通过对社会生活中确实存在着的阴暗面的不加粉饰的暴露,激发出我对社会生活中确实存在着的光明和希望的热烈的讴歌。这与其说是我主观上试图这样做,倒不如说生活的本来面目要求我这样做。

辩证唯物主义的世界观总是让人们看到现实生活中两种"现实"的存在:一种也许是在某一个历史阶段上或某一个局部环境中占据优势的黑暗势力,但它在总的趋势上却在消亡着,正在失去它的必然性和现实性;而与之矛盾冲突着的对立面——也许在某一个历史阶段上或某一个局部的环境中居于劣势的进步力量,却在斗争中成长着,正在愈来愈惹人注目地表现着它的现实性和生命力。以辩证唯物主义的世界观为其哲学基础的革命现实主义文学,应当能够对这两种"现实"作出符合它们本来面目的反映,从而使我们既能够坚持现实主义文学的批判性而又同批判现实主义文学划清界限,既吸收浪漫主义文学的强烈的理想光芒而又把理想的光芒置于现实生活的基础之上。

我喜欢十九世纪浪漫主义文学大师雨果老人提出的美、丑对照原则:"丑就在美的旁边,畸形靠近着优美,丑怪藏在崇高的背后,美与恶并存、光明与黑暗相共。"[①]但我在理论和实践上不能到此止步。因为生活中不仅存在着美与丑的矛盾对立,还存在着前者代替后者的永无止息的矛盾斗争。毛泽东同志说过:"真的、善的、美的东西总是在同假的、恶的、丑的东西相比较而存在,相斗争而发展的。"[②]这是事物发展的客观规律。因此,我常常告诫自己,不要回避社会矛盾,去进行粉饰社会生活的廉价的歌颂,因为它无异于既要歌颂武松而又不许武松打虎那样,叫施耐庵老先生啼笑皆非;同时我也提醒自己,不要孤立地暴露黑暗,不要让人们产生只看到阳谷县令在景阳冈贴出"大虫伤人"的告示,却不见打虎的武松的悲伤。我不是说,我在每一篇习作中都要表现重大的社会矛盾冲突,并在这种矛盾冲突中塑造出英雄人物和社会主义新人的形象,但在我的创作指导思想和总的倾向上,将尽力掌握生活中的美、丑对立及其在斗争中互相消长的辩证法。

"他的作品里充满着浪漫主义的因素,正是这种浪漫主义投注给他的作品

---

① [法]维克多·雨果:《雨果论文学》,上海译文出版社,1980年,第30页。
② 毛泽东:《关于正确处理人民内部矛盾的问题》,人民出版社,1957年。

以生活之光。他的作品里当然也显示着强有力的批判精神,正是这种批判精神加强了对社会生活认识的深刻性。"①对我的一些习作的上述溢美之词使我感到愧疚,因为我自知我的一些习作辜负了这段评语。它说出的是我不曾达到的,却是我所追求的。如果用一句话表明我的追求,那就是革命现实主义文学的批判精神与高昂理想的统一。

四

内容决定形式。在重大的社会矛盾冲突中反映不断变化着的现实生活,从而把批判精神与高昂理想结合起来的要求,使我不敢小视情节的作用。我感到,小说的情节即是环绕着人物,并促使人物在其中采取行动的矛盾冲突。离开了情节结构,我的人物将失去他赖以存在并在其中表现自己的社会环境。我甚至偏爱生活中的特异事件和异常尖锐的矛盾冲突,喜爱浪漫主义文学在情节结构上常常采用的大开大阖、大起大落的结构方法,促使人物在这样的情节结构中采取强烈的行动。这也许有利于表现重大的社会矛盾冲突,有利于在较为广阔、雄浑的历史图景上描绘自己的人物,有利于给较多的读者带来较为强烈的感染力。

但对特异事件和外部情节结构的偏爱,也无疑是我习作中的一个局限。它不仅限制了我在更为广阔的生活领域里选取素材的可能性,而且不能使我对人物的心理状态作出直接的透视,揭示人物内心的真实,这就损害了人物的丰满性和生动性。因此,在《黑娃照相》、《寻找》等习作中,我试图在生活中选取并非惊心动魄的事件,吸收西方小说中心理结构的方法,以打破这种局限。但我这样做的时候,仍然十分谨慎地充当着我的人物的叙述者,即使在《寻找》中表现马套的潜意识的时候,也唯恐读者不知所云而要由我对它作出叙述和解释。我也没有勇气离开外部的情节结构,致力于人物主观意识的流动,因为我唯恐使我的人物离开外部世界的现实关系而变成无所依附的"游魂"。我在提醒自己,要把外部结构与内部心理结构结合起来,以外部的情节结构为基础,把人物的心理活动作为外部世界的矛盾冲突在人物内心世界激起的波澜和回声。即使像《黑娃照相》这篇不是按照传统的情节结构的要求,而主要表现人物心态的习作,也要把黑娃的心态附丽在黑娃赶会的情节之上,让黑娃赶会的外部情节载负着黑娃的心理活动的流程。

---

① 刘锡诚:《一条坚实的道路》,《莽原》1982 年第 4 期。

农村现实生活中新旧杂陈的斑驳色彩和繁杂音响,也使我感到需要对叙述农村现实生活的语言作一些调整。我在人物的语言中,采用了自己比较熟悉的豫西乡土语言,而在叙述语言中吸收了一些欧化的成分。如在《流泪的红蜡烛》的开头,用了六个"在……之后"组成的介词结构的并列状语;《黑娃照相》的第一句,也是欧移的倒装句、复合句。我希望这样的句式能够增加语言的表现力和"讯息量",造成跳荡的感觉和奔腾的气势。

把情节结构与心理结构织在一起,把乡土语言与欧化句式揉在一起,都属于对外来的表现手段的吸收。对此,我也曾有过踌躇和疑虑,唯恐失去我所表现的中原农村的"红薯味"。当我在一个农学院受了短期训练以后,才知道红薯是菲律宾的舶来品,而在中原农村广为种植的玉米,却是从拉丁美洲引进的。既然红薯和玉米可以被我们民族的土壤和肠胃所接受,变成自己的东西,那么,一些外来的文学表现手段,也应当是反映我们这个时代的农村生活的文学可以消化的。

然而,诚如一位批评家指出的:"在艺术形式上,他却常常表现出平庸,缺乏创造性。"当我在艺术形式上进行一些"土洋结合"的尝试时,也常常感到一个乡下大闺女用不好现代化妆品的懊恼。这在一定程度上可以说是"广阔庞杂的内容与比较窄狭拘谨的形式之间的矛盾"①所造成的懊恼。我将不断寻求解决这一矛盾的艺术途径。

当我就要结束这篇啰唆文章的时候,好像重新沿着我的短短的习作道路进行了一次艰巨的跋涉。我不是在叙说自己已经达到的,而是在说明我所追求的,其中可能包含着许多谬误。为了使自己能够在一条不那么好走的道路上走得较好一些,我期待着检验和批评。

1983 年 2 月 27 日凌晨于郑州
原载《文学评论》1983 年第 3 期

---

① 刘思谦:《在现实的发展中反映现实》,《奔流》1983 年第 2 期。

太阳正在落山

张一弓

当属于你的太阳正在落山,
生命的黄昏如无声的狼群向身边弥漫。
你听见,你苍老的心脏铿然跳动,
如武士的鼓点处变不惊。
于是,你依旧弹奏着琴弦走过旷野,
不在乎身后边越拖越长的身影。

当属于你的季节寒风骤起,
老树像抛撒纸钱一样地落叶飘零。
你看见,一颗被遗忘的果实高挂枝头,
它拒绝成熟而坚守苦涩的生命。
于是,你用形同树根的手指弹奏情歌,
蓝蚯蚓般鼓动的血管里青春沸腾。

当小喇叭不再为你吹奏赞歌,
多情的秋波已懒得顾盼回眸。
你听见,孤雁划破长空的啼叫,
凌厉而清越的长鸣在天际缭绕。
于是,你收起喑哑的琴弦加紧赶路,
天上和人间的旅途上没有孤独。

当林中传来夜猫子的笑声,
夜幕如墨染的瀑布铺天而降。
那时,你身心俱疲、白发飘霜,
颤抖的指尖触到了天边的残阳。
于是,你轰然点燃了自己,
留下一小点儿瞬间消逝的火光。

孤独的身影与浪漫的灵魂
——张一弓访谈

苗梅玲

苗梅玲：张老师，听说您最近刚完成了一部作品，请您就这部新作作一些简单介绍好吗？

张一弓：好的。这是一个长篇，名字叫《少林美佛陀》。但它不是传记体小说，而是关于少林寺开山祖师跋陀禅师的具有童话色彩的传奇故事。嵩岳地区流传着不少关于跋陀的民间传说，正是这些传说激发并孕育了我要在小说写作中表现跋陀这个艺术形象的愿望。

苗梅玲：是什么原因使您一改以前现实主义的创作风格，创作这样一部作品？

张一弓：这也是一种缘分。1980 年，我被调离了曾为之工作了三十年的新闻工作，下放到嵩岳山下的登封农村，在那里待了四年。少林寺就在登封县。正是在那里，我知道了跋陀，并对他产生了极大的兴趣。在有关佛教的史书中，关于跋陀的记载不超过五百字，说他从天竺国（古印度）来我国传播佛教，受到北魏孝文帝的敬重，跟随孝文帝从平城（现在的山西省大同市）迁都到洛阳。他不要皇帝在京城为他建造静寺，执意避开都城的喧嚣和奢华，到大自然中寻找孤独，在偏僻的中岳嵩山下建少林寺，进行佛经的翻译。为了幽静，他甚至把译经台设在寺外。他之所以引起我的关注，很可能跟我自己的命运有关，跟我自己的某些人生感受有关。

苗梅玲：我听说过，您下放嵩山的那段时间是您一生中最困难，身体状况非常糟糕的一段日子。

张一弓：是的。我从喧闹的省城被下放到嵩山脚下的经历，以及我从严峻的政治生活中解脱出来，跟朴实亲切的嵩山"草根"生活在一起的情感体验，与跋陀远离喧闹、寻找孤独的经历在形式上有某种相似，在精神上有一种殊途同归的契合与共鸣。想想跋陀，可以使我在困顿中解脱自己，心平气和，把孤独当成"成全"自己所必需的一种处境和心理上的慰藉。皇帝给跋陀提供那么好的条件，他还要寻找艰苦与孤独，我何不学学他呢？这应该是跋陀之所以引起我关注的最初原因。

至于我"一改以前的现实主义风格"的问题，我想，准确的说法，不是我刻意要改变什么"主义",我写任何作品,都没有考虑过在创作方法上要采用什么"主义"。《少林美佛陀》之所以表现了比较鲜明的浪漫主义色彩,是因为在激发并"诱导"着我进行这次写作的关于跋陀的传说中,本来就具有高昂的人格理想、夸张的想象、奇谲的情节,表现了鲜明的浪漫主义的特质;我所面对的一个一千五百年前的人物和故事,它所具有的悠远感和神秘感,也不宜要求再现"典型环境"中的"典型性格",而是要求作者"放飞"想象的翅膀。

苗梅玲:在关于跋陀的传说中,或者说在《少林美佛陀》的写作中,跋陀使你最看重、最感兴趣的是什么?

张一弓:是跋陀对自然的热爱,是他跟自然的融合。这是一个越来越引起现代人密切关注的主题,即"人与自然的关系"。与我们过去总是在鼓吹"征服自然"、"战胜自然"不同,跋陀热爱自然,敬畏自然,书中讲述了他和黑熊的故事,和鹦鹉的故事,和"猴娃太子"的故事,和一只小斑鸠的故事;在建寺时毁坏了林木,后来又毁林开荒,受到山神的惩罚和跋陀甘愿接受惩罚的故事,等等。这里不是片面地宣扬人定胜天的思想,而是人必须服从自然规律,要尊重和敬畏自然,崇尚人与自然的融合。跋陀是一个超脱的生命,他对人类社会、对自然万物是平等对待的,他珍视一切生命,这近乎于一种童话。事实上,我正是把它当成了写给成年人的童话,跟我过去写作的味道都不一样,可能是带有我的浓重个人色彩的一部作品。

苗梅玲:您在这部小说中用了什么样的语言来表现,语言具有哪些特征?

张一弓:这部小说的语言与我过去写农村生活所用的语言有很大不同,与我写知识分子的《远去的驿站》也有不同。两位看过这部小说的资深主编都称赞了小说的语言,说我"暮年变法",语言"规范典雅但不失灵动幽默","整个阅读过程是一种真正的文学美的享受"。我十分感谢两位主编对我的鼓励,但我真的没有想到要"变法",也真的说不清楚我在这部小说的语言上到底作了哪些改变。我只是感到写不同的题材、不同的人物、不同的故事,也要有不同的语言追求。《少林美佛陀》中光怪陆离的想象,曲折、夸张的情节,承载着作者的人格和道德寄托的人物,与飞扬其上的理想之光,需要由色彩绚丽的语言来表现。这大概也是浪漫主义文学在语言上的一个特征。我还十分注意语言的信息量。我用的长句式比较多,希望在一个句式里负载比较密集的信息,让读者的情绪跟着句子连绵不断地起伏,感受到语言的节奏和斑驳的语言色彩。

苗梅玲:全书共有多少字,您写了多久完成的?您最初的创作动机产生在什么时候?

张一弓:约有十七八万字,我写了一年多一点的时间。我在登封农村时就想写写跋陀,但我当时的"写作冲动"不在这个历史人物身上。当时正值改革开放初期,我把我写作的关注集中在当代农村、农民的命运和环绕着、困扰着他们的社会矛盾上。我 16 岁时,就到《河南大众报》做了"编辑娃"和"记者娃"。《河南大众报》是办给农民和农村基层干部看的,因此可以说,我从 16 岁就开始思考"三农"问题。在我做新闻工作三十年的岁月里,我始终关注着我国农民的命运,对"三农"问题一直思考了三十年,又被下放到登封农村继续思考。当时,我们面临着农村是否可以实行家庭承包责任制的问题。我是赞成"包产到户"的,我说过,一个国家十亿人,如果每天生产队长不敲钟,就有八亿人不知道去哪块地里干活儿,这个国家就不会有希望。所以在那时,我顾不上跛跎,我要为改变当代农民的命运而呐喊。

苗梅玲:《犯人李铜钟的故事》应该是您从记者转型成为作家的一个标志,接着您又接连创作了一批力作,并连续三届荣获全国中篇小说奖(即鲁迅文学奖的前身),还有一个短篇小说奖,至今仍然保持着河南文学界的一个获奖纪录。获奖的几篇小说都是写农民的,是乡土题材,都是在登封创作的吗?

张一弓:对,我的获奖作品全是乡土题材,但不都是在登封创作的。《犯人李铜钟的故事》是我去登封之前写的,《黑娃照相》、《张铁匠的罗曼史》是在登封写的,《春妞儿和她的小嘎斯》是调到文联后写的。这些作品都可以理解为我的呐喊。

我写"李铜钟"是在 1978 年冬到 1979 年春。那时,我因"文革"后期进入了河南日报社和省委办公厅的领导班子而受到审查,刚刚解除"隔离",还被"挂"在那里,没有事做,而且听说不让我再做新闻工作了。我就暗自写了,并在 1980 年《收获》第 1 期发表了中篇小说《犯人李铜钟的故事》。可以说,这是我离开报社以前写的最后一篇文章;也可以说,这是我向新闻工作挥手告别的一篇文章。"李铜钟"发表以后不久,我就被下放到登封去了。

苗梅玲:听说《犯人李铜钟的故事》从发表到获奖几经波折,事情的经过是怎样的呢? 当时,您考虑过后果吗?

张一弓:我深知这篇小说在题材上所涉及的灾难和饥荒,以及在道德和人格层面上试图讴歌一个"犯人"的"危险性",但我一旦拿定了主意,认为这是我应该做的,我是从来不计后果的。我把写好了的"李铜钟"压了三个月,感到必须找到一家具有足够的胆识和威望的刊物接受它,我的唯一选择,是巴金老人担任主编的《收获》。《收获》当时的副主编、写过《红日》的著名作家吴强事后告诉我,《收获》的一位编辑(后得知这位编辑同志的名字叫郐锡康)从自发来稿中选出了这篇小说。编辑部在"李铜钟"发表以前,按惯例向作者的主管部门调查作者情况、征求意见,先后打了两次电话,主管部门领导都不同意发表这个作品;问及作者有什么性质的问题时,却又明确回答是"人民内部矛盾"。《收获》编辑部不能认同作者主管部门的意见,但也不得不暂时从《收获》1979 年第 6 期的校样上把"李铜钟"抽下来;继续争取发表,却仍然得不到作者主管部门的同意,巴老就毅然拍板,在《收获》1980年第1期发表了它。

在全国评奖时又遇到了阻挠。2001年,著名文艺评论家阎钢在《随笔》第3期发表一篇题为《悼犯人李铜钟》的文章,又披露我从未听说过的内情说,在第一届全国中篇小说评奖时,"李铜钟"受到作者的另一个"相关部门"的反对,评选委员会不得不向评委会主任巴金禀报了实情。巴老不但同意该作得奖,而且力主列为一等奖中打头的一个。我知道这一内情时,距"李铜钟"获奖已经过去了二十年。我怀着激动的心情,向巴老和《收获》表示了迟到的感谢。

2007年,多次组织并参加作品评奖工作的著名文艺评论家刘锡诚又在他写的《在文坛边缘上》一书中披露,"李铜钟"评奖"引发了一场复杂的政治性纠纷",而负责承办这次评奖的《文艺报》"全编辑部众口一词仗义执言为张一弓辩解,无论如何不允许把一个有才华的青年作者打下去,无论如何不允许把小说《犯人李铜钟的故事》说成是攻击性作品!"①并说:"在评委会上,这部小说得到多数评委的高度评价,秦兆阳、韦君宜都提出,这篇小说应列为一等奖第一篇。"②还说:"作为(中国作协)党组书记的张光年横下决心批准这部作品获奖,也是冒着很大风险的。"③这些文字背后所发生的更为复杂的情况是我难以想见的。《文艺报》的同志好像商量好不要给我带来惊扰似的,正如锡诚同志所说,对"他本人和他的小说评选过程中的情况,我并没有向他作任何形式的透露和暗示"④。因此,直到我看到这本书以前,对以上情况一无所知;对其复杂的政治背景,至今亦浑然不知其详。

《文艺报》编辑部、评奖委员会的同志为了一篇原本与他们没有一点关系、他们并不认识的一个无名之辈的小说能在评奖中得到公正的对待,而表现出了如此崇高的道德感和责任心,使我不能不在受到深深感动的同时,也受到刻骨铭心的教育。我必须借此机会,在那次评奖已经过去了三十年之后,向着相隔三十年沧桑岁月的那一边,向《文艺报》编辑部的全体同志、向依然健在和已经离世的评委、向中国作协党组深深地鞠躬致敬。

2010年12月,中共河南省委、省政府举行隆重集会,对河南省获得全国性大奖的新闻、文艺作品进行表彰、给予奖励。《犯人李铜钟的故事》以及我在20世纪80年代获得的其他一些全国性奖励,跟新时期以来我省作家、艺术家获得的全国性奖励一起,得到了省委、省政府和省文联领导的确认与肯定,给我带来了巨大的鼓舞和由衷的喜悦。

---

① 刘锡诚:《在文坛边缘上》,河南大学出版社,2004年,第382页。
② 刘锡诚:《在文坛边缘上》,河南大学出版社,2004年,第541页。
③ 刘锡诚:《在文坛边缘上》,河南大学出版社,2004年,第542页。
④ 刘锡诚:《在文坛边缘上》,河南大学出版社,2004年,第575页。

苗梅玲:听说"李铜钟"在发表二十多年后又被翻译成了外文出版?

张一弓:20世纪80年代,前苏联和日本的出版社,都出版过"李铜钟"的译文。这一次,是加拿大汉学家、维多利亚大学教授理查德·金亲自跑到我这儿来,让我很感动。他拿的竟是二十多年前原版的《收获》,是他在英国牛津大学读书时订阅的,上面密密麻麻写着英文铅笔字。他说他看"李铜钟"时哭了。后来,他翻译的"李铜钟"先后发表在香港中文大学的刊物和美国夏威夷大学的刊物上,与原作发表的时间相隔二十六年。

苗梅玲:您当时在登封是什么样一个角色?都做些什么工作?

张一弓:在公社挂个副主任,要驻队,我只做了两件事:一是在中央明文规定实行家庭承包制以前,就跟我们那里的干部一起,不事声张地给农民分了责任田;二是在每年种麦以后的农闲季节写小说。我遏止不住呐喊的愿望,要为农民命运的改变而呐喊,嗓子都差点喊哑了。还有值得一提的,就是我出来为公社办事时,总能得到记者、编辑朋友的帮助。公社就认定张某人具有采购员的杰出才能。1980年秋季种麦以前,一位负责工业报道的编辑为我两肋插刀,帮我为卢店公社采购了二百五十吨化肥。在采购员的行列里,我一鸣惊人。

在公社,我真的没想过自己有多么委屈,那时我的注意力都在农民身上,而今天又回到跛陀身上。这个人与自然界万物为友,对大自然表现的一种情感是当下社会很需要的。我们以前一味地宣扬战天斗地、鼓吹征服自然的思想是应当质疑的,或者干脆说是荒谬的。现在我们应该对大自然有一种新的认识,这个古老的故事应该在具有现代意义的思想背景下照亮它。

苗梅玲:您在调回郑州后也写过一些城市题材的作品,塑造了一批鲜明的知识分子形象,是这样吗?

张一弓:20世纪80年代写过《考验》、《死吻》、《都市里的牧羊人》,前两篇还分别获得了《北京文学》和《奔流》的优秀文学奖呢!进入新世纪以来,在长篇小说《远去的驿站》中写了三个知识家族、四十多个人物,其中有十几个知识分子。三个主要人物是爱国心切的自由民主主义者大舅、职业革命家姨父、刻苦治学的教授父亲;还有留洋博士、清末举人、私塾先生、学兼中西的开明绅士;还有母亲、薛姨、宛儿姨、小李姨等一系列各有其鲜明个性的知识女性。

苗梅玲:阅读《远去的驿站》,我有两点体会很深刻:一是语言的幽默诙谐,读后却倍感沉重,是"含泪的微笑";二是生动饱满的人物刻画,把每一个人物都写活了。这时的语言已经和20世纪80年代早期作品的语言截然不同,有了质的飞越和提升。

张一弓:感谢你对我的鼓励。但是我感到,《远去的驿站》在语言上与我过去作品的不同,是由于描写对象的变化而带来的语言感觉的不同。我不能要求自己用写《远去的驿站》的语言写"犯人李铜钟"。写"李铜钟"时,我告诫自己,要警惕华丽的语言,要找到黑白木刻的语言感觉,而且是延安时代的木刻家古元的黑白木刻。当我为农民呐喊的时候,不会考虑用美声方法,甚至不在意自己呐喊出来的嗓音是不是好听,这也许正是急于呐喊的一个缺点。

《远去的驿站》写的是知识家族、知识分子,人物的语言和作者的叙述语言都有了或儒雅、或华丽、或温婉、或潇洒的书卷气息。我是从这样的知识分子的群体里走出来的,我对他们的语言更熟悉。《少林美佛陀》写的是想象中的古代人物,从皇宫到妓院、从京都闹市到深山老林,它的生活场景的多样性,加上跋陀与之交往的人物和动物朋友的多样性,需要色彩斑斓的语言,或者可以说,是我描写的对象使我的语言斑斓多彩。

我还清晰地记得,我上初中三年级时,语文老师对我的作文的一句评语:"张檍弓(我当时的名字)的语言是美丽的。"也许我正在找回我从事新闻写作以前的一些天真天然的语言感觉。

苗梅玲:创作《远去的驿站》,您用了多长时间,写得还得心应手吗?小说里的自传成分有多少呢?

张一弓:《远去的驿站》的写作时间用了两年,但就这部作品的生活积累和情感酝酿来说,那是我大半生的沧桑岁月啊!

最大的挑战就是长篇小说用了散文的结构。我所要写的三个主要人物父亲、舅父、姨父的生活原型,在实际生活中是没有纠葛的,原来的计划是写家族的系列小说,分三部长篇来写,一部写一个人物和一个家族。但我一想起这是"三块大砖头"就感到可怕:一是因为我摆脱繁重事务,可以进入长篇写作的时候,已经65岁,我还能从容不迫地写出这三部长篇来吗?二是生活的节奏加快了,文学阅读的时间越来越少了,读者有耐心读完这个家族系列吗?因此,我决定把三部长篇浓缩到一部长篇中,但我又遇到了新的问题,就是必须用虚构的故事把本来互无纠葛的三个人物纠葛起来。我不缺乏虚构故事的能力,但我感到,我所熟悉的生活原型已经够精彩了,我却要把写作精力花费在虚构一个能够撑起一部长篇的故事构架上是十分荒谬的。后来才想到,干脆不要这个撑起一部长篇的故事构架,就靠第一人称的作者用自己的回忆,而且用他童年和老年的两个视角来贯穿。这就是现在的散文化的结构。在"九头鸟长篇小说文库"评奖时,著名作家、教授曹文轩写的评语中说:"这种结构,避免了几个人从头至尾的纠缠,非常圆满地保全了饱满的个人经验。"著名评论家曾镇南也在评语中说:这是一种"清奇疏荡、巧妙经济的艺术结构"。他们都非常有眼力地发现了作者所以要选择这种结构的长处。

在确定了散文化的结构之后,我必须小心从事。当我在类似散文体的大结构中得到叙事的自由时,始终不敢怠慢了读者阅读小说的兴趣,必须随时提醒自己,"我"所串联的不是一般意义上的叙事性散文,而是"文学即人学"意义上的具有审美价值的人物。他们都具有环绕着自己的社会矛盾和生存难题以构成情节,他们的命运应引起读者的关注而产生悬念。我把这种考虑概括为一句话,就是"务必跟着人物走"。我感到,直到我有了这种认识之后,我才在一个散文化的结构里取得了写小说的自由。

说到小说的自传成分,好像不能按百分比作出表达。只能说属于主要人物的大的事件是确有其事的,而刻画人物的细节是作者想象的延伸。我省下了编织一个大的故事的笔墨,使我能够把功夫用在人物细节的刻画上,而且,借鉴了新闻写作中人物特写和人物速写的写作方法,比如留德博士王疯子、舅爷乔神经、盲琴师和女艺人、英国牧师和小难童,都只在一个小节或是一个段落里出现了一次,只是"晃荡"了几下,就成了一个人物画廊里能够单独存在的特写或速写。

苗梅玲:您喜欢阅读哪些外国作家的作品?比如语言中的诙谐幽默,是否受到外国作品的影响?

张一弓:我受到过19世纪俄罗斯批判现实主义文学的影响,短篇有契诃夫,长篇有托尔斯泰,还有"十月革命"后的肖洛霍夫;我也十分欣赏19世纪法国的浪漫主义文学,特别是雨果和梅里美。他们的作品中都有自己的理想人物、非常夸张的想象、出人意料的情节和绚丽多彩的语言。

我喜欢契诃夫的"含泪的幽默"。契诃夫的幽默感并非只是语言上的幽默、技法上的幽默,而是表现在整个情节上、表现在对人性的认识和人与人关系上的幽默感,穿透力特强,是对人类的大悲悯。比如,只能向他的老马诉说痛苦的马车夫,把铁道上的螺帽拧下来做了钓鱼坠而搞不懂这是犯罪行为的农民,把自己的金银首饰送给贵族夫人救急反而换来贵族羞辱的歌女,都表现出作者对弱者深刻的同情和悲悯。而美国马克·吐温的幽默中看不到眼泪,他带来的是酣畅淋漓的笑声。我可能受到了契诃夫的影响,但我的幽默还是中国的"黑娃照相"式的幽默与舅爷决不惊扰喜鹊做爱的幽默。

在20世纪50年代,我就读过海明威的《老人与海》,还有茨威格的一些作品,我对他们的作品也是十分喜爱的。

苗梅玲:80年代无疑是您的一个创作高峰,进入新世纪以后,《远去的驿站》的出版标志着您的第二个高峰,您最近的这部作品是否能代表您的第三个创作高峰呢?

张一弓:不是,都不是什么高峰。就要出版的《少林美佛陀》应该说它还在《远去的驿站》的影子里,我只能说它是一部语言另类的、浪漫主义的,夸张地发挥了奇特想象的作品,是给人一个崭新面貌的作品。但我很清楚,我觉得它是个精品,可能并不伟大。(笑)

苗梅玲:您太谦虚了!那么,您的作品中哪部能算是您创作生涯中里程碑式的作品？

张一弓：这个问题要让历史和读者去决定。我还谈不上历史的检验，只能看到三十年前发表的作品，现在还能在网上保留下来的有两篇，一篇是《犯人李铜钟的故事》，一篇是《黑娃照相》。新世纪以来，《远去的驿站》市场表现还可以，出现在不少读者的书架上，也能在网上引起读者的兴趣，又被人民文学出版社收入"中国当代名家长篇小说代表作丛书"。

需要介绍一下的是，1987 年，我在《天津文学》上发表了一个小中篇《孤猎》，创作风格和手法上有很大变化。时任《天津文学》执行副主编的刘品清同志敏锐地发现了这个变化，他在《执行副主编的话》中写道："这是他创作手法和风格的丕变。他改变了过去惯常的、做出了显著成绩的写法，调整了焦距，拉远了视角，通过一个深山密林里的打猎人，通过恶作剧般骚扰人类的金钱豹，通过奸猾狡诈的狼群，赋予了作品强烈的象征意义。在浓烈的象征气韵中，讽喻、神话、隐语、哲理、诗情也汇涵其间，涌出纸面。"我还收到了读者肯定这一变化的热情洋溢的来信。我的朋友、原河南省体委主任张耀庭同志出访美国归来，意外地为我带回了美国一家报纸对《孤猎》的评论，认为这是我创作历程中一个"里程碑式的作品"。即使仅仅限于对我个人的创作进行比较，我也不敢轻言"里程碑"。但我可以说，对《孤猎》，我是喜欢的，希望它能在读者中留下来。

苗梅玲：我在河南大学文学院和河南省文学院都看到张长弓老先生的照片。他是我们河南近代文学史上很重要的人物之一，应该说您是出生在文学家，请谈谈您的家庭对您写作的影响，好吗？

张一弓：我父亲开始也写小说，还出了一本小说集，后来去做学术了。母亲是高中语文教师，也有很好的文学修养。我在文学上显然受到了父母的熏陶，但他们确实没有给我上过课，教我怎么去写作。

我是个很敏感的孩子，形象记忆特别强。而且在这个家庭里，我受到文学的影响较早，上小学五年级时就看《聊斋志异》，并看完了鲁迅的小说，还有姚雪垠的《牛全德与红萝卜》。当时才 10 岁，得益于家里有这些书，有读书的便利条件。抗战胜利后回到开封，我随父亲住在河南大学校园里，我时常钻到河大图书馆里看书，有一天下班了也不知道，工作人员把我锁在图书馆里，我只好翻窗户出来。

我上小学二三年级的时候，养成了一个习惯，就是每天晚上，当母亲在灯下批改学生作文的时候，我总要坐在母亲身边，有时是母亲改一本我看一本，有时她还没改呢，我就看过了，再看她怎么改。至今，我对自己看过的好作文、有特点的作文，乃至于这是哪个学生写的作文，都记忆犹新。比如一位姓爨的同学写了他走夜路遇鬼的作文，看得我毛骨悚然："一个没有头的人向我走来，跟我擦肩而过……"我几乎能把这篇作文背下来，我写叙事文可能就是这样开始的。

11岁那年夏天，我们逃难逃到了陕西宝鸡的村庄里，没有学上，我就在一个表格本的背面写下了留在我记忆中的好多人物，有难童、女艺人、女同学、洋牧师。父亲看了，悄悄给母亲说："小斑这孩子，写东西有点感伤主义呢！"我记得很清楚，这是我第一次听到父亲说文学上的"主义"，但我以后没有看到或听到别人再提及这个"主义"。

　　我写的东西送给父亲看的情况只有一次。我上开封高中的时候，给学校的墙报写了一篇歌颂斯大林的小诗，堆砌了一些标语口号式的颂词，父亲看了，说："写一切东西都要写自己心里跳出来的，不要写书里的、墙上的、报纸上的和人家讲的，否则就不要写。"这成了我后来的写作原则。我也读过父亲1945年出版的《文学新论》一书，有一些文学理论也影响到我，比如父亲引用好像是荀子的话说："人之情，古今同也。"下面接着说，文学所要表达的感情是这种时不分古今、地不分中外，可以共同交流欣赏的感情。后来，我检查交代我所犯资产阶级"人性论"的错误，挖掘家庭根源时，就会找到父亲的这本书上。

　　苗梅玲：我知道您一只眼睛患有黄斑变性，呼吸系统的健康欠佳，但您依然保持着旺盛的创造力，独自生活二十年，您不觉得孤独吗？

　　张一弓：在《少林美佛陀》中，老跛陀是在克制自己的欲望，来嵩山寻找孤独的。人没有一点孤独感做不成事，要做到享受孤独的程度。我感到，必须压制自己的欲望，把自己从各种欲望中剥离出来，找个安放心的地方，才能做一些比较大一点儿的事情。为什么我在65岁，乃至70岁以后还能写小说，虽不多，但我不停地写着，朋友们鼓励我，说我笔力不减，创造力还保持得相当好，这确实是在孤独的状态下才能完成的。

　　苗梅玲：可以谈谈未来的创作计划吗？

　　张一弓：母鸡下了蛋，才叫。

　　苗梅玲：生活是很具体和烦琐的，您是否想过要改变孤独的状态？

　　张一弓：看吧，看天意如何。

　　苗梅玲：真心希望能有一位脱俗的、懂您的人陪伴您，无论在写作上还是生活上，可以过得轻松一点，这是作为晚辈的祝愿。

　　张一弓：谢谢！

原载《东京文学》2012年第4期

静守孤独的自由:中原之子系列人物之张一弓

张 永 李鲁愿 秦 华

引言

二十年来孤身一人,大隐于市,把自己关在屋内疯狂地享受着无拘无束式的写作;从30年前的《犯人李铜钟的故事》到刚刚出版的《少林美佛陀》,一部部题材、风格变幻的作品让他成为文坛常青树;生活中,当无可奈何的孤独变为一种享受,那种思绪的自由和刚性的苍凉开始在他的作品中吐蕊……

他,就是今年77岁高龄的著名作家、河南省作协名誉主席张一弓先生。

"这个屋里关着个神经病号,那就是我"

2012欧洲杯小组赛英格兰VS乌克兰凌晨2点多直播,张一弓先生等到夜里12点终于熬不住睡了,因为第二天要接待记者一行的来访。

第二天早上9点多,当记者敲开张先生的门,顺口问他吃过早饭没有,先生笑了:"忘啦!早上你们电话中说来四位,我怕客厅坐不下,赶忙收拾收拾,就把吃饭的事忘啦!"张先生的客厅的确不大。不足10平方米的狭小空间里塞着沙发、茶几、电视、饮水机等物件,窗台上、沙发上到处堆着书。坐在沙发上看电视,人离旧式大块头电视机也就一米多远。

令记者好奇的是,沙发靠墙的边沿上有意堆着一摞摞硬纸盒,看上去很不雅观。一问才知,原来这里面藏着这位大作家的一个小秘密。"有时灵感就像电光石火,一闪而过。我坐在沙发上看电视或者吃饭,突然遇到灵感,这些硬纸盒拿到手里就写,不用找东西垫,图个快!"张先生得意地说,这个癖好已保持了几十年,一部作品下来总要积攒一大堆的纸盒,这种捕捉灵感的过程既兴奋又美妙。已到望八之年的张先生面色红润,眉毛浓长,精神极佳,谈吐甚健,话语中带着哲性又不失幽默。只是说到兴奋处他开始不停地咳嗽。原来张一弓先生曾经与众多作家一样整日"烟不离手",自17岁拿起烟卷,一抽就是半个多世纪,而且每天能抽掉两包半。直到5年前,在北京参加全国作协代表会期间,一次他眼看着大巴车就要开走,赶忙去追,谁知一着急便上气不接下气,当场瘫倒在地。之后他被诊断出因长期抽烟引起的"慢阻肺"病,平时如果行动一快或者着急就上不来气、咳嗽。无奈，在医生"要想保命，赶快戒烟"的强烈忠告下他彻底掐灭了烟卷。张先生说，"慢阻肺"是他目前身体唯一的缺憾，不过，平时搞起创作来，精力丝毫不比年轻人差。他说，写作时自己常常会处于一种亢奋状态，有时会半夜忽然醒来，只穿个裤头跑进书房敲字，一直到天亮。"有时刷完牙不洗脸就继续投入写作，遇到得意的情节，我会兴奋得手舞足蹈，像疯子一样在屋里跳来跳去！"

"我常说，这个屋里关着个神经病号，那就是我。"张先生自嘲道，"我经常会一连几天都不下楼，就连邻居都会打听'这家到底住没住人，怪瘆人哩'！"

刚刚出版新作，现在处于休整期的张先生每天除了嗜睡，就是花大量时间上网查阅历史资料，喜欢关注"文革"时期一些解密的人物、事件，他称这些是"迟到的新闻"。"我也喜欢看电视，好的连续剧、精彩的球赛都会看，现在非常期待伦敦奥运会的开幕！"他说，其中连续剧《亮剑》已经看了多遍，自己不是在做专题研究，而是喜欢去欣赏那个年代的英雄主义。

"写作不是在消耗生命，而是带我活下去"

张一弓先生算不上现在的热门作家，甚至许多年轻读者说不出他的代表作。但经历过"大跃进"、三年自然灾害、"文革"的那一代人对他的小说及改编的电影有着独特而深刻的记忆。

出身于书香世家的张一弓从小就迷上写作，16岁那年，正在开封读高二的他被推荐到《河南大众报》当记者。之后，他的写作天赋渐渐显露。

1956年，年仅21岁的他发表了第一部短篇小说《金宝和银宝》。可是，接着他在洛阳《牡丹》上发表的短篇小说《母亲》被定为宣扬"资产阶级人性论"的"大毒草"，受到错误批判而被迫辍笔。

"文革"结束后，已步入不惑之年的张一弓的文学创作激情再次点燃。他凭借30年从事新闻工作所积累的大量素材，创作了第一部中篇小说《犯人李铜钟的故事》。作者通过描写信阳某地一个普通农村党员李铜钟在大饥荒年代为民请命的故事，真实反映了"浮夸风"给农民带来的悲剧。谈起这篇"敏感题材"小说问世经历，张先生记忆犹新：当时，他把这篇小说投给了上海《收获》杂志。杂志社按照当时的惯例，向作者所在地调查他的情况，这时就有人站出来揭他的"老底"，不同意发表该文。最后，时任《收获》主编的巴金力排众议，拍板发表《犯人李铜钟的故事》，并在全国首届优秀中篇小说评奖中力推该作为一等奖中打头的一个。"直到2001年，我在一篇文章中才得知其中的曲折。巴老真是一座沉毅而深厚的大山，滋养并佑护着我这棵文学的小草！"张先生感叹地说。

1980年1月《犯人李铜钟的故事》的发表立即在文坛和社会上引起极大轰动。题材与主题的尖锐性,触及社会问题的大胆与超前,使这篇冲破禁区的作品被誉为"开社会主义悲剧之先河"的佳作,张一弓也因此成功步入文坛。

接着,他以严肃的现实主义精神和敢于反思历史的勇气,开始大量创作农村题材作品。其中《张铁匠的罗曼史》、《春妞儿和她的小嘎斯》分别获第二、三届全国优秀中篇小说奖,《黑娃照相》获全国优秀短篇小说奖。张一弓被称为河南文坛的"三连冠"作家和文学豫军的一面旗帜。

1992年,担任河南省作协主席的张一弓决定把更多的时间投入公益。在作协当时经费少、没刊物的情况下,他向一位企业家朋友张了口:"给我把米,让我喂只文学的鸡,给我们下点儿文学的蛋吧!"朋友立即拿出10万元钱,让他创办《热风》杂志。谁知张一弓的这只"鸡"并不好喂,稿费、印刷费和房租压得他喘不过气来,最终还是无力支撑下去,选择了放弃。

有了这次失败之后,张一弓开始了长达10年的沉寂,直到2002年他推出的第一部长篇小说《远去的驿站》在新世纪的文坛引起轰动。这部小说完全跳出以往所关注的农村题材,作者以中原文化与楚文化的交会之地为背景,以三大家族近百年错综复杂的政治、经济、宗教、婚恋关系为主线,通过描述家族内外的矛盾冲突与生存挣扎,勾勒出中国近百年的社会变迁。在这部作品中,张一弓运用散文笔法所营造出的刚性苍凉令人印象深刻,也向读者展示了他观照生活的一种新的艺术眼光及对创作题材的深度拓展。《远去的驿站》被人民文学出版社收入"中国当代名家长篇小说代表作丛书",并获得中宣部"五个一工程"奖。

2004年年底,张一弓先生获得了河南省文学奖终身荣誉奖。

他在感言中说:"这个荣誉来得太早了,我还没有'终身'呢。我在文学上是错过了生长季节的老树,不得不在夏季以后的日子里抽条、长个儿、发芽,而试图把夏季和秋季的果实挂在冬季的枝头上。我还会怀着对文学的天真,怀着对生活的没完没了的追问和好奇同大家一起前行。"

正如所言,步入古稀之年的张一弓先生三下广州、武汉收集新的创作素材,在数月时间里用去的录音磁带就有80多盘,完成了长篇纪实文学《阅读姨父》的出版。

他说,虽然年事已高,但当自己对生活和写作都保持着旺盛的激情时,心就变得年轻了,感觉系统也随之灵动起来。"进入老年,我在找一个感兴趣的活儿带着我活,实际上现在写作不是在消耗生命,而是带我活下去。"

"这种孤独的自由,我已习以为常"

"别人说我是隐士,这个称呼不敢当。我只是注意回避了一些社会活动。"

面对别人的雅称,张先生很谦卑和幽默地作了解释。

事实上,张先生多年来的确很少抛头露面,最近去的较多的地方也就是附近的一个小茶叶店。他说,在离家不远的那个茶叶店里交到了几个新朋友,都是20岁出头的大学生,他们对生活的感觉、对文学的感觉表达得很坦率、很真诚,因此常常一起喝茶、聊天。他透露,前不久新书《少林美佛陀》出版后,自己送出的第一本书并不是给文学圈,而是给了他们。"他们看了之后不讲客套话,非常率真、热情地谈感受,我认为这种读后感比作品研讨会上听到的更真实!"

漫谈中,话题不知不觉地聊到了张先生为何20年来一个人孤独生活?

他抬手扶了扶眼镜,稍作犹豫之后,娓娓而谈。原来早在1992年他已与妻子平静地分手了,他形容当时的原因:"我们就好像一个是扣子,一个是扣眼,都没毛病。只是第一个扣子扣在了第三个扣眼上,穿着不舒服。"谈起为何不再走入"围城",张先生笑着说自己也努力过,但都以"失败告终"。一次,朋友偷偷给他介绍一位女士,约好饭店一起吃饭,事先没让他知道。当时,他因为赶稿子上火正流鼻血,便毫无掩饰地捂着鼻子去了,并且说话时不停地找纸擦血,结果把人家当场给吓跑了。

就这样,20年来张一弓先生无可奈何地选择了孤独,这也让他心无旁骛地投入到文学创作之中。在创作中他处于一种无拘无束的状态,吃饭、睡觉、洗漱、上网没有规律,思绪像脱缰野马自由驰骋。他说,分手恰恰给自己一个自由的孤独。"这样完全以一种个体方式去生活,有人在我身边会以为我很不正常。现在,我把这种不正常变为正常,这就是我的自由。"

相反,他在享受创作自由的同时,也在承受着漫漫孤独。创作之外,几乎所有家务都需要他个人料理。比如做饭,他的早餐简单得只是一袋奶一个荷包蛋,还经常没时间吃;午餐则是天天不变的"张氏炸酱面"。讲起自己独创的"张氏炸酱面",张先生津津乐道:"我的做法与别人不同,我一次做够四天吃的,并且炸酱内容丰富,既有瘦肉、鸡蛋,又有豆角、番茄之类的蔬菜。"另外,他采购原料时让人直接把湿面条按四两一袋分成四份,回家放入冰箱。想吃的时候,烧水、下面、加热炸酱三步十分钟完成。他说,这是他的快餐,既营养又省时。

平时儿女们也很孝顺,但都知道他喜欢安静、独处,因此尽量不打扰他。他说,其中一个儿子每周两次骑着电动车给他采购东西。

"现在已经77岁了,虽然这不是我理想的生活状态,但是这种孤独的自由,我已习以为常!"张先生笑着说。

"母鸡下蛋时不叫，下完才叫，新作保密"

刚刚出版的《少林美佛陀》描写了天竺国僧人跋陀随北魏孝文帝从山西平城迁都洛阳后，拒绝都市的奢华与喧闹，寻找寂寞，到偏僻幽静的中岳嵩山建造少林寺，专心翻译佛经的故事。这部作品无论是题材还是叙事风格，与以往其他作品相比，又是一次大胆的创新，作者运用夸张的想象和浪漫手法塑造了一个来自异域的"帅和尚"作为肉体凡胎，如何一步步消除欲念与魔障的独具魅力形象。

谈起这部"另类"小说的创作动机，张一弓先生讲到，自己曾下放到登封4年，其间听到不少关于少林寺创建人跋陀的民间传说，他不仅是佛教徒，还是翻译家、画家，史书上也确有记载。现在，少林寺的繁盛为世人瞩目，而当年的跋陀禅师却按照自己"性喜幽静"、"托身山林"的性格躲藏在历史的云烟里，不为世人所知，因此他想挖掘这一人物。"另外，现在的社会正是人们对物质和精神需求特别活跃的时候，写一写1500年前跋陀面对这些是怎样做到自知与自制，以及他对待生命与社会的态度，我想这对读者感悟生活也是一种借鉴吧！"张一弓说。

由对精神的需求谈到当前纯文学图书市场低迷、读者严重分流的现状，张先生扼腕叹息并表示出一种无奈。他举例说，就连现在许多报纸也纷纷取消了副刊，真令人惋惜，殊不知当年鲁迅先生的影响那么大的《阿Q正传》就是在北平《晨报》副刊上发表的。"一张稳定又有特色的副刊，对一个地方的文化性格和老百姓的文化性格都是影响深刻的。"在此，他还特别提到《郑州日报》能把副刊保留下来，而且办得也不错非常难得。他说，20世纪80年代是中国纯文学的"黄金时代"，那时候媒体少，看书看期刊是生活不可缺少的，作家积郁多年的话能在书中一下子说出来，深受读者喜爱。现在互联网信息海量，各种文化驳杂，能让读者分心的东西太多了！感叹的同时他也表示，自己会沉下心来，多与新读者、新对象交流，争取写出更好的作品。

问起将来的创作计划，他幽默地说："母鸡下蛋时不叫，下完才叫，新作保密！"说完他忙解释，一是担心先把想法说出去了，结果完成不了；二是喜欢躲起来，在没人注意自己的时候，悄悄地干活。

不过，他透露会继续关注他们那一代人的人性弱点："自己曾结识了一批老'布尔什维克'，有时在党性与人性出现矛盾时他们是很痛苦的。"他说，对于他们，自己总是有着悲悯和崇敬之心，总是思索着怎样把这种情感表达出来。

"如果写，我也可能写这些悲怆吧！"张先生低沉地说。

原载《郑州日报》2012年7月6日

张一弓弓未藏

南 丁

张一弓身材比我略高，也就是 1 米 75 之上吧，也上不到哪里去。年岁比我略小，也是 66 周岁了。66 岁的 1 米 75 的张一弓，走起路来依旧保持着昂首挺胸身材笔直的姿势，显得年轻，在夏天，就能看出他身材保持得还是不错。头发仿佛是比年轻时稀疏了些，好像尚未发现白发，眼镜一戴，脚步依然轻捷，前后左右看，还是有男士风采的。

一弓跳舞跳得好，专业水平。也爱唱歌，我听到的就是《三套车》、《莫斯科郊外的晚上》，偶然还有《在乌克兰辽阔的原野上》，也就是这几个曲目了，情绪表达还算准确，艺术表现则略显业余，但有一点好，人家不怯场，叫唱就唱，我看得出来，他特想唱。多是朋友相聚的场合，对酒当歌，借歌宣泄，管它专业业余。嗜酒，也有量，但不能自控，喝起酒来显豪爽气，一路豪爽下来就有醉意，醉时就不定会搂住哪位朋友的肩膀眼泪两行地哭出声来。

生活极不规律。16 岁读开封高中二年级时就应召去《河南大众报》做了娃娃记者，上个世纪 80 年代初，《犯人李铜钟的故事》之后，从事专业文学创作，半个世纪的文字生涯，就使得一弓难于日出而作日落而息，劳作和休息常颠倒着过。

《犯人李铜钟的故事》之后，一弓一发而不可收，有上佳表现，继"李铜钟"后，又有《张铁匠的罗曼史》、《春妞儿和她的小嘎斯》，连续三届在全国中篇小说评奖中获奖，《黑娃照相》则是短篇小说的获奖篇目，成了获奖专业户。有些未获全国奖的篇目我也颇为欣赏，如《考验》。20 世纪 80 年代，几乎可以说是一弓的年代。一弓的文学创作如日中天的时候，我正在河南省文联扮演主席和党组书记的角色。在河南省，作协与文联没有分家单独建制，文学创作也归文联管。看着自己的作家如此火爆，我当然高兴。那时，我们制定了条政策要奖励有好的表现的作家，记得就曾给张一弓、叶文玲兑现过。给张一弓晋升两级工资，给叶文玲晋升一级工资。一弓有时会不经意提起此事，我就会想起一弓当场将奖励给他的奖金捐献给青年文学创作基金的慨而慷。

其小说创作几乎热闹地贯穿了整个 80 年代，在 90 年代怎么突然沉寂下来了呢？也几乎是沉寂了整个90年代。这是怎么回事？在新世纪开始时回想起来，坏就坏在一弓在90年代初做了河南省作家协会主席。就是这个主席使得一弓在整个90年代被卷入了一场躁动不安中，他难以坐下来写什么小说。

记得是1991年岁末，河南省作协开代表大会，选举当时还在美国聂华苓那个创作中心度创作假的张一弓当主席。一弓于1992年元旦回到北京，然后回到郑州。这年初，河南省举办首届优秀文艺成果奖评奖活动，我那时已从省文联的工作岗位上退下来，还给我留下两顶闲帽子，省文联顾问和省作协顾问，也参与了这次评奖，一弓也是评委会成员，我们被安排在东明路亚细亚宾馆的一个房间里同住。上任不久的省作协主席张一弓意气风发，颇想在事业上有一番作为，他将一份拟办的《热风》杂志的方案给我看，征求我的意见，并说从赞助商那里有希望争取到10万元人民币作为这个刊物的启动资金。这10万元资金还就在评奖期间落实了。那天晚上一弓从外面与赞助商约会回来，欣喜若狂地告诉了我。我欣赏想做点事情的人，对那方案也提了少许意见。《热风》于1992年10月出版，一弓自任主编，创刊号的封面也是他自己设计的。看那包装，看那篇目，感觉上还可以。将于黑丁和我的名字也作为顾问印在版权页，顾问只是名义，黑丁和我当然不会去问《热风》的什么具体事宜。当时一弓正在泰国访问，要为正大集团写一篇文字，这是拿了人家10万赞助款许诺下的回报。这年年底一弓访问泰国5个月之后回来，已出版3期的《热风》陷入困境，书商发行书款收不回来。《热风》这个杂志，只在出版上有户口，在编制财政上都无户口，难于运转，面临生存危机，去巩义市竹林集团，采写人家的报告文学，拉人家集团老总做社长什么的，意在讨碗饭吃；又去豫北某纱厂，与人家对饮了一瓶白酒，醉了一昼夜，换得来3万元赞助；又作为被告和原告陷入马拉松式的诉讼之中。还听说，在农科院那里租来的《热风》编辑部办公室的墙上贴出四个大字：哀兵必胜。一弓带头又发动编辑部诸同人集资办刊，大有不成功便成仁之慨，够悲壮的了。《热风》缠了一弓多年，坏情绪容易招惹病不是，病痛也接踵而至，是很掉了几斤肉的。有次座谈作家深入现实生活问题，一弓感慨万端地说，现实生活深入得我受不了啦。就是指《热风》将他这个主编烤得焦头烂额无可奈何。后来，一弓从省作家协会主席的职位上退休，虽然还保留着作协名誉主席、《热风》名誉主编，杂志的具体事宜不参与了，也并未潇洒得起来，《热风》不冷不热不死不活的模样依旧让他揪心，后来干脆连名誉主编也辞去了。突然想起来，因为《热风》，欠正大集团的那笔账尚未偿还人家，在1998年酷暑中的郑州，坐在电脑前听他于1992年在泰国正大集团采访时的录音，边听录音边往电脑里输入，几十个录音带听下来输进去，就用了月余时间，然后又对那些输入的素材按照新闻记者的严谨作风加以整理、写作,从夏到冬几乎用去了半年的时间写成了10万字的《正大集团创业史》,于1998年在《河南商报》连载,后又请华龄出版社出版了一本小册子。就这样,一阵《热风》吹拂,就将小说家张一弓的90年代吹拂而去,就将小说家张一弓的3000个日子吹拂得没了踪影。时光过得也真是好快,《正大集团创业史》发表和出版之后,包括正大集团在内反应平平。但是作为张一弓,他完成了他的承诺,他心里干净了,觉得不欠人家什么了,解脱了。那一阵,我知道一弓在为还债而写作,进出文联大院都要经过一号楼一弓书房的窗口,有时夜深还会看到那窗口亮着灯光,就很为之感动。

新千年开始,一弓想重新恢复小说创作,他多次向我讲起过他构思中的长篇小说的素材,在一起聊天时就一个片段一个片段地讲,这个长篇动用了他一生的库存,还是燃烧着他的,有创作激情。他也多次向我讲了他的苦恼,苦于找不到一个结构,找不到一个叙事方法,不知该从哪里切入。2000年夏天,我们应邀同去安阳参加全国电业系统文学作品颁奖会,在路途中在汽车里,一弓和我两个烟鬼对着冒烟,我突然想"开导"一番我的朋友,将他从创作的苦恼中解脱出来,我认真地说,抛弃你那个圆形的封闭的完整的结构,开放些随意些洒脱些。你一生中走了许多地方接触了许多人,特别是你做了多年记者,就更是你的优势,不妨将长篇小说作为长篇随笔来写,大随笔,试试看。一弓沉默着,做仔细聆听状。事后想起来,有点可笑。我的最后一篇小说《第九十九棵是刺槐》发表于1983年的初夏,我这个近20年不写小说的人"开导"起近10年不写小说的人,而且"开导"得理直气壮,那位被"开导"者呢,仔细听着,好像又不是故作出来的。不是朋友间大约不会发生如此有点滑稽的事情。

一弓最近告诉我,他的长篇小说已进展近一半,基本是按照我那次讲的那个思路写的,题暂定为《远去的驿站》,约今年上半年可以杀青。说得挺高兴的。

一弓的日常生活质量不怎么样。离异后的十多年一直过着单身日子,自购自炊,多是冻饺子方便面之类,而且有一顿没一顿的,起晚了,就不吃早餐,发起懒来,这顿饭也就免了,长此以往,营养总会失衡。看那身材保持得不错,知情人会怀疑那体质健壮吗?其间,也有两情相悦的女子,总是好事多磨,难以如愿。他将他的隐私也说给我,且为他保守秘密。一弓说,我这一生也可能就这样过下去了,情绪多少有些哀伤。别这样,一弓,你心仪的你所爱的能激荡起你情感波澜的那一位女神正在远方等待着你呢。

由于歇笔10年重新恢复小说创作,长篇有了可人意的进展,一弓多少有点兴奋,那天他对我说,我刚过了66周岁生日,写到75周岁,再写10年,说得挺有信心,眼睛发亮。一弓所住的一号楼,为20世纪60年代初所建的作家楼,三室一厅80多平方米,结构挺好,后来它的南面竖起一座四层楼,一弓所住的一楼就难得见到阳光,一弓住房的北面开了一家饭店,就不敢开窗,要不那油烟以及泔水的气味就会进来。一号楼要改造,给一弓重新分配到五号楼的四层上,面积比原先大出20个平方米,多了间房,房龄比一号楼年轻20年,一弓已装修好,蛇年春节后即可搬往新居,这里有充足的阳光,阳光将洒满一弓的书房,但愿那阳光也洒满一弓的创作,也洒满一弓有爱情的幸福生活。

写于2001年1月15日
原载《北京文学》2001年第3期

张一弓的命运之神

张　宇

　　1982年的夏天,《北京文学》组织笔会,我和张一弓都参加了。东道主放长线钓鱼,并不逼我们写作。讲,主要是联络感情,增进友谊。便组织我们游玩,我们都兴致极高。

　　逛香山时,大伙比赛爬石梯子。一大帮青年男女,竟然都被年近半百的张一弓拉下了。张一弓借机打着手势吹牛,他有少林功夫。并说最拿手的是拿大顶。当时只认为他胡说,后来在一次喝醉酒时,他果然双手按着沙发扶手倒立了起来。

　　最有趣的是看五百罗汉。作家都数着自己的年龄寻找自己的命运之神。找着了如意的,就拍手叫好;找着了不称心的,就哭丧着脸不高兴。张一弓的命运之神是个苦行僧,光着脚丫子,掂着饭碗,却仰天哈哈大笑。张一弓的情绪好像受到了影响,说:"看吧,这伙计就是我的命运之神。"不等我们给他圆说演义,他又宣布:"他是革命乐观主义者,寻找真经,以苦为荣。"一句话把人们都逗乐了。

　　玩了一白天,晚上我们就谈写作的事儿。吃了人家的理短,总要给写些东西。先是张一弓帮我分析素材,在他的启发下,我终于完成了《头条新闻》的构思。夜里两点了,他又把我喊起来交流,分析他的素材。他后来写成了《考验》。稿子写成后,编辑提一次意见,他就修改一次,共写了四遍才定稿。《北京文学》的老编辑周雁如感动极了,对我说:"没见过像张一弓这样谦虚、严肃的作家。"

　　我那是首次进京,哪儿都不熟悉。他常带我逛街。同行的人不少,每次在街上买饭,总是由他花钱。他每次都能讲出很多的理由,让你白吃他的。但吃他的太多了,心里总过不去。我便对他说:"再不让我买饭,就是看不起人!"他看我有点恼,连忙哄我:"今日人多,你放心,等咱俩在一块时,我一定美美吃你一顿。"说罢,还伸手搂住我的肩膀拍拍,我便乐了。

　　我越来越喜欢和张一弓在一块玩儿了。要说他比我大一二十岁,按农村里的辈分,我应该和他的孩子玩儿的。然而他却叫我小老弟,我也叫他张老哥。仔细想起来,他还真够哥们儿的。

　　尽管我们是河南老乡,在1981年的冬天,我才第一次见到他。在省文联召开的文学新秀会议上认识的。所谓文学新秀会议,主要是让没到省里开过会的文学青年来省里开开眼界。大都是些二三十岁的青年男女。张一弓年纪最大，年近半百，但由于还未到省文联开过会，只好也算个新秀了。

那时候他的成名作《犯人李铜钟的故事》早已问世。在全国文坛，忽然崛起的张一弓已经卓然成家。但在河南界内，还没有到省文联开过会。我们在一块交谈，曾向往领到作协河南分会的会员证，我们觉得那样就好了。采访时也就有了凭证，不会被人盘三问四。现在回忆起来真是有趣。

张一弓在会上表现得小心谨慎。坐得端端正正，从来不迟到早退。（记得他后来每次开会都保持这个传统，在小会议室开会，因为面前没有会桌，坐在沙发里，他就把双手平放在膝盖上。）无论谁讲话，他都瞪着眼听。并且还记笔记。有一点印象极深，大家都想听他讲话，但他说什么也不发言，似乎他太懂得言多必失。哪个领导和作家只要提到他，他就赶快赔笑。那种过分的谦虚，那哭一样的微笑，还有他身上穿的旧棉袄，都曾经使我这从山里来的娃子心里难受。等回到招待所，他脱去旧棉袄，向我展出他漂亮高级的内衣时，我才忽然明白，他决非缺钱用，不舍得买新棉袄穿。

开会时他一本正经，在招待所却极活跃。第一次见面，他就教我看手相。"我是在深入生活时学的，为了写小说用的。"他先系好"安全带"，然后指着手纹悲哀地说："你看我的生命线极短，只能活六十岁。"我的心一下揪紧了。一定是怕吓着了我，他才又说："不过我学的是荀子学派，可以调正。到六十岁时我在事业和爱情上放得轻一些，生命线还会延续的。"说完哈哈大笑，我才知道他逗我。

他请我上家玩去，还认真地备下酒菜。端起酒杯，他诚恳地说："小老弟，以后相处可要多帮着老哥点。"说得像真的一样。于是我就跟他对饮："哥们儿以后多关照吧。"

喝了酒，张一弓的话就多起来，滔滔不绝地讲。我这才知道，他生活得如此不容易。16岁时就当记者。而每搞一次运动，大大小小都少不了犯错误，挨批判。而每次挨批之后，他都能倔强地站起来。有两句话，我觉得说得特别好。他说，每次在挨批时，我一定命令自己找出自己身上十条以上的优点，或者强迫自己背诵一百个英语单词，每次在取得成就时，我一定命令自己找出自己身上十条以上的缺点，把将要翘起来的尾巴割掉。凭着这样的积累，他竟能阅读英文原版书了……

那以后我们的接触就多起来。每到郑州，总要上他家聊天。每次去，大都是牛肉和烧鸡招待，一边喝酒，一边交谈小说题材。说句实在话，我在创作上的提高，是与张老哥的帮助分不开的。

时间长了，我发现他有个弱点，容易感情冲动，害怕老实人。成名之后，我他约稿的编辑特别多,只要找到他,都能得到热情接待。但他写作量不大,并不能一一满足。在这些约稿的编辑中,他尽量满足的大都是厚道的老实人。

1983年夏天,我到东北写作。路过郑州去看他。他说:"我也要去北戴河,给《小说家》赶一个中篇。"我问他为什么要赶呢?他苦苦诉说,并未构思成熟,但《小说家》的编辑太好了,一趟趟往郑州跑,来了又无多话,看见他我就感动,再不给人家写个东西,人家在编辑部就没法交代了。我不再多说,我们很快谈起他的构思来。我先走,他后去。他在北戴河呆了月余,竟写了七万多字的《火神》。临走的头一天,他还干到凌晨四点。

去年洛阳牡丹花会时,《钟山》的编辑来找他,他又被感动了。于是,为了赶人家的发稿期,带病写作。脸也肿了,牙也出血,但终于完成了《春妮儿和她的小嘎斯》。不久,这位编辑忽然不幸离开人世,张一弓深沉地对我说:"值得。我总算为他赶了个稿子。"

前几天,他忽然到洛阳来找我。带着《火神》摄制组的同志上临汝去选外景。我送他到临汝。夜里他对我说:"我要在这儿改稿子,将《火神》由正剧改为喜剧。"我吃一惊,问他为什么这么改!他才痛苦地对我说:"我要考虑到摄制组同志的经济利益。别人都在拍那些武打片,现实题材不叫座。导演讲要不改成喜剧,就影响收入了。"为着别人的收入,为着摄制组一大帮老同志的盛情,他又违背着自己而干起来了。我心里连连叫苦。

结果,在摄制组选好外景离开洛阳的前一个小时,他才把本子改完。由于继苦干数天之后又弄了个连续工作18个小时作为"尾声",一下子把他累垮了。就在我写这篇小文的时候,他正在我们地委的招待所蒙头大睡,正集中歼灭疲劳呢。

所以我想开个玩笑,劝那些找他约稿的编辑部千万别派太精明和工于算计的编辑,要派那些老实厚道的同志才行。但我又要补充一句,现在别找他,他正在苦恼。

在写出了大量佳作和几篇急就章后,他受到了些议论。他很敏感,开始了苦恼。也有人劝他:"走自己的路,让他们说去吧。"他并非心胸狭窄,也并非因作家大了而老虎屁股摸不得。他在认真地思索,想百尺竿头更进一步,将自己的创作提到一个新的高度。在苦恼中思索,在思索中苦恼。"我的写法是否过时了?是否文学召唤了我又抛弃了我?是否时代变化太快,不再需要我为它呐喊了?"他又在怀疑和否定自己了。

我也好像感觉到,他的起点过高,于是那该死的也是可喜的极限来临了。人们在关注他,不但希望他超过和突破别人,更盼望他大踏步地超过和突破自己。希望他以一个大作家、大手笔的气势,写出不愧于时代的作品来。

我有这个预感,苦恼就是孕育,在跨过这个难得的极限之后,一个崭新的张一弓将又一次崛起在文坛。我轻轻地在心里呼唤,热切地盼望。会的,会的。我想起了他的"命运之神",那苦苦求索中的永恒的哈哈大笑。他那么乐观。我也就乐观了。

1985 年 2 月 1 日于洛阳
原载《中国作家》1985 年第 2 期

孤独的跋涉者

刘学林

张一弓任河南省作家协会主席的时候,我任副秘书长,也可以说,是张一弓极力举荐我到作家协会的。当时是 1993 年春季,此前我在《莽原》任二编室主任。一弓长我 12 岁,是老师,是兄长,更是朋友。

张一弓 1935 年生于开封,其父张长弓是河南大学中文系教授,母亲是高中语文教师。抗日战争爆发,童年的张一弓与父亲随河南大学逃避战乱,迁徙到南阳、洛阳山区,直至陕西,曾与当时已成名的诗人苏金伞为邻。新中国成立之初,在开封高中写作比赛中,16 岁的张一弓获第一名,学校介绍其到《河南大众报》工作,被称作"记者娃娃"。1956 年,张一弓入党,同年《河南大众报》并入《河南日报》,张一弓也随之到《河南日报》工作。1959 年,《牡丹》杂志发表了张一弓的短篇小说《母亲》,谁知一篇小说竟给张一弓带来了一场政治灾难,被省委定为"鼓吹资产阶级人性论,反对无产阶级阶级论"的大毒草,受到《河南日报》的点名批判,还有报刊批判其"为右派母亲的母爱唱赞歌",因为此前张一弓的母亲已被划成"右派"。当时张一弓患"肺空洞"疾病,在肺结核医院口鼻喷血不止,病情危急,其记者部主任到医院和张一弓谈话:"还没有给你戴帽子嘛,经不起考验嘛……"张一弓忍受不了漫长的思想工作,在肉体和精神的疼痛中竟然说出一句让主任惊得一跳的话:"你给我一根烟抽吧!"不久出现了饿死人的"信阳事件",才中止了这场批判,让张一弓侥幸逃过一劫。"文化大革命"一开始,他被关进"牛棚",遭受批斗,之后又成了省委书记刘建勋、纪登奎所赏识的"秀才"而被任命为《河南日报》社副总编、河南省委办公厅副主任。"文革"后又垂直跌落,先是被"隔离审查",然后被下放到登封县卢店公社任革委会副主任。

我认为,这一次政界的跌落对于成就张一弓为著名作家至关重要。其一,是使张一弓亲身参加了以实行联产承包制为其主要标志的历史变革,亲身经历了我国农村"大锅饭"的解体并向商品经济的过渡,再加上他丰富的人生经历和三十年记者生涯的积累,使他体内岩浆般的文学才华得以喷发;其二,是张一弓顽强的意志和不凡的毅力。我总觉得张一弓是一个打不垮的人,就像擂台上一个优秀的拳击手,每次被打倒都能在读秒中顽强地爬起来,揩一揩血迹,重新投入战斗。

被隔离审查期间张一弓就自学英语。审查来审查去没有审查出任何问题，刚一解除审查，张一弓就写出了《犯人李铜钟的故事》。该作寄至《收获》，《收获》拟定发在1979年末的第6期，然而河南有关部门却不同意发表（当时发表作品还要调查作者情况）。《收获》编辑把作品送到《收获》主编、中国作协主席巴金手中，巴老认为《犯人李铜钟的故事》是一篇难得的好作品，果断拍板，《收获》于1980年第1期发出。正是这篇作品发表后，张一弓被迅速下放农村。张一弓就是张一弓，年届不惑的张一弓顶住压力，出手不凡，一批反映农村变革的优秀中短篇爆响文坛。

初识张一弓是1984年。

那时候张一弓还住在省委二区，青年作家郑彦英也住在省委二区，我就是在郑彦英家里第一次见到张一弓的。当时张一弓已经是轰动文坛的著名作家，《犯人李铜钟的故事》、《张铁匠的罗曼史》、《春妞儿和她的小嘎斯》，连续三届获全国优秀中篇小说奖，《黑娃照相》获全国优秀短篇小说奖。评论界认为《犯人李铜钟的故事》开社会主义悲剧之先河，称李铜钟为中国的"普罗米修斯"。我是恢复高考制度后的第一届大学生，在学校时就读张一弓的作品，并和同学议论，觉得其作品既有现实主义手法又不乏浪漫主义气韵，风格大气磅礴，笔力雄健，情节跌宕，人物耸拔，极富思想力度、道德力度和艺术力度。也听说过一些张一弓大起大落的经历，想象张一弓一定是一条汉子，一见果不其然。张一弓长得不能说非常高大，但身材魁梧，肩宽腰细（现在腰粗了），有一种英雄气质和武林侠风。有一段日子，张一弓、郑彦英、齐岸青、邢军纪、曾平、我等七八个文友经常聚会，形成一个未名沙龙的文学沙龙，曾被戏称为"小作协"。张一弓是我们的老大哥，豪爽慷慨得很，到饭店，进舞厅，从不让我们掏钱。

之后，郑彦英、曾平到武汉大学上学去了，齐岸青忙于经商，邢军纪到北京军艺，当然也不乏其他原因，聚散无常，也是必然。朋友聚散一杯酒，那段日子不再有。只有我一成不变地在《奔流》当编辑室主任，与一弓交往日深，往往一瓶酒一碟菜坐到深夜，谈文学，谈经历，谈事业，谈人生。一弓人豪爽，饮酒也豪爽，量不算大却碰杯必干。我不让他多喝，他有时便不再喝，有时兴致正浓便和蔼可亲地求我："我再喝一杯好不好？最后一杯。"这时的一弓全身充满了孩子气。一次我们在蓝天饭店，一弓喝得不少，饭后去舞厅跳舞。我说："一弓，我看你喝多了，骑车骑慢点儿。"一弓说："没事，不信咱俩赛赛车。"说着箭一样向前冲去，我忙不迭在后面追赶。当我追上一弓的时候，一弓正两腿夹着自行车前轮，一丝不苟地矫正车把。后来我拿这件事情笑一弓，一弓却一点记不起来。当然，有时我们也争论，甚至动真格的吵架，但事后总能和好如初。

张一弓这一阶段的作品尽管轰动文坛，毕竟不是无可挑剔的，比如就有"思想大于形象"的评说。一弓本人对自己的文学成就也不满意,思索变化,追求创新,创作出了中篇小说《孤猎》、《黑蝴蝶》等作品。这些作品脱开了现实主义的创作手法,具有浓厚的象征意味,由对农民的意志、愿望、感情、理想的体现,转向对人的命运和整个人类意识的深层探讨。

可惜的是张一弓的这种变化和探讨中断了。我觉得,张一弓当上了河南省作家协会主席,不能不是这种创作中断的一个重要原因。

从一弓的作品中就可以感觉出来,一弓是一个历史使命感、社会责任感和道德感极强的作家。一弓当上了省作协主席就全身心地投入进去,力图改变作协经费不足的现状,力图为河南文坛多做一点事情。于是就在既没有经费也没有编制的情况下创办了综合性文学月刊《热风》。其时创办《热风》无非两个目的:一是社会效益,一是经济效益;一是给广大文学爱好者开辟一片园地,一是挣点钱再投入河南的文学事业。用一弓的话说,就是给作协养一只小母鸡,让其下一个个新鲜的、营养丰富的鸡蛋。谁知正赶上文学期刊发行大滑坡,再加上对经济市场缺乏经验,《热风》一投入市场就陷入了困境。我也是切身体验者之一。《热风》创刊于1992年10月,一弓任主编,易殿选任副主编。一弓9月去泰国,易殿选10月去美国(易殿选至今未归)。临阵易帅,一弓让我去负责。一弓身在国外,心系《热风》,一个国际长途就是个把小时。来年春季一弓回国,看我已是身心疲惫,便让我到作协,把一副重担全放到了自己肩上。一弓说:"我不下地狱,谁下地狱?"

一弓表现出了自身的英雄气质和侠义风范,承担起一种神圣的社会责任和历史使命,却由此中断了自己正在思变求新的文学创作。

虽然烟云峥嵘,却已经都是往事了,1996年张一弓已经退下来,由河南省作家协会主席变成了名誉主席。

文学创作是中断不得的,一旦中断,接续上来就需要重新寻找语言感觉,重新进入状态,这就需要一个过程,何况,文学观念也在随着改革开放的进程迅速发展着,变化着。一弓又是一个欠不得别人人情并守信至诚的人。《热风》创办时,一弓之所以去泰国,是一个对《热风》有过支持的人请他去给正大集团写报告文学的,一弓答应了人家。答应了的事情就要兑现。一弓在退下来之后,又拿出了很多的时间和精力,整理几年前因操劳《热风》而顾不上整理的采访正大集团的录音磁带,终于写成并出版了长篇纪实文学《正大集团创业史》,兑现了自己的承诺。由于如上原因种种,一弓有很长一段时期没有叮当响的大作问世,编辑记者们便也渐渐地疏远了一弓。出于职业的敏感,编辑记者们总是被当红的作家所吸引,这也无可厚非。

我一直认为张一弓是一位不会被命运打垮的拳击手,张一弓不会一直沉默下去。那一时期张一弓很少出门,几乎谢绝参加任何社会活动。张一弓在阅读,在思索,在准备,在寻找新的感觉。一次我在省文联家属院碰见张一弓,就问:"一弓,开写了吗?"一弓说:"写了一点东西,但我还不想拿出来,是水就叫它放臭,是酒会越放越香。"

这就是张一弓。

我觉得,张一弓自身有一种孤独感。这种孤独不是来自近年来少了读者、记者和编辑们的追随和簇拥;不是来自他多年来的独身生活;不是指他近年来几乎拒绝参加任何社会活动而独往独来。这种孤独感似乎长期伴随着张一弓,似乎是与生俱来。这是另一种意义上的孤独。我猜想,每一个大家是不是都会有一种孤独感?孤独的旅途,孤独地行走,孤独地跋涉,孤独地探险。只有这样才能够独辟蹊径,只有这样才能够独有发现,只有这样才能够创作出独具一格的大作品。一哄而上或者一溜儿小跑追随别人是成不了大器的。

前文曾提及张一弓的《孤猎》,这部中篇小说始发《天津文学》,虽然被《小说月报》转载,但并没有在文坛和社会上引起重视。我个人却非常看重这一部作品。这是一弓在经过一段调整、沉淀、思索之后写出来的一篇新作,它无论在题材内容和写作手法上都与此前的作品不同。《孤猎》采用象征手法,关注的不再是具体的社会现实,而是人甚至是人类的命运。可以说,这是一弓在文学创作道路上的一个重大转折,从这篇作品中可以窥视出一弓此后的创作走势。

"太阳西斜的时候,猎人又望见了那个孤独的村庄。它沉闷地静卧在一个狭小的山坳里,显得苍老而神秘。掩盖着村庄的年迈的柿树,像是人类刚进入铁器时代就用第一炉铁水浇铸出来的老人,粗大的鼓凸着疔疤的树干,弯曲地伸向天空的树枝,都是深黑色的,黑得沉重而彻底,黑得人心里都觉得沉甸甸的。"孤独的猎人走来了,这个孤独的猎人"已经活捉了二百几十几、也许是三百几十几只豹子,从来不下诱饵,不挖暗坑,不用铁叉、火铳,全靠他自个身上长出来的力气和勇气,再加上自个脑瓜里生出来的智谋与机灵"。

蛮荒的山野,苍茫的黄昏,孤独的猎人。孤独的猎人品味着孤独,享受着孤独,同时也寻找着孤独。

孤独的猎人有着顽强的意志和毅力,他一生孤猎,为人类除害,然而最终却因为得不到人类的完全理解而被人类所抛弃。在一次与狼群的拼杀中,由于得不到村民们的支持和援助,最终悲怆地倒下了,只留下了一只紧握匕首的拳头。当然,他也不是被整个人类所抛弃,还有一个男娃儿"嗵地跪下,捧起那个拳头,哭了"。

猎人是一个强者,是一个英雄,但猎人并不是一个完人,猎人也会犯致命的错误。小寡妇菊花深深地爱着他,他也深深地爱着菊花。然而,当他陷入与小寡妇菊花的恋情之后,却又深深地陷入了虚伪的自责自愧和自惭形秽,他因为觉得自己受到了兽类的嘲笑而不敢面对兽类,因此放过了那只凶残狡猾的豹子,从而给菊花和整个山村招致恐怖和灾难。可见,猎人之所以得不到村民们的理解、支持和援助,最终在狼群中悲怆地倒下来,猎人自己也应该负有不可开脱的责任。

《孤猎》发表后,有人说张一弓笔下的猎人就是他自己。是不是写他自己我不知道,我也没有问过一弓,不过我觉得,一弓那种孤独的意识已经弥漫在作品之中了。

张一弓在孤独地行走,在孤独地跋涉,在孤独地寻找——这是我的感觉,我自从产生这种感觉至今起码有10年了吧。这10年之间张一弓不是没有发表、出版作品,比如创作了一个电视连续剧;比如出版了长篇纪实文学《正大集团创业史》;比如出版了散文集《飘逝的岁月》,这些作品都没有引起多少反响。于是有人觉得张一弓已经是强弩之末,不会再写出什么大作品了。我当然不这样认为,我认为这些作品只不过是张一弓在跋涉与寻找过程中的副产品,比如在戈壁滩上拣到一块硅化石或者在大海岸边发现一枚唐冠贝,这根本不是张一弓寻找的初始或者说最后目的,张一弓寻找的应该是丰富的宝藏和用什么办法开采冶炼这宝藏。

如果你看过张一弓的长篇小说《远去的驿站》,你就会知道张一弓究竟在寻找什么了。

在经历了孤独的、漫长的、艰难的跋涉之后,2002年5月,张一弓出版了他的第一部长篇小说《远去的驿站》。

我之所以说《孤猎》是张一弓文学创作历程的一个重大转折,是因为感觉或者说预感到张一弓在寻找和探索新的写作手法和新的题材领域,感觉或者说预感到张一弓不会再去写《张铁匠的罗曼史》、《春妞儿和她的小嘎斯》、《赵镢头的遗嘱》等类型的作品了,尽管那一批作品使他一举成名并蜚声文坛。这当然不是对过去作品的否定,而是一次新的跋涉和追求。

如果说张一弓的《孤猎》在写作手法和内容题材上与他此前的作品截然不同的话,那么,在其富于悲剧意识的、大起大落的、封闭式的谋篇布局方面并没有多少变化。《远去的驿站》就不同了。《远去的驿站》不但在写作手法和内容题材上,就是在整体结构、人物塑造诸方面,都呈现出了一种崭新的面目。可以说,在思变求新方面,《远去的驿站》比《孤猎》更进了一步。

"我的记忆是一个奇迹。我能清楚地记得,父亲是怎样把母亲娶回来的。"

这开篇的第一句话极妙而且至关重要,可以说它决定并统领了一部23万字的长篇小说的写作手法和气韵。张一弓用这样一句超越现实的、神秘的、新颖的开头,以一种"我"童年记忆的视角,引领着我们进入了他的家族,然后又像串门似的,引领着我们到他大舅家,到他姨父家,去了解他们的家庭,认识他们的家庭成员。在他和他的亲戚家里,有清末的举人和接受"西学"的绅士,有早期的职业革命家和他们的同路人,有教授、洋博士和不那么循规蹈矩的私塾先生,有浪漫的薛姨和多情的婉儿姨,等等。张一弓不再像过去那样煞费苦心地去编织故事,而是让"他"的家人和亲戚们自觉地走进故事,各自去扮演各自的角色。故事是自然的,开放的,由此使故事的意蕴更具有拓远性和张力。又由于运用了童年记忆的视角,使历史超越了历史,使作品更富于艺术的魅力。

《远去的驿站》已获长江文艺出版社"九头鸟"文库丛书大奖、国家图书奖和中宣部五个一工程奖,并入围茅盾文学奖。收获是丰硕的,张一弓付出了很多,我想也很累。毕竟年龄不小了,张一弓还会一如既往地孤独地跋涉、孤独地寻找吗?我想,还是让张一弓自己来回答。

张一弓曾经写过一篇随笔叫《想念奥蒂》。奥蒂是一员世界短跑名将,也是一员老将,39岁仍然驰骋在田径场上。在一次大赛失利时,电视播音员惋惜地说,在以后的田径场上,也许不会再看到奥蒂了。然而不久,在另一个强手如林的国际赛事上,奥蒂又夺得银牌。张一弓在文章结尾时写道:"他宁静而亢奋地写着那个长篇,时有奥蒂的身影如褐色的闪电从眼前掠过,不是拿了银牌的奥蒂,是那个有点儿犯傻、有点儿执拗、有点儿孤独、也有点儿悲凉的奥蒂。她跑着,怀着39岁的自信,能跑出什么样子就是什么样子地跑着,不需要荣耀,也不需要悲悯。她跑着,只是为了跟自己赛跑。"

原载《时代文学》2004 年第 6 期

我有这样一位父亲
——女儿眼中的张一弓

张婷婷

父亲在文坛上初露头角,是在我还没有出生的时候。

听父亲说,虽然我的祖父是河南大学文学院的教授,祖母是开封女子高中的语文教师,使他自幼就受到了文学的熏陶,但他原来只是跟新闻有缘。1950年,他在开封高中读二年级的时候,就被河南著名的教育家、校长杜孟模先生推荐到《河南大众报》当了编辑。那时他还不满16岁,大家都叫他"编辑娃",接着又成了"记者娃",后来又成了《河南日报》的青年记者。当我和娃娃成了报社大院里的孩子,排字房的老工人向我们讲过,父亲第一次到排字房改稿,被他们当成了恶作剧的顽童,揪着他的耳朵,把他逐出了车间。

1956年,河南人民出版社出版了父亲的小说处女作《金宝和银宝》。那时,父亲还是一个21岁的小伙子,还没有和母亲认识,我还没来得及出生。我没有看到过这本小说,只是听父亲说,那是薄薄的一本小册子,没有引起人们的关注,父亲也没有因为这本小册子的出版表现过喜悦之情,只是表示惊讶说,我怎么敢于把那么幼稚的东西拿出去呢?

1959年,父亲是《河南日报》驻洛阳的记者,在洛阳的文学刊物《牡丹》上发表了短篇小说《母亲》。主编著文称赞说,就其人物内心刻画的深刻性和生动性来说,它是本刊发表过的小说中最为突出的一篇。这时,父亲已经与美丽温柔的广州姑娘黄淑雯结婚,我也在洛阳呱呱坠地,还不知道分享父亲的喜悦。但在1959年那个多事的秋天,《母亲》又变成了"宣扬反动的资产阶级人性论"的"大毒草",遭到了口诛笔伐,据说仅发表在报刊上的批判文章就有28篇之多。我不知道父亲是怎样从一场声势浩大的大批判中挺过来的。但是我知道,《母亲》的遭遇把父亲的文学才华压抑了二十多年,也为他后来艰辛而绚丽的文学创作埋下了伏笔,蓄积了能量。

当我初谙世事,而《母亲》仍被认为是"大毒草"的日子里,我没有听到过父亲对那顶"鼓吹资产阶级人性论"的帽子表示不满,只是听到他私下里用排比句表示不平说:"仅仅是一个几千字的短篇,仅仅是在艺术表现上吸收了西方小说内心刻画的一些手法,难道有必要这样兴师动众、大张挞伐,乃至于在省委机关报上点名批判,这不是用'喀秋莎大炮'打麻雀吗?怎能这样'派活儿'!"

我听不懂这些排比句里的含意。在我童年和少年的记忆里,父亲和母亲似乎是忙碌而快乐的。"文革"前,我和比我小两岁的娃娃,是在对周末一家人欢聚的期盼中,是在父母亲相跟相随的歌声中度过的。舞池中母亲优美的舞姿,球场上父亲矫健的身影,永远是我们小姐俩的骄傲。

20世纪70年代,两个弟弟相继在郑州出生。据父亲那些《河南日报》社的同事们说,得了儿子后,"一弓整天乐得合不拢嘴,在篮球场上一跳八丈高"。两个弟弟也带给我们小姐俩意想不到的快乐和烦恼。家里一下子添了两张嘴,又请了一位保姆奶奶照看,快乐的小家庭一下陷入了经济上的窘境。日夜赶稿的父亲,把爱不释手的"黄金叶",换成了一毛多钱一包的"勤俭"烟,还惹来报社里"烟民"伯伯、叔叔们的"讥笑"。母亲为了保证全家人的营养,每天都要让我去肉食店买三毛钱的肉馅儿,而她给父亲盛饭时,总要给父亲那只花瓷大碗中多拨进一些炒得香喷喷的肉馅儿。记得那是一个冬天的中午,我蹲在家门口的大榆树下洗衣服,父亲坐在我对面的马扎儿上。他用商量一件大事儿的口吻说:"婷婷,爸爸想把烟戒了,你看怎么样?"从小习惯了父亲抽烟的我,一直以为抽烟就是父亲工作的一部分,所以随口答道:"不抽烟就写不出文章了,爸爸不能不抽烟,倒是咱家一天三毛钱的肉馅儿可以不吃……"父亲被我这一句不经意的回答感动了,他一声不吭地进了屋。许多天以后,这次关于戒烟的对话,早已被我忘得一干二净,父亲却给我买了一双粉红色的丝袜,真是让我欣喜异常。要知道这在当时可是件高级消费品,它足足花去了父亲一条半"勤俭"烟的钱呢!没想到我的一句话竟有如此大的含金量。这是我今生穿过的第一双丝袜,也是我最喜欢的一双袜子。

在报社,父亲是公认的"笔杆子"。父亲那笼罩在朦胧烟雾中的背影,不时在我少年的脑海里浮现,而他的"笔杆子"却忽而变成了"白"的,忽而变成了"黑"的,忽而又变成了"红"的。他曾经是"走白专道路"的典型,有"严重的资产阶级的新闻观和文艺观",曾在"文革"初期被打入"牛棚",在"黑帮队"里接受批斗和劳动改造;他当过记者站站长、理论处处长、报社副总编,还干了几年省委办公厅副主任。但是,官场的沉浮始终不能改变他为人处世的耿直和对生活深刻的思考。"文革"开始时,我刚上小学二年级。学校就在报社对面。一天放学时,同是报社子女的一批小同学说,报社大礼堂里斗黑帮,快去看黑帮啊!我也好奇地跑进了礼堂,却一眼看见,父亲也站在黑帮的行列里。我受到了极大的震动和刺激,哭着跑出了礼堂。我不知道这个"大革命"中发生了什么事情,只是记得父亲在批斗会上的站姿与众不同,他低着头,却挺着胸,站得笔直。事后,父亲说:"怪我没学过弯腰,你们的爷爷从我小时候就教我'站如松,坐如钟',要直着腰杆儿做人……"

1976年3月,我上高中三年级,老师带领全班同学到郏县"广阔天地"公社搞社会调查。同学们革命热情高涨,大家一商量,就决心不回来了,要在那里"扎根农村,干一辈子革命"。我给父亲写信说,我出了一个考题,请父亲回答,我决心在农村干革命,你同意吗?那时,父亲是省委办公厅副主任兼报社副总编,我以为这是给父亲出了一道难题,因为我是大女儿,家中还有两个学龄前的弟弟需要我帮助母亲照料。没想到父亲回信说,他为自己有这样的女儿感到高兴,完全支持我的决定。我高兴得差点儿跳起来。绝大部分同学的"革命行动"受到了家长的反对,40个同学只留下了6个。我感到自己有一个无私的父亲,这是我的幸运。

在农村时间长了,我们的热情大打折扣,开始为自己的出路发愁。最理想的出路是参军。我又多次向父亲提出参军的要求,希望他能以办公厅副主任的身份帮我说句话。父亲却守口如瓶,不置可否。最后,父亲被我逼急了,说:"你爸爸就是自己闯出来的,没有依靠过任何特权。你想有出息,就自己去闯!"几天后,他不知从哪里找来一件军上衣,说:"你不就是想穿穿军装吗?这件军装送你在乡下穿吧。"参军的梦破灭了,但那件军上衣还真让我臭美了好些日子。

我下乡不久,生产队干部知道父亲在省里工作,就托我给队里联系购买一台大马力拖拉机。我回到省城"走后门",父亲这次还真给面子。当我拿着一台"东方红"履带式拖拉机的供应指标回到乡下时,受到了英雄模范般的欢迎。

好景不长,政治风浪的沉浮,又将父亲冲到了人生的谷底。我眼睁睁地看着周围的知青入党的入党,参军的参军,回城工作的回城工作,生产队知青点上黑灯瞎火、清锅冷灶,最后只剩下我一个人。我回郑州看父亲,父亲被"隔离审查"了。经过批准,我才到"隔离室"见了父亲一面。那是我小时候上幼儿园的地方,父亲被"隔离"在一个小房间里,有人在门外看守着他。父亲面容憔悴,头发很长很乱,对那间阴沉、狭小的隔离室却表现出"宾至如归"的样子,正守着一个小型收音机,全神贯注地收听英语广播教学。据说,他已经在学习中级班英语教材,而且抄写了厚厚一本《英语九百句》。女儿的到来触动了父亲最柔弱的那一部分感情。自身难保的父亲还必须面对他所支持过的一个"革命行动"给女儿带来的一个难以解脱的困境。他久久地沉默着,忽然用坚毅的、几乎是命令的口气要求我:"你一定要刻苦复习功课,必须考上大学。依靠自己吧,这是唯一的出路。爸爸相信你。"我必须承认,如果不是父亲"逼"我考上大学,给了我决心,也给了我信任,我可能不会在学习和事业上有今天这样的进步。正是在"隔离室"见到父亲的次年,我考上了大学。

我在乡下复习功课时,又一次回家,终于见到了解除"隔离"、卸去乌纱拖累的父亲。报社的叔叔、阿姨私下告诉我,他们很同情我的父亲,因为查了他几年,没有查出一条属于他个人的问题;他在"文革"中写了不少文章,却没有一篇离开过当时的"红头文件"和省委意图,把责任都推到他身上,是不公平的。那时候,父亲在认真地做着两件事:一是养鸡,他把人吃的药片碾碎,拌在鸡食槽里喂鸡,成功地预防了鸡瘟,十几只"生产白"被父亲伺候得白白胖胖。墙头挂历上,逐日记录着母鸡们的贡献。父亲每收一个鸡蛋,都要十分郑重地在挂历上画一道,画五道就成了一个"正"字,那是 5 个鸡蛋。父亲在挂历上日积月累地画满了"正"字,这是一家人补充蛋白质的主要来源。父亲沉浸在少见的从事物质生产的喜悦之中,大发感慨:"当初要我从事物质生产就好了,在任何政治背景下,鸡蛋就是鸡蛋,它所包含的蛋白质是毋庸置疑的,不管怎么说,是不会变成'毒草'的。"父亲的第二件事,却仍然是不可改悔地从事使他伤透了脑筋的精神劳动。他每天晚上都要写作,常常写到次日凌晨。在我家不足 5 平方米的小过道里,有一个两尺见方的小木桌,吃饭时一家人坐着马扎儿围在一起,一到晚上大家睡了,父亲就凑着吊在天花板上的一盏电灯,伏在桌边爬格子。因为他那时心情不好,家里人都不敢问他在写些什么,不知道在他写出了那么多的灾难以后为什么还要握住笔杆不放。不久,父亲被下放到距武林名刹少林寺不远的登封县卢店公社任革委会副主任。直到插队三年的我,考入了郑州大学之后,才知道父亲在那些沉默的日子里创作了轰动文坛的中篇小说《犯人李铜钟的故事》,而家里过道上的那个小饭桌,正是这部小说的"产床"。

很久以后我才知道,《犯人李铜钟的故事》的发表,是与现代文学大师巴金先生有着直接关系的。1979 年底,《收获》编辑向主编巴金先生推荐了从自由来稿中筛选出来的这篇小说,巴金先生看了很喜欢,决定发表。按照当时的惯例,发表作品是要审查作者的。就在审查作者的时候,有关方面以各种理由反对这部小说的发表。是巴金先生毅然拍板,推出了这部后来被称为"开社会主义悲剧之先河"、"反思文学代表作之一"的中篇小说。在评选"首届全国优秀中篇小说奖"时,有关方面又出来反对《犯人李铜钟的故事》获奖,评委会只得把矛盾交给了担任评委会主任的巴金先生。巴金先生不但同意《犯人李铜钟的故事》得奖,而且力主将其列为一等奖之首。父亲曾说过:"没想到一位文学大师,竟暗暗地保护着一棵小草。"或许是巧合,就在发生这个关于"故事"的故事时,我正坐在明亮的教室里,聆听现代文学老师讲解巴金先生的《家》、《春》、《秋》三部曲,做梦也想不到巴金先生给予我们这个家的恩惠。当然这一切最终都得益于我们所处的这个伟大的时代,如果没有党的十一届三中全会,"就不会有《犯人李铜钟的故事》,也就没有我张一弓!"(张一弓:《听命于生活的权威》)

可能是父亲想给陪他一起吃了不少苦的母亲做些补偿,他用小饭桌上的精神创造换来的稿费,给母亲买了一块崭新的瑞士英纳格坤表,这是我们家有史以来的第一件奢侈品。从这时起,父亲把时间都交给了文学,他再也顾不上去照看那群下蛋的老母鸡了。也正赶上省委家属院清理私搭乱建,他就让妹妹把鸡公鸡婆请出了鸡窝,送给了一家"道口烧鸡"老铺,让它们再做一点最后的贡献。

20世纪80年代,是父亲文学创作的第一个高峰期,也是他高产丰收的黄金季节。父亲在这个高峰期的一些重要作品,如《犯人李铜钟的故事》(1980年)、《张铁匠的罗曼史》(1982年)、《春妞儿和她的小嘎斯》(1984年),连获全国一、二、三届优秀中篇小说奖,还有《赵锨头的遗嘱》(1981年)、《流泪的红蜡烛》(1982年)、《考验》(1982年)、《山村理发店纪事》(1983年)、《火神》(1983年)等8部作品被改编为电影、电视,有的被苏联、日本等国家的出版界翻译出版。这些作品的问世,实践了父亲"要追随时代的步伐,为正在经历着深刻变革的我国农村做一些忠实的'记录'"(张一弓:《听从时代的召唤》)和不断变化、不断创新、不断超越的文学精神。父亲的经历总是大起大落,1983年秋,他又从登封农村被调到省文联专事写作。这时,距他调离新闻工作只有三年半的时间,他已经奠定了作为"文学豫军中的骁将"、"河南文坛的形象大使"的历史地位。

1991年,父亲当选为河南省作家协会主席。他以自己特有的认真与执着,全身心地投入到这份使命大于回报、困难多于手段的社会工作中。行政事务、社会活动缠身的他,几乎支配不了自己的时间,难以创作自己的作品。渐渐地,他远离了书案,淡出了文坛。当时,省作协没有自己的刊物,办公经费也少得可怜。十多年前曾有过的养鸡经验,使他萌生了"喂只文学的鸡、下点儿文学的蛋"的创业冲动。于是,父亲说服他的企业家朋友,拿出了"喂鸡的米",搭起了"养鸡的窝"。父亲靠朋友给的十万元钱,不要国家一分钱的财政补贴,充满激情、放飞希望地创办了省作协机关刊物《热风》。可是父亲善于形象思维的大脑,不谙管理经营之道,在激烈的书刊市场竞争中,他付出太多热情和辛苦的《热风》,就像当时商业大潮泛起的无数泡沫,最终还是破灭了。市场跟他这个主编开了一个玩笑,无力支撑下去的《热风》只好改版了。父亲这次商海弄潮拾获的,不止是一个教训,还是一次难得的市场竞争的体验。听父亲说,当他在刊物经营的困境中苦苦挣扎的时候,一位主管文艺工作的领导同志十分正确地要他注意深入生活,他大叫:"哎呀,'生活'已经把我深入得受不了啦!"1996年,父亲从省作协主席岗位上退休,担任了省作协名誉主席。在退休后的日子里,父亲以坚忍不拔的顽强性格、执着率真的探索精神、追求完美的年轻心态,迎来了又一个创作高峰。近年来,他相继创作出版了长篇报告文学《正大集团创业史》(1998年)、纪实散文集《飘逝的岁月》(2001年)、长篇小说《远去的驿站》

（2002年）、长篇传记文学《在毛泽东的身影里——一个红色"特工"的人生记忆》（2004年）等，在题材、形式、思想内涵、艺术风格等方面都有较大创新和突破。其中，《飘逝的岁月》收入了父亲访问美国、奥地利、墨西哥等国家的所见所闻、所感所思而集中创作的一批散文作品。他30年记者生涯练就的看家本领，在这些散文中得到了畅快淋漓的发挥。在纪实中流露出对中外文化的反思，在叙述中表现了他特有的幽默感，读起来异域风俗、民族特色和文化气息都十分浓郁，像是醇厚甘冽的陈年老酒，又像馨香沁人的雨前新茶。以中原文化为背景，描述我们这个大家族的兴衰史，折射中国近百年历史变迁的长篇小说《远去的驿站》，获得中宣部"五个一工程奖"和国家图书奖，并与其他22部长篇小说一起，入围第六届茅盾文学奖。《在毛泽东的身影里——一个红色"特工"的人生记忆》与《远去的驿站》一样，是一个关于我们家族成员的真实感人的故事，它在《报告文学》杂志上一经刊出，此期杂志很快就被抢购一空。这在父亲创作的作品中是很少见的，也预示着他的文学创作正在酝酿着新的突破。

　　父亲是一个思想深邃、敏感细腻、个性鲜明的作家，因此创作了许多脍炙人口的作品。令我感到惊诧的是，就连一些青少年读者对父亲的风格都十分熟悉。1999年一位参加高考的中学生，在语文试卷的作文开头这样写到："我羡慕李清照的婉约清丽，辛弃疾的豪放雄奇；我崇尚曹雪芹的博大精深，鲁迅的沉郁典雅；我喜欢赵树理的朴素自然，张一弓的淋漓尽致。"（厉复东、郭广福：《高考话题作文的特点及训练策略》）还有一个考生在以《我的作家梦》为题的高考作文中，依次列举出了各个领域的代表人物，作为自己崇拜的偶像：李清照、辛弃疾、曹雪芹、鲁迅、赵树理、张一弓、钱钟书、茅盾、杨振宁、李政道、比尔·盖茨，刘德华、刘晓庆、乔丹、李宁，还有杜勃罗留波夫（乙平：《高考作文创新启示录》）。童言无忌，孩子的话是率真的，姑且不论这两位同学把父亲与如此多的文学巨匠、科学家、企业家、文体明星并列起来是否恰当，但起码他们熟悉父亲的作品，比较准确地把握了父亲的语言风格。

　　更让我惊异的是，佛门圣地九华山佛学院教务长、甘露寺主持、杭州佛学院研究生导师刚晓法师，大概从父亲作品中感受到了一种佛学精神和悲悯情怀，在讲解深奥的《大乘百法明门论》时，竟以父亲与其他文学名家为例，引证其中的玄机。刚晓法师在对信徒讲到"文身"时说："文身，即文章。它要表达一定的思想内涵。如鲁迅的《一件小事》、张一弓的《犯人李铜钟的故事》、李准的《不能走那条路》、刘心武的《班主任》等都算文身。更甚者如老子的《道德经》、马克思的《资本论》、曹雪芹的《红楼梦》这些著作，是世界上不同领域的高峰，也可称文身。"他认为，"名、句、文都是从音声、语言上而立的假法。身是聚积的意思。这名身、句身、文身只是色尘上的差别而已。你若执着于它，看经书使得你知道得越多,文字障碍越大。你若善于运用,它是文字般若"(刚晓法师:《〈大乘百法明门论〉口述记》)。我虽然不懂佛教,但是看到佛教界人士也对父亲的作品如此了解,并据以讲经说法,的确使我大为震动,这也从一个侧面印证了父亲作品的艺术魅力。

父亲是个比较情绪化的人。他的情绪越激动,语言表达就越流畅、越生动、越犀利,因此形成了他特色鲜明的语言风格。同时,在生活中,当他情绪失控的时候,也在无意识中伤害了一些人的感情,其中就包括我的母亲。十多年前,父亲和母亲平静地分手,至今两位老人都没有再组成新的家庭。每逢年节或家里遇到大事、喜事,他们都要在儿孙们的簇拥下,聚在一起吃顿饭、聊聊天、商量事情,共享缺失的天伦之乐,彼此都很友好、很开心。对父母亲生养了我们姐弟四人的那段三十多年相濡以沫的婚姻,父亲曾经说过:"这不存在谁对谁错的问题,我的婚姻好像是把第一个扣子扣在了第二个扣眼上,这不是扣子和扣眼的过错,也许是命运的捉弄。"父亲还说:"缘分可遇而不可求,我从来不会去刻意追求它。所以我宁愿去享受这种孤独,它能使我心无旁骛地写作、思考……"无论怎样,父母亲都适应了自己的新生活,都在以一种特殊的方式,承担着长辈的责任,维系着彼此的亲情。父亲好像是快乐地享受着孤独,当亲友通电话时问他:"你在忙什么呀?"父亲有时说:"我在给张一弓当秘书呀!"有时说:"我在给张一弓当保姆。"有时却说:"哎呀,现在不是通话的时候,我正给张一弓下面条,开水滚锅了呀!"

做了外公的父亲,在两个外孙女面前,从来就没有像对待我们姐弟四人那样的威严。每当外孙女来到他的"领地",都可以肆无忌惮地跑动嬉戏,翻出自己想要的东西,也可以把外公的耳朵拉到自己的嘴边,说一说只有他们爷孙才知道的"秘密"。父亲可以放下手中的活儿,一只手抱起一个给她们讲故事;他还要找出在旅行途中为外孙女准备的各色各样的小礼物,不偏不倚地装到两个袋子里,免得她们吵架;他可以认真地与两个"小大人"交谈,耐心地回答她们提出的各种稀奇古怪的问题,并从"恕不外借"的书架上挑选合适的书籍送给她俩。外孙女同时考上了大学,父亲高兴地拿出了一笔"助学金",这与我们小时候相比,真是太奢侈了。也正是在与外孙女一起开心地耍闹时,才能看到父亲绽露出孩子般天真的笑容。

父亲快70岁了。他对此似乎毫不在意,仍然关注着中外赛场的各项体育比赛,逐一数说我国体育健儿在28届奥运会上拿到的32枚金牌,如数家珍;仍然爱吃很有嚼劲儿的河南手擀面,更有嚼劲儿因而更能解馋的是更硬一些的山西刀削面;仍然保持着夜间创作、白天休息的习惯;仍然常常把自己关在堆满书刊报章的房间里,面对闪烁的屏幕,敲击无怨的键盘,倾听心灵的对话,驾驭奔涌的思绪,孤独地守望着那片富饶、蓬勃的精神家园。"作为一棵错过开花结果季节的老树,我只想把秋天以后的时光重新安排……"

  这就是我的父亲。我为他祝福!

2004 年秋于北京

原载《时代文学》2004 年第 6 期

研究论文选辑

"高尚的圣者和殉道者"
——读《犯人李铜钟的故事》

阎 纲

这部中篇小说,人们有充足的理由称它为"暴露文学"的名作之一;可是,它的歌颂却因"暴露"的真切准确而显得更为动人。这部作品的批判是大胆的、犀利的;但同时,却很深沉,很痛心,它的批判根本不是为了动摇现存的制度,而完全是为了发扬革命的精神,拯救崇高的灵魂。这部作品在塑造人物、反映生活方面,勇敢、公正而又精练,无疑是恢复了我国文学的现实主义传统;然而,它是革命的、深化了的现实主义。我们面前被缚着的这个人,是国家的罪犯(犯人李铜钟!),又是人民的英雄(庄稼人用脑袋撞着床帮为他恸哭!),"犯人"和"英雄",难道只隔了一张纸吗?

现在,越来越多的同志称赞这部小说,不少对它颇感兴趣的,远不止以先睹为快的一些人了。读者是很有眼力的。

不错,也有同志对这一作品表示疑义,理由主要是两条:一、为"犯人"讴歌,于安定团结有碍;二、"动公仓"、"抢皇粮",有助长不安定因素之嫌。

仁者见仁,智者见智,舆论不能一律。"道学家看见淫,才子看见缠绵,革命家看见排满。"有什么办法?一部作品被捧杀的,不乏其例;一部作品因祸而得福的,也是有之。《犯人李铜钟的故事》需要经受权威的评论家——时间的考验;这个故事,自《收获》第1期发表迄今,连半年还不到呢。

《犯人李铜钟的故事》发表以后,急于听到反应的作者(张一弓同志)恐怕有点惴惴不安。他的这部大胆尝试的小说,被编者从来稿中发现并以十足的勇气发表出来,交付读者鉴别和批评,而批评界的反应却出乎意外的冷落。我们只知道《上海文学》第6期冯牧同志的长文中提到它,《文艺报》第6期石泉同志为它写了一篇千字文。

当我在《收获》第3期上读到作者又一篇作品《牺牲》(短篇小说)时,就再也按捺不住为《犯人李铜钟的故事》作辩护的冲动了。《牺牲》使我更理解作者,更理解作者为什么要描写李铜钟的牺牲精神。这位才华内向的小说作者,善于把和平时期生死线上的斗争,提到石破天惊的紧张程度;善于在非战争的,而又是最为重大的、生命攸关的"战争"中,升华中国农民的灵魂。它怎么会有碍于安定团结呢？正是为了安定团结，《牺牲》中的母亲没有追究伤亡的刑事责任，没有面对儿子的尸体掉下一滴泪水；正是为了安定团结，李铜钟没有带领饥民们暴动，没有对党发过一句牢骚，甚至没有逃荒，而是顾全大局，"凄然地说：'党不知道咱忍饥，……'"。他所领导的饥民们，饿得心慌了，就看看党中央一九五一年救济他们的棉衣棉裤，心想："毛主席不叫咱冻着，……就不会叫咱饿着，……兴是年前风老大，电话线刮断了，……上头跟底下断了线，……等两天，再等两天，……等电话线接上。……"看，他们何等地安定团结！至于说"抢皇粮"，天哪，请想想，那算什么"抢"啊！四百多口人已经断粮七天，带着炸弹的"告急信"如石沉大海，音讯渺茫；反右倾连萝卜汤都要反掉了，还在反。千钧一发，万般无奈，一个党支部书记"动"了"公仓"，借出活命之粮，能说是犯了法吗？死活定于一瞬，一身系得安危；燃烧自己，照亮人民，无异乎煮自己的肉给别人吃，真正的舍己为人，这算得什么为"犯人"讴歌？三年困难时期，记得我党中央有一条坚决的指示精神：不准饿死一个人！可见，党，是爱人民的。救民于危难的党的儿子李铜钟，我们忍心称他是"犯人"吗？事情糟到了这步田地，呼天不应，唤地不灵，你让一个基层的党员干部怎样做才算守法呢！

我们今天的小说创作，对于"大跃进"后困难时期的描写还很少，但已经开始有了，茹志鹃的短篇小说《剪辑错了的故事》，写亩产一万六千斤的某地，群众却只能日吃八大两的口粮。刘克的中篇小说《飞天》，人们对它还有争论，但是，飞天出现在1960年，饥饿把她驱赶到此山此庙却是真实可信的。今年《甘肃文艺》第2期上牛正寰的短篇小说《风雪茫茫》，也是写1960年。"渭河上边"挖野菜，剥树皮，有人浮肿的脸庞黄里透绿，向关中逃荒……然而，这些作品，都不像《犯人李铜钟的故事》这样集中、强烈。如此集中地、正面地、强烈地写困难的三年，写1959年庐山会议反右倾的第二年，写饥饿的1960年，在粉碎"四人帮"三年来的小说创作中，还未曾见过。当然，问题不在写了什么，《犯人李铜钟的故事》的主要价值不在于作者写了别人没有写的或不敢写的题材，而在于作者具体写时，怎样把"真实"和"崇高"艺术地结合在一起。

它是那样的真实，以至于当时的社会以那时独有的、尖锐矛盾着的、异乎寻常的、极其严重然而有点滑稽的形式呈现在人们面前。从而，我们看到了：李家寨的"大跃进"，为国家交粮几百万斤，"反瞒产"又反走了粮食十万斤，但是，"坐飞机"的李家寨，现在却连骑"乌龟"的劲儿也没了。当超额完成粮食征购任务的奖状挂上墙壁的时候，社员每天只能吃到粮食"二大两"。当反对两眼向上的伸手派斥责叫喊粮荒是屁股坐在富裕中农的板凳上时，村里的榆树皮已经剥光了。当"三堂总管"老杠叔饿得快断气时，这位种了一辈子粮食、管了一年多食堂的庄稼人,没有一把粮食粒儿送进口嚼嚼。当公社书记大喊"反右倾可以反出粮食,反出吃的,灵得很"时,四百九十多口人已经完全断粮了!当这位"带头书记"还在做着美梦,吹牛这个公社"两年进入共产主义"时,李家寨不得不宰牛了:可怜的"花狸虎"牛被捆住四条腿,卧倒在场上,它哞哞地叫着,一双通人性的圆鼓鼓的眼睛滴着豆大的泪珠。它绝望了,它好像对自己的主人说:"人啊,不要杀我,我还要犁地;杀了我,够你们吃几顿呢?"

"花狸虎"和另外几头老牛一起,在一百多个砂锅、铜盆、搪瓷盆里冒着热气,为人们尽着最后的义务。这里没有家用的铁锅,那玩艺儿想必早已"献给"大炼钢铁了。

总之,在几百个党的基本群众发黄的眼睛和铁青的脸上,共产党员的党性和一向通用的"九个指头与一个指头"的神圣比喻,共同受到无情的检验。然而,又有什么办法呢?断粮已经第七天了,百十口人挺在床上不会动弹,而"告急信"却石沉大海。"电话线刮断了","上头跟底下断了线",这只是农民善意的想象。在走投无路的危急情势下,李铜钟舍生取义,他征得战友朱老庆的同情,开了借条,咬破食指,按了血印……把违法粮当作救命粮发下之日,他命令支起三口大锅、填饱逃荒人群的肚皮……人们感激党开仓放粮、救民于水火之日,正是李铜钟成为党和人民的"犯人"之时:嗟呼!已诺必诚,不恤其躯。壮哉!真正共产党人的侠风义气,还忍心说这是"抢皇粮"吗?同志,请再看看这个"犯人"激越悲愤的心理活动和他的犯罪动机:

> 李铜钟啊,在社员们七天没吃一粒粮食子儿以后,你还有什么办法使他们免于死亡呢?你能叫麦苗儿今天夜里就起蓴儿,明天清早就扬花儿,不到晌午就结子儿吗?你能叫"反瞒产"反走的十万斤粮食长上腿,回到李家寨吗?你能对社员们说,民国三十一年的经验证明,北山裤裆沟里的白甘土可以当粮食吃吗?要不,你就狠狠心,说,乡亲们啊,可怜我这个一条腿的人没能耐,挑不动这副担子,请大家撂上打狗棍,自谋生路去吧。然后,你把一级残废证装到玻璃框里,用竹竿儿举着,领着婆娘、娃娃,去荣军休养所要口饭吃吧。
>
> 不能,不能,不能哩。要是世界上没有饥饿和寒冷,还要共产党做啥?共产党员李铜钟啊,你跑到鸭绿江那厢打狼,你瘸着一条腿回家,难道是为了在乡亲们最需要你的时候抛开他们吗?支部书记李铜钟啊,你这一辈子能有几回像今天这样检验你对人民的忠诚,考验你的党性啊!

李铜钟的胸膛燃起了一场大火。只有那条必然给他带来严重后果而又不能不走的道路好走了。这条路走得通吗?他不知道。但他大步颠拐着,向西山脚下的靠山粮站走去了。

　　这段描写,以它深沉的笔力和浓烈的情怀激荡着我们的心。这里所写的人物,就是那个时代里的具体人物;这里所写的年代,就是那些人物生活期间的具体年代。真切,悲愤,精确,深沉,字字看来都是血!李铜钟是"犯人"吗?不,他是英雄。但是,他的的确确成了"犯人"。那么,英雄往往就是"犯人"了……我终于推翻了这一命题。然而,它并非毫无道理。就在这年的前一年,1959年,任人皆知,人民功臣一夜之间变成了阶下囚。

　　要是讴歌"犯人"李铜钟有碍于安定团结的话,那么,"四五"英雄、张志新、史云峰都成了不安定因素。比之他们,李铜钟何等地"守法"!他既没有"怀疑"社会主义,又没有"攻击"共产党,更没有"炮打"无产阶级司令部。他的"罪行",说穿了,不过是为农民挪用了被夺走的农民的粮食,救活了农民的命!这是什么呢?这是英雄的罪犯,这是崇高的犯罪!在这样的"罪行"面前,不但胆小怕事、明哲保身、谨言慎行显得卑微渺小,就连那些看起来循规蹈矩、奉公守法、安分守己而其实唯唯诺诺,只承认上级才配长出正确头脑的人,也变得黯然失色。6月29日清晨听中央台广播,广西某地一个少女被歹徒剥光衣服,百般侮辱,而一千多名围观者,包括一些公社副书记、人武部副部长、法庭庭长在内,竟无一个男子汉大丈夫挺身而出救一个可怜的姑娘。而一个李铜钟(可敬的共产党员,一个比那些胆小如鼠、见死不救的副书记、副部长和庭长等党纪国法的化身们职位要低、党性要高的普通共产党员),却救出了四百九十多个国家的"主人"!听这条新闻,比李铜钟的故事,我想,这位腿残的复员军人,于今天的四化,并不多余!一千多人中要是有一个李铜钟的话,29日新闻里这条小小的不安定团结的事件,就不会像鲁迅笔下"示众"场面那样可悲地发生了。

　　7月6日清晨,又听到一则报道大不安定团结的事件的消息:昔阳县前县委主要负责人虚报产量二亿七千多万斤!一直虚报到粉碎"四人帮"后的1977年,今天才揭开假面。报称,"上边要,下边造",当地农民成了"谎言的受害者"。可见,说假话,吹牛,浮夸,不知粮食之金贵,不心疼农民,至今还未绝迹。我又想,今天真的还是需要李铜钟!李铜钟是绝不说假话也反对说假话的,这样的战士今天并不嫌多;昔阳竟可以欺骗中央达五年之久,难道不是因为那里的李铜钟还少了一些吗?

　　我们的党,是个有长期战斗经验的、伟大光荣的党。在党中央的领导下,全党意志统一、行动整齐,但是,党也允许下级组织或党员个人,在上级未予注意或始料不及的特殊情况下的特殊决策和行动。当事情发展到向上级报告已经来不及,必须马上下决心采取行动才能制止事态恶化的紧急情况下,党并不支持那种推推诿诿、不敢负责的懦夫懒汉！在这样的关键时刻，以人民的利益为最高利益的共产党员，应该有临机处决之权，正像李铜钟的崇高信念所赋予他的坚定和勇敢那样。在饥饿发生、农民受到死亡威胁的紧急情况下，李铜钟当机立断，借了"违法粮"：他事先向上级写了报告（即那封带炸弹的"告急信"），事后，"他感到必须睡一个好觉，才能有足够的精力，让那条假腿把他带到县公安局'投案自首'"。在法庭上，他"蓦地伸出那双铐在一起的大手，呼唤着：'田政委，救救农民吧！……政委，快去……卧龙坡车站，……快，快……'像是完成了一件神圣的使命，李铜钟恬静地入睡了"。他事前事后都向上级作了报告，他没有违犯党纪国法。他没有违法，虽然他成了法律的"犯人"，可是，他同时成了道义的英雄。当道义同法律产生矛盾的时候，理解法律，应该顾及道义。作者张一弓紧紧地抓住法律与道义对立统一的关系，把读者置于悲剧性壮烈的陶冶之中。所以，李铜钟一戴上手铐，英雄的形象就最后地完成了！

　　这里，我想到了一个伟大悲剧中的人物。他被铁链锁在高加索山上，因为他盗取了天火给了人们。悲剧的强大震撼力，把一种极高尚的精神升华到庄严的、雄伟的、壮烈的境界。他，就是神话中的精英普罗米修斯。我以为，把《犯人李铜钟的故事》和《被缚的普罗米修斯》相提并论，更容易看清楚我多难之国的民心、党心、党员之心。马克思称不朽的普罗米修斯为"哲学的日历中最高尚的圣者和殉道者"（《〈博士论文〉序》）。是的，他们是"最高尚的圣者和殉道者"！

　　我还想补充地说，我们"歌颂"李铜钟，因为关于他的这篇犯罪的故事提醒人们：千万要注意生产粮食的农民的吃饭问题。农业"大跃进"中丰收的李家寨，面临的却是严重的饥荒，这一真实的历史现象在作者张一弓的笔下得到极其尖锐的表现。诚然，作者对这一历史现象的开掘不够深入，但是，他相当深刻地写出粮食问题对于农民，对于社会主义的严重性。要是我们的领导工作在三年困难时期有所失误的话，那么，其中很关键的一条就是忽视了吃饭这件大事。人活着当然不是为了吃饭，但是，不吃饭人就不能活。正如朱老庆（即胁从犯！）被捕时反复说的那样："人是铁，饭是钢。"这是常识。然而，在当时，反右倾比弄饭吃更革命。"带头书记"杨文秀说，"反右倾可以反出粮食，反出吃的"，还加重地说："灵得很！"的确很灵，李家寨没有继续反右倾，所以饿了饭。

　　粮食的重要性是上了马列主义经典的。恩格斯说："马克思发现了人类历史的发展规律，即发现了直到最近还被思想体系的积淀所遮盖的一个简单的事实：人们首先必须吃、喝、住、穿，而后才能从事政治、科学、艺术、宗教等等。"（《马克思墓前演说》）列宁把粮食比作"圣物"，说："每一普特粮食和燃料都是真正的圣物，比神甫们用来愚弄蠢人的圣物要高尚得多。"（《论饥荒》）毛泽东同志在1959年底向全国农村干部说:"须知我国是一个有六亿五千万人口的大国,吃饭是第一件大事。"这里,又有一个李家寨,它的经验充分证明:"肚子的忍耐力是有限度的","九两三钱(牛)肉能产生多少卡的热量呢?"它又补充地证明:"在大多数七天没吃一粒粮食子儿的庄稼人看来,对于他们必不可少的肠胃运动和衰弱到极度的身体来说,违法粮跟合法粮没有任何区别,……所包含的蛋白、淀粉和含热量完全相同。"革命多年,尚不知粮食的重要性和饿饭就要死人的常识,以至于铸成了大错。当李铜钟和他的乡亲们发生"法律与营养的矛盾"时,他首先想到的是人,人的生命、生存和生命力,他也一定想到世间第一最可宝贵的就是人。所以,他以毛泽东同志倡导的"五不怕"的精神,据结借粮,宁肯以自己一人的死亡,换得四百多人的生存;宁肯自己一人触犯刑律,不让农民失去生的权利。饥民们哽咽着说:"毛主席,您老人家就原谅俺一回……咱李家寨的干部都是正经庄稼人,没偷过,没抢过……铜钟是俺从小看大的,去朝鲜国打过仗,是您教育多年的孩子……俺吃这粮食,实在是没有法子。"他们相信,这种解决"法律与营养的矛盾"的办法毛主席是会同情、会原谅的,虽然法律并没有原谅他们。直到今天,难道我们还不能宽宥他们,还认为他们是有碍于安定团结的"犯人"吗?难道十几年后,已经去掉了手铐,复要戴在这个鬼魂的手上?平心而论,今天,我们不是追究李铜钟"抢劫国家粮食仓库"即"动公仓"、"抢皇粮"的"罪行"(恰恰是他的大功大德),而是通过"犯人"李铜钟的故事,警惕不要再滥用党的崇高威信,不要动不动搞什么斗争运动,不要拿空想代替粮食。应该提醒自己,特别注意生产粮食的人的粮食问题,"叫种粮食的吃上粮食","还需要制定那样的法律,对于那些吹牛者、迫使他人吹牛者,那些搞高指标、高征购以及用其他手段侵犯农民利益而屡教不改者,也应酌情予以法律制裁。是的,……需要这样的法律"!

关于作者张一弓同志,我知道的极其有限,似乎他的这部作品,已经把我们想要了解的他介绍给了我们。我们从作品可以断定他写的什么地方以及他对当时当地、其人其事所熟悉的程度,可以看出他的忧愤和热情。是的,忧愤是《犯人李铜钟的故事》的主要情绪。当然,它也壮烈,沉毅。临难而不伤感,忧愤而不幻灭;紧张而又沉稳,真诚而又崇高。作品通体所高扬着的是一种悲壮之美。

张一弓同志选取的这部分题材,是个很危险的题材;但是,作品的思想倾向却使人感到安全而不危险。其原因就在于作者能"衡之以天理,平之以天良","出之以艺术家的真诚"(孙犁:《荷灯记》序)。《犯人李铜钟的故事》初稿于去年四月,定稿于八月。很清楚,这部作品是党的十一届三中全会的产物,是文艺界思想解放运动的成果。在作品的创作过程中,文艺界经历了是"收"还是"放",是"向前看"还是"向后看",是"歌德"还是"缺德"的激烈辩论。而这部作品,又定稿于叶剑英副主席历史性的国庆讲话之前。仅仅从这个简单的时间表上,即可看出作者的勇气和锐力。他在这个比一般"伤痕文学"的伤痕不见得轻的题材的处理中,对于这样复杂、敏感而不无危险的故事的掌握中,进一步显示出文学解放的威力;他用创作的成功实践为以上的激烈辩论作出回答。他以未加讳饰的历史画面,历历在目的历史真相告诉读者:我国社会主义革命过程中,有过一些饥饿的地方,有过一段困难的时期,一段原来认为是"七分天灾、三分人祸"的苦斗历程。他告诉读者:在这些饥饿的地方和困难的时期,也有过这样一种人,他们是坚强的共产党员;当党性同法律相冲突时,他们只好打破常规而迎接悲剧;他们不可能超过当时党的认识水平,但是他们把人民的命运同党的命运结为一体。鲁迅以高度的民族自信心教我们看人要"看看他的筋骨和脊梁",他说:"我们从古以来,就有埋头苦干的人,有拼命硬干的人,有为民请命的人,有舍身求法的人,……虽是等于为帝王将相作家谱的所谓'正史',也往往掩不住他们的光耀,这就是中国的脊梁。"(《中国人失掉自信力了吗?》)李铜钟自己尽管为当时的法律所击败,然而他无疑是英才、义士,未失掉自信力的党员,中国人的筋骨和脊梁。

　　具体的历史内容、真挚的骨肉之情和为人民服务的道德信念三者相融合,使作者大胆尖锐的描绘立于不败之地,成为社会某些本质方面的一面公正的镜子。它拳拳呼唤李铜钟圣洁的亡灵,它殷殷提醒人们记住这历史的一课:"战胜敌人需要付出血的代价,战胜自己的谬误也往往需要付出血的代价?活着的人们啊,争取用较少的代价,换取较多的智慧吧!"它狠狠刺痛了人们的良知:比起残腿的李铜钟来,"我们这些两条腿的,不能把路走得更好些吗"?

　　《犯人李铜钟的故事》以及同类作品的创作经验,需要我们进行研讨和总结。"暴露文学"的恶谥,至今仍压在我们的脊梁骨上。革命现实主义要深化,必须同形形色色反现实主义的阻力作斗争;同时,必须善于进行总结。譬如,我们的文学在表现某种"危险题材"时,怎样才能做到"要约而写真",不讳不溢,又真又善又美,"夸而有节,饰而不诬"呢?很值得总结。这是我们目前急于盼望文学评论家要做的事。

　　这部小说在艺术描写上简洁、准确、深沉、有力。作者手里的刻刀,是名副其实地用来进行艺术刻画的:线条、构图粗犷而分明,有木刻艺术的遒劲之感,从而使人震悚,过目难忘。当然,他也用笔用彩,那是浓重的感情的色彩,又冷峻又灼热,有时也很挖苦。当那支彩笔落在作品最精彩、最打动人心的地方(例如《春荒》、《血红的指印》、《三口大锅》、《九龙坡车站》等）时，简直是金石为开、惊天动地，那支笔蘸着的原是作者自己的热血和胆汁！作者基本上采取勾勒的方法，熟练地运用着白描。他笔力的省俭令人称道，在对生活大量积累和深入观察的基础上，他巧妙地截取生活的场景，紧紧地围绕着粮食和法纪的矛盾所造成的人物关系，高度地精炼自己的故事，吝啬地运用自己的笔墨，结果，在很短的一个中篇里（三万字！），包容了丰满的人情和世相。"以我少少许，胜人多多许"，这应该是我们的艺术追求。

对话是精彩的，口语化，感情饱满而且十分强烈。对话是作者进行人物描写的主要手段，充满于《犯人李铜钟的故事》。对话描写杂以叙述的手法和少量的议论，构成这部作品的表现形式。这一方面，显示出作者的才能。但是，对于要表现复杂社会的作者来说，还是多几副笔墨为好。例如心理描写的方法，就应该注意吸取。小说不同于其他艺术形式的很重要的特长，就是可以画灵魂，直接深入人的心灵而不囿于时空的限制。从小说史的发展来看，心理描写越来越受到作者的重视。是特长，就要发挥，力图在人物内心世界的开掘上有所突破。李铜钟在读者面前已经站立起来，却没有成为人物典型；要是作者并非不是胸有成竹的话，那么，很要紧的一个原因就是忽视了对李铜钟心理活动的深入描写。在四百多口饥民受到严重威胁的时候，在严酷的法律制裁面前，在生与死、功与罪、群众与个人、党员与党的矛盾尖锐化起来的关系面前，李铜钟的心情绝不会是一般的复杂和沉重，他的精神领域早已承受着感情波涛的冲击。这是一个异常复杂的心理变化过程，可惜，作者太吝惜笔墨，过多地用勾勒代替了必要的细腻的描绘。

人物描写方面另一不足之处，是对县委书记田振山过于宽容。事情严重到这样的程度，仅仅责怪一个公社书记杨文秀是不公平的。正是在这一点上，作者知难而退了。当然，不能把所有的责任层层上推，我们要的是用血换来的历史教训。我们完全理解作者，他已经做得很不错了。正像冯牧同志在那篇题为《关于近年来文学创作的主流及其它》中公正地指出的那样："我认为这是一篇力作，也是在文学创作上表现了新的突破的作品。一个作家，只有以严肃的历史家和思想家的眼光，以高度的社会责任感，以对人民深挚的感情，才可能熔铸出这样的作品来。"这是相当不错的评价了，当然，并不意味着对作品的全部肯定。只有伟大的人物，才能对伟大的时代有伟大的发现和进行伟大的总结。因此，不能苛求一个基层的业余作者：他投稿，他心有余悸，他走过很曲折的路。

在大胆、尖锐而较为准确地揭示重大的社会冲突方面，《犯人李铜钟的故事》堪称"暴露文学"的代表作之一；然而，它包含着巨大、潜在的歌颂，正像有人发觉它在"为犯人讴歌"那样。深刻地"暴露",使作品的歌颂显得动人之极;真切地歌颂,使作品的"暴露"警钟沉沉。它把人民的生活、斗争理想、旨趣、情操、道义等"美",寄托于对艺术人物的感性显现之中;它使文学成为社会以及道德水平的生动标尺。因此,这部作品的出现是难能可贵的,我们千万不可轻率地否定它。我们的时代仍然需要李铜钟,需要"最高尚的圣者和殉道者"。在今天的时代里,人们正为四化风发奋进,为大进军清扫障碍。我们可以自豪地说:李铜钟式的党性立场和侠义心肠,必将自由地为人民服务、为人民称颂而不受法律的制裁。

这一切的一切,不是有碍于安定团结,而是安定团结的精神需要。

1980 年 7 月

原载《新文学论丛》1980 年第 3 辑

胆识与艺术创新
——评中篇小说《犯人李铜钟的故事》

潘旭澜

张一弓的中篇小说《犯人李铜钟的故事》(《收获》1980 年第 1 期),是一篇有胆识、有新意、有突破的好作品。这个中篇的惊心动魄的情节和场面,主人公的英雄品格和令人悲愤的遭遇,作品所揭示的惨痛的历史教训,总是萦回在我的脑际,撼动着我的心灵。

小说作者的胆力,首先表现在敢于直面历史的真实,敢于正视我们生活中曾经存在的问题和阴暗面。作者以常见的"回忆"的写法,通过 1979 年新任地委书记亲自为李铜钟平反,将读者带到 1960 年开春的李家寨大队。作品以较多的篇幅,较为细致地描绘了一场严重的饥荒。由于公社书记杨文秀的迫使,大队长张双喜虚报了产量,于是,从立春那天起,被多征购了 10 万斤粮食的李家寨,开始了一场春荒。每天吃清水煮萝卜,榆树皮也剥光了。杀耕牛充饥也解决不了多少问题。断粮的第 7 天,全大队四百九十多人全部患了浮肿病。烈属、"三堂总管"老杠叔,在快饿死时,直要求老伴将为他做的送老衣的棉花套子让他啃啃。这种揪人心肝、催人堕泪的景象,是三年困难时期某些农村出现过的情景的艺术概括和真实写照。在我们的文学创作中,还很少有像这样尖锐地描写这一时期的饥荒的作品。

《犯人李铜钟的故事》的作者,并没有停留在敢于直面历史的真实上,而是从深广的背景上来表现这场饥荒是怎样发生的。没有疑问,李家寨饥荒的直接原因是高指标、高征购,应该对此负责的是公社书记杨文秀。但是,如果作者将这一切仅仅归结为杨文秀个人的问题,作品就会失去它应有的深度和意义。作者没有采取这种虽然便捷但却浅薄的写法。作品第一章和第四章里,通过巧妙而又自然的穿插,叙述和描写了杨文秀到十里铺公社担任书记后的所作所为,揭示了 1960 年这场春荒与从 1958 年起大大发展起来的浮夸风的直接联系。浮夸风是极"左"思潮的产物,又是它的一种表现形式。正是在 1958 年,刚刚上任的杨文秀提出了一个看来很革命而实际上极为荒谬的高论——"一个公社首先进入共产主义"。他命令村村队队砸锅炼铁,连门鼻、门搭勾都填进"小土群"里。他要老汉们挂着长须,妇女们穿着古装戏衣、打着"帅"字旗下地劳动,以表示赛过老黄忠和穆桂英。他在三级干部会上宣布一年"过江","迎接共产主义到来"。作者选择这些看来十分可笑却是十分真实的现象,来勾画杨文秀的面目,是很有表现力的。这样一个"带头书记",必然要搞高指标、高征购。带着出名升官的个人主义欲望的杨文秀,个人思想品质固然大有问题,但如果没有适当的土壤和气候,他的浮夸、弄虚作假是不会迅速地发展得这么严重,表演得这么淋漓尽致的。小说以简洁、洗练的笔触,从其他一些方面反映了那个时期的浮夸风。比如,省报经常出"号外"报道一些叫人根本无法相信的"丰收卫星",狂热地宣传"人有多大胆,地有多高产"的反科学的口号。县委书记田振山提出的"持续跃进规划",已经是一个高指标的计划,结果,还受到地委严厉批评,以致他诚恳地反了自己的"右倾"。在极"左"思潮、浮夸风的恶果已十分严重,本来应该反极"左"的时候,可是,"眼下的精神还是反右倾"。所有这些,都显示出,浮夸风是那些年月的时代病。由于作者能够从较为深广的背景上来探索和反映李家寨的饥荒,所以它就具有深刻的典型意义;同时,读者也就不难理解,为什么作者要那么尖锐地描绘李家寨的饥荒景象。因为,只有真实反映饥荒的景象,才有可能深刻地揭露浮夸风、弄虚作假的祸害,并为主人公李铜钟不寻常的行动的必要性提供合情合理的根据。

作者的胆识,表现在他以同情和赞赏的笔调去描写李铜钟未经批准,连夜借走5万斤公粮,去解救即将饿死的群众这个事件上。由于这个非常的事件,复员残废军人、大队支部书记李铜钟,成了"抢劫国家粮食仓库的首犯",并且戴着这样的大罪名死去。这个构成中篇主要情节的事件,不论是出于作者的虚构,或者是生活中某一实有事件的艺术加工,它都是真实可信的。在饥饿那样揪人心肝地折磨着全村群众,死亡威胁着几百口社员,向公社、县里一再紧急呼吁又没能得到救助的危急情况下,"这个出生在逃荒路上、10岁那年就去给财主放羊的小长工,这个土改时的民兵队长、抗美援朝的志愿兵",这个为祖国和人民流过血、献出过一条腿的李铜钟,他的高度的党性,他的火热的阶级感情,他的强烈的革命责任感,以至他的人类良知,都使他不可能撒手不管,让"大家掂上打狗棍,自谋生路",更不可能眼睁睁地看着勤劳的乡亲们一个个饿死。山穷水尽已无路,在这种特定的情况下,唯一的办法、唯一的出路是动用公粮。于是,他毫不迟疑地将个人安危得失置之度外,甘心承担非常严重的后果,去干那后来被说是"抢劫国家仓库"的事,来解救几百口群众的生命。李铜钟这种为了党和人民的根本利益而慷慨地自我牺牲的行为,是他的思想、品质、性格合乎逻辑的发展,是完全可能甚至必然会有的事。

作者除了敢于在特殊而又异常尖锐的矛盾冲突中来集中展示人物的灵魂以外,还着意在几个节骨眼上,从各个侧面来刻画李铜钟。当杨文秀晃着"右倾帽子"来威胁他的时候,他说:"你把帽子给我。只要反右倾能反出粮食,反出吃的,这右倾的帽子,我戴一万年。"这镇静、坚定的回答,简直掷地作金石声,既初步刻画了人物的精神面貌,又为后来他借用公粮作了准备和烘托。在靠山店粮站,他所写的"违反国法,一人承担"的借条,他打在借条上的血手印,感人至深地反映了他热爱党和人民、无私无畏的英雄品格。特别是在受审讯那一场,他见到县委书记田振山,完全不为自己辩护,而是用仅有的一点力气呼唤着:"田政委,救救农民吧!""政委,快去……卧龙坡车站,……快,快……"这些片段,都生动地显示了他不但将个人生死荣辱置之度外,也不只关切他所在那个李家寨大队几百个群众的生存,而是满心想着人民,想着党和人民的鱼水关系,想着人民和党的根本利益。这是一个党所培养出来的当代英雄的形象,是构成我们中华民族的脊梁的优秀人物的形象。塑造出这样一个在特定时期、特定环境中的深刻动人的英雄形象,这是这部中篇在英雄形象创造上的可喜突破。

这部中篇小说所写的人物的事件,无疑是有悲剧色彩的。但是,小说的悲剧性又是和讽刺喜剧性结合起来的。首先,整个作品的艺术构思就显示了这一点。那一场场"使人头脑发热,嗓门发痒"的喜剧的背后,都在酝酿着、制造着悲剧,催促悲剧的产生。李家寨农民的断粮,宰牛充饥,得浮肿病,李铜钟的"救救农民"的呼吁,对于那些报道"丰收卫星"的号外,形形色色的"豪言壮语",使脚下大地都震动、沸腾的锣鼓,不消三天就创造出来的"典型经验",接连不停的反"右倾",是多么无情的揭露与讽刺!再如,写杨文秀叫人搞代食品时,作者在叙述、描写中,将这些骗人玩艺说成"世界上新出现的几个食物品种","营养学方面的重大发明",这些说法,既符合那个时期的风尚和人物的心理状态,又是欲抑故扬、欲贬故褒的反语。"说到辛酸处,荒唐愈可悲。"讽刺对象愈是荒唐可笑,它所造成的祸害就愈令人悲愤。所以,讽刺喜剧性不但不破坏、削弱悲剧性,恰恰是产生了相反相成的艺术效果。

历史是一面镜子。小说所描绘的真实、动人的生活图景,所塑造的深刻、鲜明的人物形象,对于今天和明天的读者都有不可忽视的认识价值。

原载《人民日报》1980 年 8 月 13 日

并不轻松的喜剧
——读张一弓的三篇小说

曾镇南

不管作家们主观上是否意识到，现实生活的急剧变化，总是制约他们作品的题材和主题的最终决定因素。目前，越来越多的作家把自己的目光投向了农村发生的新变化，满腔热忱地去着力刻画党的农村政策所带来的生产力的解放、农民的喜悦、社会各方面心理的变迁，使农村题材的文学创作，出现了一个新的兴旺景象。这是文学深入地走向人民生活的表现。固然，当某种题材受到特别重视的时候，趋风追响之作的出现也是难免的。但真正和生活有着紧密联系的作家，他们的创作虽然归根结底反映着生活的共同规律，却总是有着自己独特的风貌，能够写出独特的人物。他们虽然不可避免地要表现党的政策，但这是引起现实生活的巨大变化的有力的政策，是牵动农村千家万户思想、情绪、心理的政策，是溶化在人民的具体的生活形态里的政策。作家的这种以人民生活为认识根基的党的政策的立场，和拙劣地、苍白地图解政策，是不能混为一谈的。在这个意义上，我想谈谈对张一弓的三篇近作的几点观感。

初一看，张一弓的这三篇小说（《黑娃照相》、《瓜园里的风波》、《寻找》①）似乎没有明显的新意。它们写的都是党的农村政策给农民带来的欢乐，这样的小说我们已经读了不少了。但是，你仔细再读一下，这些农村现实生活的带有浓郁的喜剧色彩的画面就会引发你的深思。是的，这些喜剧的结尾都洋溢着欢乐的笑：黑娃在照相之后，带着第一次满足了物质生活和精神生活的惬意心情，哼着梆子戏飞快地回家了；瓜园主人周金锁在经历了一场"风波"的虚惊之后，面带微笑参加技术表演会去了；马套在痛苦的"寻找"之后，也终于破涕为笑，悟到了"人还要有个钱包"的重要。这些生活喜剧的矛盾，也似乎带有很大的偶然性。尽管这样，黑娃、周老汉、马套这三个喜剧的主人公，却仍然带着一种历史的忧伤感和沉重感浮现在我们面前，他们偶然遭遇的喜剧场面背后，有一种历史的必然性潜埋着。我们仿佛听到作家的心声在回荡："我们的黑娃、周老汉、马套，可不是聊博一笑的人物，他们的心，沉重着呢，他们的神情，严肃着呢！"是

---

① 这三篇小说分别载于《上海文学》1981年第7期，《北京文学》1981年第8、第10期。

的,这些故事都是并不轻松的喜剧。它们给予读者的,是比一般的喜悦更多的东西。

当人们从一场噩梦中刚刚醒来的时候,清晨的强烈的阳光刺得他们眼睛有点发花,他们有些怔忡不安地疑惑自己不知是醒还是梦,逝去的梦境还在缠扰着他们的头脑;但他们毕竟已经确实地感受到阳光烘人的热力,对美好未来的向往和追求,毕竟开始成为对他们具有现实可能性的东西了。这,恐怕就是黑娃、周老汉、马套共同的心境吧!其中,黑娃怕是最少历史负累的。他不是以一个"初中生的聪明和雄辩",向他那疑虑重重的爹宣传了饲养长毛兔的优越性吗?他是敞开了年轻人的胸襟,毫不怀疑地接纳新生活的阳光的。他在花了三块八角钱照了彩色快照之后,虽然心在"嗵嗵"地跳动,"伴随着一种淡淡的莫名的惆怅";但一想起了自己的长毛兔和爹的责任田,"心里又踏实而舒展了"。他以一个靠双手劳动创造物质财富的社会主人的神气,对着中岳嵩山下庙会里鳞次栉比的货棚、饭铺,大声喊叫着:"你们——统统地——给俺留着!"这是一个年轻的劳动者的自信,也是他对党的农村政策的确信。黑娃在庙会上的心理矛盾,并不是过去的噩梦和现实的喜悦、未来的向往之间的矛盾,而是过去在他身上留下的穷乏所形成的心理的和外表的印痕与被新生活唤醒的对物质和精神的生活不断增长的需要之间的矛盾。黑娃是一个节俭的青年,他的照相是被激将法激的,看似偶然,但是他内在的心理矛盾发展的必然结果。他有年轻人的好强和自尊,但是,在只能靠几个鸡蛋卖钱换油盐的日子里,他再好强和自尊也绝不可能慷慨解囊照这一张彩色快照。现实生活发生的巨大变化——这个作为小说背景的强有力因素——注入了黑娃的灵魂,使他勃发出一股争口气的力量。作者从黑娃照相这个喜剧性的颇具浪漫主义色彩的生活镜头中,客观上揭示了党的农村政策和农民改变贫穷状况,追求丰裕的物质和精神生活的迫切要求之间的内在的深刻联系。这是此篇的新颖之处。而瓜园里的周老汉和《寻找》中的马套,他们的性格则显得更加深沉,也更见劳动者的本色。《瓜园里的风波》,谋篇布局,颇类鲁迅的《风波》。当然,威胁乡民的,不会是比划着丈八蛇矛的赵七爷,却只是狐假虎威比划着"嚓啦,罚!"的王小闹,而受了些惊吓的乡民们中,虽也有浑身打着哆嗦如吉利娘那样的,但毕竟还有理直气壮声粗的周吉利,有沉着自信不听邪的周老汉。所以这瓜园里的风波,实际是对那种想把农民压回老路上去的一小股社会力量的喜剧性的嘲弄。在这场风波中,吉利娘的愁苦和害怕,与周老汉命运相连的卖饭专业户刘志、铁匠李刚、编荆货能手赵老二、摆地摊的杨寡妇等人的心理波动和应变动作,写得最耐人寻味。作者在结尾说:"在经历了一场并非偶然的骚乱之后,瓜园重新变得那样清新而宁静。……老黑照旧支起前腿,转动着脑袋,警惕地守护着瓜园,也守护着那位经历了过多的惊恐和悲伤而终于倚着瓜庵甜甜睡去的女主人。风儿不要吹,不要再惊扰一个刚刚找到了的甜美的梦。"这是作者发自内心的希望,也是刚刚摆脱了极"左"路线的折腾获得休养生息的广大农民的希望。找到了失落钱的马套,不也诚挚地让老王头把他的钱拿一半去交给领导,"买个政策不变"吗?这种对农民的希望的表现虽然稍嫌直露,但它却是有生活根据的。农村生产关系的这一次重大的调整,引起了农民的欢呼,却也引起了在旧轨道上过得很舒服的不少人的嫉视。瓜园里的风波,看似偶然,其实是有必然性的。农民中一部分人的这种惊弓之鸟的心理状况,只有现实生活中新的政策不断地巩固、完善并收到实效的确凿事实才能消除。农民们是讲究眼见为实的。他们的不安,是旧的噩梦残留的碎片,也是对新的前景的珍爱。而周老汉和马套这样质朴正直的庄稼人,是有充分的历史权力,要求过更美好的生活的。

和《瓜园里的风波》相比,《寻找》写的更是带偶然性的一场虚惊了。这里的着重点,已经不是对农民不安心理的展示和对迷恋旧轨道的人们的嘲讽,而是农村中人与人的关系在生活的新变动中发生的可喜变化。那个丢了钱的马套,在痛苦的寻找中,既找到了那样多历史的忧伤,也找到了更多的同情、理解和鼓励。他找到了拴马桩上的耻辱的回忆,也找到了曾经伤害过他的市管会的赵大个儿发自内心的道歉和同情;他找到了老王头用笤帚打他的辛酸的往事,也找到了同一个老王头拾钱不昧的义举和寓意颇深的关于"得赶紧买个钱包"的建议;他找到了媳妇香恋因饥饿而卖掉辫子的难忘的悲哀,也找到了香恋听到他说"咱会有个钱包,到时候啦!"时迸发的喜泪。在这一场偶然的失钱的虚惊里,作者放进了多少人与人关系的可喜变化的现实内容啊!

《瓜园里的风波》和《寻找》,虽然在情节和细节的丰富性和生动性上,略逊于《黑娃照相》,但在思想内涵上,却有更深沉的东西。作为老年人的周金锁和作为中年人的马套,他们比黑娃更深切地亲尝了极"左"路线的苦果,他们的忧喜感喟,自有黑娃所不能比的分量。而最主要的一点是,作者在周老汉和马套的性格中,注入了质朴和刚直的气质,强调了他们劳动者的品格。周老汉严词拒绝了王小闹提出的合伙搞长途贩运的建议,他"硬是把烟锅指到人家鼻子上",说:"俺不吃这昧心食!"这是一个劳动者的正气。而他卖瓜时的手艺和周到的为顾客着想的态度,则展现了他纯朴的心地。"周老汉的西瓜是甜的,周老汉的微笑是甜的。"刘主任和王小闹们,凭什么要没收、处罚、坑害这生活中的甜蜜呢?周老汉品格上的优美增强了他在道理上的优势。马套的性格刻画也是如此。当马套在拴马柱上"示众"时,他敢于发表"即兴演说",这是一个正直的农民在那个是非颠倒的年月里提出的动人心魄的抗议。而他面对粮站收购员老王头的侮辱说出的"兴许有一天,俺也会掂上一手巾兜粮食,来这儿过过秤,贡献贡献"的硬话，流露出他内心多么强烈、多么诚挚的热爱国家的精神啊！这些正是马套的光彩之处。当马套处于寻找的痛苦之中时，作者充满激情地说："去劳动中寻找自己吧，马套！你那瘦小然而结实的身躯里有着使不完的精力，人生的坎坷也从来不曾夺去你与苦难抗争的志气。赶快振作起来，去劳动中寻找你美好的未来吧！"马套是无愧于这种赞美，也不会有负于这种期望的。马套是纯朴勤劳、有志气、有觉悟的马套，中国广大农民是纯朴勤劳、有志气、有觉悟的农民。社会主义现代化的事业，是不能离开这些中国的脊梁的。错误的政策使他们贫困屈辱，无力报国也无门报国，而正确的政策却能唤醒他们沉睡的潜力，使他们在为国家多做贡献也为个人挣来幸福的劳动大道上如虎添翼！周老汉、马套这种性格中的美好因素，使他们遭逢的喜剧不流于浮滑、花巧，且有一种严肃而丰富的思想意蕴。这一点，却是黑娃性格中较为缺乏的。

马克思曾经说过，人类和自己陈旧的生活形式告别，总是要经过许多阶段。某些旧事物，在"悲剧式地受到一次致命伤"之后，还要"喜剧式地重死一次"。"历史为什么是这样的呢？这是为了人类能够愉快地和自己的过去诀别。"①中国农民在极"左"错误的折腾下，曾经经历过的那种可悲的生活形式，已经在张一弓的《犯人李铜钟的故事》中受到一次悲剧式的严峻的清算，现在又在他的这三篇短篇小说中重新受到喜剧式的批判。黑娃、周老汉、马套们愉快地和自己的过去诀别的时刻终于来到了。诀别了过去，就是进入了现在，开拓了未来。我祝愿张一弓以及其他关注着自己农村的父老兄弟的命运的作家们，以自己新的创作，和获得第二次解放的勤劳勇敢的中国农民一道，从新的现实走向更光辉的未来。

原载《学习与研究》1982 年第 2 期

---

① 中共中央马克思恩格斯列宁斯大林著作编译局编：《马克思恩格斯选集》（第一卷），人民出版社，1972 年。

一条坚实的道路

刘锡诚

……我是个笨拙的习作者,只会一镢头、一镢头地在生活中挖掘,用镰刀收割,还不会使用康拜因联合收割机。但为了不辜负同志们对我的鼓励和希望,我将努力耕耘,争取使自己不断变得稍好一些。

——摘自张一弓1981年6月28日来信

卓然成家

一个人的生活道路是很难料定的,有时候真有点儿"有心栽花花不发,无心插柳柳成荫"哩。我这里要谈论的张一弓的文学成就,就是如此。长期从事新闻工作的张一弓,在新闻方面虽然做过许多有益的工作,但毕竟未能成为一个名重一时的记者;后来改写小说,虽然仅仅发表过几篇,倒是被批评界和社会上公认为一个颇有成就的小说家。自然,这件事对于那些认为当一个小说家是很容易的人一点也帮不了忙。张一弓之所以成为一个作家,实际上也并非真的出于"无心插柳"式的偶然,而是长期辛勤努力,"一镢头、一镢头地在生活中挖掘"的结果。多年的记者生涯和实际工作的锻炼,提高了他的马克思主义理论水平和认知生活的能力,特别是为从事文学创作进行了丰富的生活积累;如果没有这些方面的准备,张一弓也就不可能成为小说家的张一弓。

60年代他就写过小说,但那时并没有写出什么有影响的作品。他真正写出称得上是艺术品的小说,是1980年的春天了。当时他43,已经进入了"不惑"之年。对于一个作家来说,这个年纪已经不年轻了。这时,他的思想已经进入了成熟的时期。他用一篇无论在思想上还是在艺术上都是比较成熟的作品扣开了文学的大门。那年第1期《收获》杂志上的《犯人李铜钟的故事》这篇中篇小说,把张一弓这个当时为读者陌生的名字从一个普通业余作者擢升到一个作家的地位。读者为作者在作品中所表现出来的才思、艺术功力、现实主义的巨大勇气和强烈的社会责任感所激动起来了!

稳重的文学批评家们趋向于用"等等看"的态度来看待文苑里崭露头角的

新起作者，以便于更有把握、更加准确地判断他们的成就和前途。批评家们自有他们的道理。的确有那么一些作者，以一篇作品成名之后，就再也写不出有分量的作品来，或者从此就把尾巴翘得老高，老子天下第一，甚至把托尔斯泰、巴尔扎克骂得一钱不值，莫名其妙地骄傲起来，使评论过他们的作品的批评家们处于一种难堪的境地。而张一弓，自《犯人李铜钟的故事》发表以来，他还是他，辛勤地写着，不断地奉献出作品来，虽然不能说步步登高，篇篇珠玉，却也称得上一步一个脚印，踏踏实实，不营不苟，不虚不夸，总能保持一定的艺术水准，在稳定之中逐渐趋向成熟。

一个作家应当把在读者中建立信誉放到重要位置上考虑。在读者中失掉信誉的作家是可悲的。张一弓很重视在读者中的信誉，他把作家的信誉同作家的社会责任感联系在一起。一般情况下，他不轻抛自己的作品。他的作品数量不算多，两年来发表了不过十个左右的中短篇小说，他的写作态度是严谨的。无论是《犯人李铜钟的故事》，还是后来发表的《赵镢头的遗嘱》、《张铁匠的罗曼史》、《流泪的红蜡烛》这些有代表性、标志性的作品，都告诉我们他是一位全力追求文学的现实性和深刻性的作家，既不去制造趋时的廉价品，也不迎合某些编辑的要求，将粗制滥造的赝品塞给读者。他走的路虽然有点冷清，却相当坚实。前几年，他工作在登封县的卢店，据说最近已调到县文化馆，他所在的地方虽然没有约稿者踏破门槛的盛况，却能与农民及其干部耳鬓厮磨、披肝沥胆，每每有新人物、新思想浮现出来。

张一弓的卓然成家，除了本人的文学天赋、家庭和学校教养以及勤奋努力之外，当时的社会条件是极为重要和不可忽视的。他是在我国人民刚刚摆脱了"四人帮"的长期统治之害，走上大治，国家、人民期待着一批能够忠诚地表达人民的心愿的作家出现的时候拿起文学之笔的。他以艺术家的勇气写出了人民的愿望、希冀，替人民说了话，因而很快得到了读者的首肯。试想，没有我们国家几年来拨乱反正的大好形势，没有党的十一届三中全会上对"凡是派"的批评和解放思想方针的制定，没有全党、全国人民思想解放运动的伟大实践，《犯人李铜钟的故事》能写得出来吗？即使作者能写得出来，也不一定能发表得出来。因此，必须运用唯物史观，才能正确地分析、判断文学现象，脱离了一定的时间、条件是不可能有正确的结论的。

"李铜钟"在当代文学史上的地位

《犯人李铜钟的故事》是一部渗透着强烈而深刻的人民性的革命现实主义

作品，既是奠定了张一弓小说家地位的第一块基石，也是新时期文学的重要作品之一。它被评为《文艺报》主办的1977—1980年全国优秀中短篇小说奖的一等奖，绝不是偶然的。

《犯人李铜钟的故事》写的是我国三年困难时期的事情。造成三年困难的原因，既有天灾，又有人祸。就张一弓小说里所描写的李家寨来说，导致1960年的春荒，社员断粮七天，四百九十口人挣扎在死亡线上的困难局面的，主要是"高征购"、"反瞒产"等指导思想上的"左"的错误。面对着生存死亡的大饥馑，李家寨的党支书李铜钟坚决地站在人民群众一边，带着饥饿、浮肿、消瘦、疲乏的身躯，如实地向上级反映情况，争取救援，但他遭到了"吹牛不报税"的"带头书记"杨文秀的批评与冷落。他，一个小小的支部书记，怎能改变公社领导上的"左"倾指导思想？只能愤愤然向朝鲜战场上的老战友、靠山店粮站主任朱老庆"借粮"五万斤，因而犯下了不可宽恕的大罪，由共产党员一下子变成了"抢劫"粮站的首犯。人民得救了，而忠心耿耿为人民服务的"公仆"李铜钟，却为法律所不容，做了十九年的屈死鬼。一直到现任地委书记田振山到他的坟上来凭吊的时候，李铜钟的冤屈才得到昭雪。

这是一幅悲壮的历史画。我们从这画面中深深地感到作者对革命事业的忧虑、责任感和对人民群众的同情。流血的战争时代结束以后，在和平建设的日子里，为了建成一个真正科学的社会主义社会，仍然需要付出昂贵的代价，直至宝贵的生命。李家寨人民以他们的带头人李铜钟为代价，换来了历史的前进。今天，过着不愁衣食的生活的青少年们，也许早已忘却了在那个青草覆盖的坟头下掩埋的先行者，但历史是永远不会忘记他的。如果也可以把共产主义看作是一种"道"的话，李铜钟这个神圣的殉道者一定会成为共产主义事业前进道路上的一盏明灯，照亮人们不要重犯"左"的错误。这是一个异常尖锐的题材，正因为它尖锐，它才有着异乎寻常的动人力量。对于这类尖锐的题材，的确有一个处理是否恰当、分寸是否准确的问题。如果处理不当，就会变成对社会主义社会的揭露与控诉，那就会写出一部极其错误、引导人们悲观倒退的作品来。如果正确地揭示出生活中存在的真实的矛盾，写出了健康的、革命的力量同腐朽的、错误的力量的斗争，那就会写出一部引导人们向前看、鼓舞人们为新生活献身的好作品来。关键在于作者是否有正确的历史观和艺术观。《犯人李铜钟的故事》的成功之处，就在于作者用正确的历史观描绘了李家寨这一段社会生活的真相，即用辩证唯物主义和历史唯物主义的观点、方法具体地写出了造成李家寨这一惨案的种种矛盾，特别是揭示了以公社书记杨文秀为代表的"左"倾蛮干分子们搞的那一套脱离客观条件、脱离人民群众的高指标、高征购、"反瞒产"、好大喜功、浮夸虚假，揭示了以支部书记李铜钟为代表的实事求是的思想、作风及共产主义精神。这样,作者也就写出了我们社会的本质。正确地描写了矛盾,写出了构成矛盾的对立双方的斗争,写出了矛盾的主要方面与次要方面的斗争及转化,因而也就反映了本质。那种认为一触及到我们社会生活中的阴暗面的作品,就一定是消极的、错误的,没有反映社会本质的观点,是一种片面的、似是而非的,受到庸俗社会学影响的非马克思主义观点。

　　李铜钟的形象是我国当代文学中一个有特殊意义的艺术典型。在我国现代和当代文学史上,写过许多英雄人物的形象,有的是同阶级敌人殊死拼搏的人物(如刘胡兰、江雪琴、许云峰等),有的是在社会主义建设阶段的阶级斗争和同自然斗争中涌现的人物,他们曾在我们的社会主义建设事业中,特别是在建立和培养青少年一代的共产主义世界观中起过重要的作用。但我们的作家们没能塑造出同自己的队伍里的"左"倾错误作斗争的英雄人物来,帮助人们深刻地吸取历史教训,继续前进。粉碎"四人帮"之后,白桦同志曾在话剧《转折》中,沙叶新同志曾在话剧《陈毅市长》中描写了我们党的历史上出现过的王明路线以及党内代表正确路线的同志同王明路线的斗争。而《犯人李铜钟的故事》的出现,则生动而真实地描写了和平建设阶段李铜钟及李家寨人民同杨文秀的"左"倾路线的斗争,塑造了李铜钟这一个新时代的英雄人物。在李铜钟这个人物身上,集中了战争年代和新中国成立初期共产党员和革命干部身上,通常具有的那种高贵品质和精神状态:先天下之忧而忧,后天下之乐而乐;吃苦在前,享乐在后;急人民之所急,想人民之所想;忘我的工作作风和为人民、为革命献身的精神。当李家寨父老们已经断粮喝了三天的萝卜汤时,李铜钟去向杨文秀报告灾情,杨文秀告诉他:"可眼下的精神还是反右倾啊,反两眼向上的伸手派啊,不是我不愿向县里要粮食,就怕那顶右倾帽子不好戴啊!"同杨文秀的精神状态截然不同的李铜钟的回答是那样掷地有声:"你把帽子给我。只要反右倾能反出粮食,反出吃的,这右倾的帽子,我戴一万年。"但我们的李铜钟毕竟肚子里没有吃过比父老们更多的食物,他在过好汉坡时晕倒在雪地上,没有力量爬起来。当他想起还有几百口人在等着他,想起县委在开会,说不定田书记已经收到了他的告急信时,他吞了几口雪,挣扎着爬了起来。他心里装着人民,他始终怀着对党的信任。最能体现出李铜钟的性格的是他在走投无路的情况下,不得不到靠山店粮站向朱老庆"借粮"的描写,矛盾冲突达到了激化的程度,要么几百口人就要面临死亡的深渊(要知道村子里已经断粮七天),要么他李铜钟就可能变成"抢劫"国库的首犯。在这个关节上,作者由叙述转而揭示人物内心的波澜:

　　　　李铜钟啊,在社员们七天没吃一粒粮食子儿以后,你还有什么办法使他们免于死亡呢？你能叫麦苗儿今天夜里就起蓇儿，明天清早就扬花儿，不到晌午就结子儿吗？你能叫"反瞒产"反走的十万斤粮食长上腿，回到李家寨吗？你能对社员们说，民国三十一年的经验证明，北山裤裆沟里的白甘土可以当粮食吃吗？要不，你就狠狠心，说，乡亲们啊，可怜我这个一条腿的人没能耐，挑不动这副担子，请大家掂上打狗棍，自谋生路去吧。然后，你就把一级残废证装到玻璃框里，用竹竿儿举着，领着婆娘、娃娃，去荣军休养所要口饭吃吧。

不能，不能，不能哩。要是世界上没有饥饿和寒冷，还要共产党做啥？共产党员李铜钟啊，你跑到鸭绿江那厢打狼，你瘸着一条腿回家，难道是为了在乡亲们最需要你的时候抛开他们吗？支部书记李铜钟啊，你这一辈子能有几回像今天这样检验你对人民的忠诚，考验你的党性啊！

矛盾冲突是人物性格的基础，如果没有矛盾冲突，人物性格就无由发展，也无由揭示。李铜钟的性格，在这极为尖锐的矛盾冲突中变得凸现、鲜明起来。在资产阶级评论家看来，李铜钟这样的人物是一个根本不存在的虚幻的人物，而在我们看来，却是一个实实在在的共产党员，一个地位不高、品质高尚的普通人，在这个普通人身上闪烁着共产主义思想的光辉，体现着共产主义事业的不可阻遏的磅礴气势。

这部作品的可贵之处，不仅在于作者对历史进行沉思的时候，没有回避社会矛盾（这当然是现实主义文学的一个重要方面），而且在于作者写作时对生活开掘得深，有独到的发现，就这部作品本身而言，是充分现实主义的。它的成就，又为新时期文学的革命现实主义的深化作出了贡献。对于作者本人来讲，《犯人李铜钟的故事》是他的成名之作。

又一个殉道者

继李家寨的李铜钟在大饥馑中殉难十九年之后，枣园沟的赵镢头在看到自己的责任田超产两千一百五十斤的时候服毒身亡，成为张一弓笔下的第二个殉道者。

作者在写作中篇小说《赵镢头的遗嘱》（作于 1980 年 10—12 月，发表于《收获》杂志 1981 年第 2 期）之前，曾写作并发表过一篇小中篇《牺牲》（《收获》1980 年第 3 期）。可以看得出，作者在探讨如何描写十一届三中全会以后的农村的新现实的意向。《牺牲》中写了一个具有共产主义思想的农村女支部书记高山兰。她在领导社员治山引水的工程中,由于爆炸洞口塌方使她失去了自己心爱的儿子。但她以大局为重,表现得极其坚强,正确地处理了这场可能引起村里政治动荡的风波,维护了安定团结的局面,表现了一个共产党员的高度觉悟。但她又是一个母亲,在埋藏儿子的乡亲们离去之后,她悲痛欲绝。作者淋漓尽致地写出了她作为一个母亲的亲子之爱。故事是动人的,人物写得也颇有个性,不失为一篇较好的作品。感到不足的是,作者还没有找到一个较为适当的角度去反映变化了的新现实。从这篇小说里,我们几乎看不出明显的时代的标志,唯一能够提醒我们的是写了马庆娃在"四人帮"统治时期当过帮派头头。因此,我把《牺牲》看成是张一弓由反思历史到面向新现实的一个过渡性作品,当然也就算不上一篇成熟的作品。而《赵镢头的遗嘱》的发表,显示出作者已经找到了一个反映新现实的较好的角度,同时也显示出作者对农村的新现实已经有了较为深入的认识,而且他如此表现农村的现实关系,在整个文坛是独树一帜的。

小说写的是农村在新形势下生产关系变化的历史必然性。枣园沟大队经历了整整三十年社会主义集体经济的发展之后,仍然是个"盛不住东西的破盆"。老共产党员赵镢头带领农民实行"联产责任制",改变贫穷面目。出现了超产户,当然也出现了减产户。地委副书记龚大平亲临考察,用老眼光看新事物,认定"超产户"是"暴发户",赵镢头不是社会主义的"镢头",而是一把挖社会主义墙脚的资本主义的"镢头"。"在公元一九七九年的人民公社的田野上,竟然出现了一块块写着户主名字和土地亩数的地界石。难道二十三年前,已经在这块九百六十万平方公里土地上,彻底消灭了的私有制又卷土重来了吗?难道蓄着八字胡、背着钱褡裢的地主老财,又会从这些埋下了地界石的山沟里拱出来,用'噼啪'作响的算盘和蘸了水的皮鞭来对付重新沦落为奴隶的公社社员吗?"在龚大平的支持与煽动下,以支部书记李保为首的一伙人(包括游手好闲的分子刘卯),在一些革命的口号掩护下捉了赵镢头,企图扑灭生产责任制的火焰。赵镢头留下遗嘱,服毒自尽,用以捍卫新的生产关系的合理性,向龚大平们敲起警钟,让他们听听这个殉道者的纯洁而庄严的呼声,不要再做阻挡历史前进的绊脚石。作者用有信服力的笔墨写出了新的生产关系怎样促进了生产力的发展,生产力的发展又怎样冲破了束缚着它的生产关系。作者不是在写哲学讲义,而是生动地描绘出枣园沟人与人关系的图画,通过这一幅画,我们看到了历史发展的某些本质的方面。

农村的变革绝不是像某些漫画式的小说所描绘的那样简单,那样顺利,那样充满着诗情画意,农村的变革包含着许多看得见和看不见的斗争,这些斗争有的属于阶级斗争的范畴,有的属于道德的范畴,情况是复杂的。如果我们文学仅仅去描写或大家都去描写生产责任制如何得人心,农民如何因为实行责任制而变得富裕起来、钱多起来(一弓的短篇小说《黑娃照相》、《黑娃的新闻》就有这样的倾向,后面我还要谈到),不得不寻求某些出路,那么这种对生活的认识就未免显得肤浅,特别是对于一个作家尤其如此。一弓在《赵镢头的遗嘱》里所写的,显然要比上述作家、作品深刻得多,高明得多。他喜欢采用激化矛盾的方法增加说服力和感染力,李铜钟的死和赵镢头的死,都带有这样的色彩,在作品里也确实起到了这样的作用。围绕着赵镢头的遗嘱而引出的故事,把上至地委副书记龚大平、县委书记林慧、公社书记吴老栓,下至社员群众,都牵扯进来,而且把枣园沟的事件同枣园沟以外的大世界联结起来,赋予作品以应有的深厚度。同时我也要补充说,我肯定作者取材构思的角度和观察生活的深刻,并不是肯定他这种类似"正面展开"的写法就是最理想的写法,并不是再没有比这更理想、更艺术的写法了。

作为一个艺术形象,赵镢头这个人物并不很成功,他的服毒自尽以唤醒地委重视来解决问题,也缺乏足够的逻辑说服力。比较起来,龚大平形象的塑造倒是比赵镢头略胜一筹。这种思想僵化、固步自封、不接受新事物的领导干部,到处都能碰得见,他们的种种特点,在龚大平这个人物身上揭示得较为深刻,有一定的典型性。这种人物是长期以来"左"的社会思潮以及我们社会体制的产物,他们貌似懂得中国农民问题,实则对农民问题一窍不通,他们不可能帮助农民走上社会主义道路。他乘吉普车到枣园沟来的那种胸有成竹的神态,在调查研究过程中那种官僚气味,和林慧争论时那种僵化的言谈,许多艺术细节都勾画出了他与时代的发展格格不入的灵魂。作者倾向鲜明地鞭笞了他,你看:

> 昨天,龚大平来到枣园沟盆地的第一天,当他看到翻滚在"盆底"上的金色海洋和环绕在"盆沿"上的绿色波浪时,他的耳膜和视网膜上都感到一种莫名其妙的空旷和寂寥。那雁阵般,一字儿排开的集体干活的人群哪儿去了?那一天三响的,震荡在每一个村庄上空的上工钟声哪儿去了?在那样刺眼地,重新出现了地界石的田野上,那三个一簇、五个一伙儿的是什么啊?是"兄妹开荒"、爷俩耕田、小两口种地,甚至还有洞箫横吹的"小放牛",好一番小农经济的诗情画意,好一番小生产者的田园之乐啊!

这是一种绘声绘色、入木三分的描写,把这个思想僵化的角色,在新事物面前惶惶然的领导人揭露得多么好啊!他对实行责任制的田野上覆盖着绿色的波浪感到那样一种"莫名其妙的空旷和寂寥",对长期以来习惯了的那些"出工不出力"的"雁阵般"干活的队伍表现出那样一种留恋……就是这位领导人,为了寻找这种责任制的根据,不惜戴上老花镜查阅从公社借来的一大摞革命导师的经典著作。天哪！这是怎样的一个本本主义者！这种思想僵化者的形象在历史转折期的文学中是一个值得重视的文学现象,过若干年之后,也许会更加显示出其重要意义。

苦涩的人生

与《赵镢头的遗嘱》不同,张一弓在中篇小说《张铁匠的罗曼史》(《十月》1982年第1期)里使用了另一种手段。他通过小铁匠张银锁的婚姻的悲喜剧这一人生的侧面,刻画出他从青年时代到壮年时代的命运,从而反映出了时代、社会的变迁。22年的人情冷暖,曲折地映照出这些年间社会生活的风云变幻。

张铁匠的人生道路上布满着过多的苦难,这苦难把他塑造成一个性格十分坚强的人。当这个踌躇满志的小铁匠,在人民公社化运动中一展宏图的时候,他做梦也没有想到他变得跟不上形势了。他执拗地主张打铁货只能用块儿煤而不能用面儿煤,铁货只能用刃儿钢而不能用杂铁,因而被拔了"白旗",被夏谋(后来夺了他的妻子腊月)和王木庆(他的大舅子,后来当了公社副社长)批判。小铁匠一时兴起,打了夏谋,从而开始了劳改的生活。腊月在她哥哥王木庆的欺骗下同张银锁离了婚,带着儿子拴柱流落到北山里。劳改释放犯张银锁回到自己那座荒凉冷落的宅院里后,无时无刻不在思念着流落异乡的妻儿。张银锁几经周折在北山找回腊月母子(这时有几段别开生面的描写),但由于王木庆的干预而不能破镜重圆。腊月在暴力下变成了夏谋的妻子。这一桩桩往事,特别是"文革"期间古堡里的一段奇遇,使张铁匠埋藏在心底的深沉而炽热的爱,变成了恨。在农村里实行了生产责任制,张铁匠在"铁匠专业户定工定值合同书"上按了手印,戳着"飞镰张"字号的名牌镰,从张银锁的铁匠炉里诞生出来的好日月到来的时候,疑云终于被吹散,恨又化为爱。虽然张银锁的罗曼史有点儿过于罗曼,几个关键的情节却是可信的,既合乎这样一个手艺人的身份,又合乎生活发展的逻辑。一九五八年以后我国社会政治生活、农村公社化运动的曲折,特别是渗透在一切领域的"左"倾思潮对社会的影响,直接造成了张铁匠的悲喜剧,没有这方面合乎逻辑的真实描写,那么张铁匠的罗曼史也就不存在了。换句话说,小说里对主人公张银锁命运的描写,是紧紧地同社会生活的描写结合起来的,并从社会生活(即典型环境)中找到人物命运的根据。

张一弓的小说一般喜欢用情节的大起大落和矛盾的尖锐激化的办法来展开人物的性格,而不大长于对人物细腻感情和内心世界的揭示。而这篇小说同其他小说相比就有较明显的不同。人物的内心波澜和感情潮汐洋溢于笔端,成为这篇小说的一个显著的特点。庄稼人虽然不同于城里人的知书达理,但他们的感情世界也不是一个死角,他们的内心生活同样是一个极其丰富的天地,张银锁虽然是个农村手艺人,但他对腊月的深情和思念,同大翠的邂逅与分离,对刘忍的嫉妒与感激,都说明他是个最富于人性的人,是个内心世界极为富有的全面的人。仅以他同大翠的相遇相知为例。当小寡妇大翠得知小铁匠也是单身时,偷偷地给他洗净了那件对襟布衫儿,叠得平平整整,放在床头。过了几天,他的床上又凭空增添了一个耀眼的红包裹,里面有一件用家织土布做的白布衫儿,一双千层底儿圆口黑布鞋。这有情人使我们的张银锁魂牵梦绕、惘然不知所措。他的心被搅乱了。跟他打下手的小伙儿第一次发现,张铁匠打锄板没掌好火候,又重新回炉;另一个刚刚烧红的镰头却从火钳上滑到地下,白搭一火。当大翠知道了他到北山来是为了寻找逃荒的娘儿俩时,捂住脸哽咽起来。张铁匠忍不住靠近了大翠,扶住她的正在抖动的肩膀,说:"大妹子,俺这个打铁匠,心肠不是铁打的,俺会记住你的情,记一辈子!"第二天他离开青龙沟时,走了不远,又回过头,用目光在送他的人群中寻找,"终于在那棵绿荫如盖的老皂角树下,望见了一个呆立着的蓝色身影,泪水立时模糊了他的眼睛",巧妙地写出了一对中年人的似水柔情。

如同任何技巧都不是独立于作家对生活的认识与表现之外一样,小说里对人物内心世界的揭示也不是孤立的,而是作家对一时一地、一人一事的感受与认识,是为刻画人物的命运服务的。我们不应该离开具体情况去强调人物内心世界的复杂性,似乎内心世界愈复杂的人物艺术成就就愈高。这是一种形而上学的看法。人物内心世界是否复杂或是否应该复杂,完全是由人物所处的环境和人物的命运所决定的。如果作者写一个入世未深的青年,而把他写得老于世故、老谋深算,恐怕就未必符合人物的真实。张铁匠在严酷现实的接连打击下,命途多舛,遇到事情自然就考虑得很多,或优柔寡断,或执拗倔犟。比如腊月来找他,他一方面想起腊月的恩情,另一方面又闪出腊月的背叛,心绪写得极为复杂。在这种时候,复杂才是合理的。又比如当姓"张"的铁拴悲愤地向爹诉说了母亲为了疼爱铁匠而委曲求全的故事后,张铁匠多年筑起的感情的堤坝,受到了猛烈冲击而开始动摇,被禁锢在堤坝里的对腊月的爱情就要破堤而出的时候,他的理智又告诉他相反的事实,心头立时又蒙上无法驱散的阴影。在这时候,复杂当然是合理的。

在《张铁匠的罗曼史》中,作者以张银锁的恋爱婚姻为线索,把历史生活织进去。可以看出,作者的真意在于歌颂农村的新形势,正是由于联产责任制的新形势的出现与发展,使张铁匠的生产("飞镰张")与家庭生活恢复了本来的"个性"。从作品的构思来看,虽说不上有多少独创,但把它摆在当前反映农村变革题材的大量作品中,却无疑是高明的。

层出不穷的新意

张一弓的几部重要作品,我并不以为一篇超过了一篇,但我却感到几乎每篇都有新意。《流泪的红蜡烛》(《收获》1982年第4期)无疑也是一篇有新意的作品。

物质生活和精神生活的一致和联系这样一个哲学味儿很浓的思想,能够成为一篇文学作品的主题思想,而且得到了很好的描写。我所指的是张弦的《被爱情遗忘的角落》。那里面写了农民在爱情问题上的封建意识与生产力发展低下是一致的。反过来,物质生活与精神生活的不一致,能不能成为一篇文学作品的主题思想,而且能够得到很好的展示呢?能。《流泪的红蜡烛》就是一例。

《流泪的红蜡烛》里写的李麦收富起来了,用两亩地的烟钱娶雪花为妻。他的铺张对于一个富起来的农民是一种典型的气质。用发狠的动作,把一百个五分钱的硬币"叮当"响地丢到撒"喜钱"的升子里,又说:"娘,你就叫我浪费这一回,你这个没材料的儿子,就得叫娘听个'叮当'响,叫咱富一回,高兴一回!"这笔墨里流露出一种巴尔扎克式的辛辣。但这笔墨也有力地写出了麦收的性格。过去,因为家境穷,拿不出彩礼,人家的闺女不愿意下嫁到他的"小西屋"里做他的媳妇。他心里也曾有一个女子,但因为他娶不起她,她被一个靠近城市的富有的男人娶去,娘家用她的彩礼给她的27岁的哥哥换了一个媳妇。这个女人珍惜同麦收的爱情,卧轨自杀了。这使李麦收有些变态。他发狠,要向夺去爱人的贫困报复。他疯狂地劳动着,使自己无休止地处于沉重的、机械的、无情的劳动以及死一般的酣睡的循环交替之中,使自己变成了一架铁一样坚硬、冰一样寒冷的劳动机器。两亩地的烟钱已经使他这种欲望得到了某种程度的满足。他以为这样就可以把雪花这个被"俘虏"来的姑娘的心"买"过来。但雪花心里也有人,面对着洞房里的花烛流泪,至死不从。在雪花的心里,精神生活并不等同于物质生活,她思念着那个因为贫困而远避着她的青年,她不稀罕麦收的"排场"。在新房里,她用哭肿了的眼睛勇敢地对视着气愤而又贪欲的麦收。"她要说,我不喜欢你,我跟你没缘分,我不要你那排场,我听够了你那一百多个'钱钱钱'……"

这是一个十分古老的主题。在我们民族的古老传说里,就不乏"抢婚"的题材,其中也不乏脍炙人口的上乘之作。李麦收这个既可笑又可爱的人物,固然同古代的抢婚郎大相径庭,但爱情在人们心里的地位不是金钱所能占有的这一点却没有变化。在旧社会,因生活所迫,卖儿卖女的现象司空见惯,根本谈不上什么自由恋爱,即使在旧社会,也有许多反抗迫害为爱情而死的可歌可泣的故事,古今中外的文学作品里不乏其例。在我们今天的社会主义现代化建设新阶段,物质生活的改善,促进了人们对精神生活的进一步要求,人们要求过一种不受庸俗的、市侩的以及封建的意识所束缚的爱情生活,特别是追求一种建立在革命情谊基础上的爱情关系。如果随着农村经济形势的好转,把爱情重新纳入像李麦收所作的那种金钱的支配之下,那无疑是一种历史的倒退,是一种悲剧。

如果说李麦收是一个缺乏社会主义文化教养的农民(他的精神状态是相当典型的,他把爱情看成了金钱的等价物,他一口气能说一百个"钱"字,他把"钱"当成了上帝,他缺乏他所耕耘的几亩烟地、几十只长毛兔子以外的任何理想),那么,雪花则是有见解、有理想又富有细腻情感的农村女子。她不屈服于金钱和暴力,钟情于贫寒而有革命理想的秋菊的哥哥——她的同学,她当黑帮崽子时的保护人,小麦杂交科研的胜利者。但当她看到李麦收那愤懑而哀伤、愚鲁而绝望的样子时,她那寒气逼人的目光就透出了哀伤,坚冰似的心儿也开始溶解了,她怯怯地对他说:"这不是你的过错……"她又多么同情和理解李麦收其人的愚鲁呵!但这愚鲁正是横在他们之间的鸿沟。

文学作品内容的创新是起决定性作用的。对于一个作家来说,应当把内容的创新放在第一位去考虑。思想内容有了新意,就有可能使艺术形式(包括艺术形象的塑造)在适应思想内容的要求的前提下革新。《流泪的红蜡烛》是很能够说明这一点的。小说里的人物形象,无论是李麦收还是白雪花,在新时期文学里,是不重复的。但这部小说里也有一些明显的败笔,如写李麦收洞房花烛之夜的若干细节,就有斧凿编造的痕迹,这种追求情节曲折离奇的写法和细节的失真,在一定程度上减弱了这篇小说的现实主义成就。

题外论短长

上面已经讨论了张一弓小说创作的特点和成就,再说下去可能是一些题外的话。

如今文坛上兴起了一股时髦的浪潮,即向现代主义顶礼膜拜,似乎在中国偌大的文苑里,革命现实主义已经成了枯枝败叶、穷途末路,不再有生命力的僵尸,而只有现代主义才生机勃勃,今后文坛非现代派莫属。于是有些作家(当然是些知识和经验都不足的人)就东张西望,看到时髦的东西就学、就效仿、就崇拜得五体投地。在这些东张西望的人流中,张一弓似乎比较冷静,他照着已经认准的方向往前走去。当然,由于路面并不平坦,他有趔趄或失足的时候,但他对于要达到的目的和已经选择的方向却没有动摇。

他坚持革命现实主义原则,着眼于深刻而真实地反映社会生活及其发展的趋向,着眼于用典型化的方法在作品中创造出有典型性的人物形象,着眼于反映他所生活的这个时代的面貌。他的作品里充满着浪漫主义,正是这种浪漫主义投注给他的作品以生活之光。他的作品里当然也显示着强有力的批判精神,正是这种批判精神增强了对社会生活的认识的深刻性。从张一弓的作品中看出来,他把文学作品作为反映社会生活的一种服务手段,而不是把文学作品当成表达作者一己的内心情绪和非理性的潜意识的狭隘工具。他注重从生活中撷取人物形象,用美学的手段(即艺术的典型化)塑造人物,而不取之于"心造的幻影"。在这一点上,他的艺术观同反典型、反情节、反环境的现代派艺术观当然是大异其趣的。同时,他也不廉价地适应庸俗社会学思想家的要求,去粉饰生活中的矛盾。李铜钟、赵镢头且不说,就是黑娃(就是短篇小说《黑娃照相》中的人物,此小说荣获1981年全国优秀短篇小说奖)这样的人物,也体现着他的这种艺术观。这篇小说在取材上的积极意义是毋庸怀疑的,作者写出了农村实行生产责任制的新经济政策以来,农民(黑娃)随着经济地位的改善而不断滋长的对精神生活的追求。略感不足的是作者对生活的变迁写得比较肤浅、直露,给人一种图解政策的感觉,这是应该引起作者注意的苗头。但黑娃这个人物的描写并不一般化,小说写出了他要求精神生活而精神生活又非常可怜的状态,在这一点上使这篇小说区别于那些只写农民钱多了就赶集买东西的简单化的作品。如果用庸俗社会学的观点看,张一弓应该把黑娃写成一个因劳动致富去赶集照相的思想境界很高的青年。这样一来,高固然高了,却变成了一篇"无冲突"论思想的作品,把非常复杂、非常丰富的社会生活简单化、概念化了。这之后发表的《黑娃的新闻》就露出了这种不健康的艺术倾向,偏离了他自己由《犯人李铜钟的故事》开始,由好几篇作品奠定的革命现实主义传统。

张一弓的小说正在形成自己的创作个性。严峻与幽默这两种看来互相排斥的、极端的因素统一于他的作品之中。他在技法上并不划一,但明显地看出他受推理小说的影响,往往在开头就设下悬念,然后再慢慢"解扣子",造成引人入胜的艺术效果,在"李铜钟"中如此,在"赵镢头"中也是如此。不管怎样的构思与技法,都渗透着严峻与幽默。作者对生活的态度是严峻的,解剖得毫不留情面;作者的字里行间又流露出幽默感,在幽默的背后透出人生的苦涩以及作者对人生的揶揄与批判。应该指出的是有些时候,张一弓的幽默给人留下一种油滑的感觉。幽默是作家一种必具的、良好的素质,但油滑却是作家的仇敌。如果油滑变成了贫嘴,那就毫无艺术的气质了。一个作家要形成自己的创作个性,是极不容易的事情。个性的形成,标志着作家的成熟。风格固然是作家个性的主要标志,但个性不仅是风格,个性还包括作家对生活的理解、评价及取材的角度等。张一弓的作品一眼看去就知道是张一弓的,这不仅因为他的风格,还因为他对生活的看法、写法与他人不同。

我不认为张一弓是一个短篇小说创作的骁将,他的短篇中堪称独创的艺术品很少,看来他对这个武器使用起来还不到精湛圆熟的程度。其所以如此,除了构思谋篇上的特点尚需磨炼之外,语言问题成了一大障碍。读张一弓的小说比较吃力,句子很长,有点像西方语言中的复合句,又有点像哲学著作中的论证语言。用这样的语言写小说,就把许多知识水平不算高的读者吓得退避三舍,不敢问津了。从小说的特点来讲,作者应当运用一种洗练的语言,这种语言应当接近口语而又不完全是口语,几句话就能塑造一个形象。如果把小说的语言变成逻辑性无懈可击、意思非常复杂,甚至一大段一个句号的论证性的语言或学生腔的语言,那就必然地损害了小说的艺术成就。在张一弓来说,《犯人李铜钟的故事》的语言是比较洗练的,富有表现力的,朴素无华的,而后来的作品里则发生了上面提到的变化。情况是否如此,作者是否同意都很难说,就算我的一孔之见吧。

"欲穷千里目,更上一层楼。"张一弓的创作很有成绩,用篇首的话说,已卓然成家,如果眼界更加开放一些,路数更加多样一些,我想会在创作上开创一个新局面。而这正是许多知名作家目前都面临着、困惑着的两个问题。

1982 年 9 月 5 日完稿于沙滩
原载《莽原》1982 年第 4 期

人民道德精神力量的礼赞
——评张一弓的《张铁匠的罗曼史》

张 炯

中篇小说《张铁匠的罗曼史》(《十月》1982年第1期),写的是现代农村一对普通男女,在我国几经曲折的社会主义岁月里,怎样由倾心相爱到被迫分离,受尽长达22年的磨难后才重获团圆的故事。相爱男女的悲欢离合,在文学中已是古老又古老的题材了。近几年,我国文学在突破林彪、"四人帮"对创作题材设置的种种"禁区"后,描写这类爱情的作品也比比皆是。但《张铁匠的罗曼史》却给人一种新鲜的感受,使人们不仅为作家笔下个性鲜明、形象活脱的人物所吸引,为这凄婉的爱情故事所展开的历史背景的深刻真实,感到惊心动魄、灵魂发颤,情不自禁地陷入严肃的沉思,而且也为作品主人公那历尽爱情痛苦的心灵里所迸射的美丽、崇高的道德精神的光芒,所深深激动。

张一弓同志以中篇小说《犯人李铜钟的故事》始为文坛所注目。其后,他又发表了《赵镢头的遗嘱》、《牺牲》、《黑娃照相》等名篇。他的作品善于从大处着眼,小处落墨,善于以人物感情、命运的浮沉,反映具有深刻意义的历史波涛,笔力雄健,透于纸背。人们不能不承认,这是一位出手不凡、具有深邃思想和厚实生活、并在艺术上卓有个人风格的作家。《张铁匠的罗曼史》,无疑是张一弓同志富于艺术功力和风格特色的又一篇新的力作。

翻开这篇小说,令人触目地感到它的结构就寓有匠心。它舍弃传统的按照时间顺序的情节铺叙,而从故事半腰撷取一个场面置于篇首:在新时期农村新经济政策贯彻后,主人公张银锁铁匠喜气洋洋地到集上出售他自豪的产品"张家镰",不期却遇见他那离异二十多年的妻子王腊月,尽管王腊月追在他身后苦苦哀求顾念旧情,他却对这个曾被他深深爱过的女人鄙夷地掉头而去。这就猛地把一个强烈的悬念,一连串谜一样的问题抛到读者面前,并且紧紧地抓住读者——为什么这对相爱过的男女早年会离异?又为何难以团圆?于是,我们只好跟着作者的笔触往下走。来到1955年农业合作化高潮中的一个水利工地的铁匠棚前,观赏在朦胧的月夜下,美丽而勇敢、聪明的少女王腊月怎样追恋诚实、憨厚的巧铁匠的动人场面:

……正当小铁匠掩住炉火,准备歇息的时候,铁匠棚外传来一声清脆

的呼唤:

"嗳,张庄的!"

这个以地名代替人名的称呼,使小铁匠感到恼火。他向铁匠棚外瞥了一眼,只见一个披着肩垫的苗条女子,站在一棵小桃树下,落了满身的花瓣儿,正在挑衅地打量着他。

哪儿来的野闺女?小铁匠寻思着,没好气地说:"你找俺张庄的有啥事儿?"

"你把俺爹气病啦!你知道不知道?"

小铁匠一愣:"谁是你爹?"

"那个老保守!"闺女说着,"吃吃"地笑了.

"哪个老保守?""装糊涂!你动了谁的心肝宝贝车啦?"

小铁匠急忙走出铁匠棚,胆怯地问:"俺给他气出了啥毛病?"

闺女说:"他躺在床上直哼哼,一会儿说腰酸,一会儿说背疼,一会儿骂那个小铁匠……"闺女说着,不时地掩着嘴笑。

"骂俺啥?"

"骂你是个乱尥蹶儿、瞎踢腾的小兔崽子。"

"咳!"小铁匠感到事态的严重,"俺这木匠叔恁大气性!"

闺女娇嗔地说:"都怪你给俺惹事儿!俺上工推土打夯,下工还得给俺爹捶背,比打夯还累!"

"那俺咋办?"小铁匠感到十二分的不安。

"咋办?"闺女说,"俺得罚你陪俺……"

这个不长的,但非常迷人的片段,突出地展示了作者以简洁的文笔曲尽其妙地描情叙事和刻画人物的本领。短短的人物对话完全是地道"河南式"的,洗练而又生动、有力。人物的神情、气韵、姿态和内心情感的微妙变化,以及迥然相异的性格,都跃然纸上。而后小说就把昨天的回忆和今日的纠葛,两种时间交替穿插在整个结构布局中。各种不同的场面和情绪,欢乐和悲伤,幸福和痛苦,希冀和绝望,挣扎和搏斗,谜一样难解的心灵之结,天若有情天亦老的夫妻生离死别,相见不能认和不能圆的窘境与惨境,像剥笋般地一层层展现在读者面前,使你从心醉神怡到心黯神伤,从愤怒、呻吟到感动、流泪,思想和情感都像波涛般在胸中奔涌,最后,云开天霁,苦难的夫妻终于团圆,你也终于喘了一口气,破涕为笑。是的,你不能不赞叹作者的故事结构波澜跌宕和艺术描写出色感人。普列汉诺夫在补充列夫·托尔斯泰关于艺术的定义时说:艺术是借助形象把自己体验过的感情传达给别人。应该承认,《张铁匠的罗曼史》是赢得了这种艺术效果的。

但一篇作品如果仅仅具有表现形式上的美，而缺乏深刻的思想内容，那它的美学价值就会大大逊色。《张铁匠的罗曼史》的可贵之处，还在于它通过如上的爱情故事反映了相当深刻的社会历史内容和美好的道德精神力量。

银锁和腊月是在中华人民共和国50年代欣欣向荣的岁月里相遇相爱和结婚的。作为获得当家做主权利的新中国公民，他们有着社会主义制度下选择爱情的前所未有的自由。他们的爱情是那样纯洁，除了共同劳动中互相吸引的欢悦外，已经摆脱了旧社会所遗留的种种陈腐思想和陋习俗见的考虑。他们的婚姻所以幸福，跟建立在这美好爱情的牢固基础是分不开的。与至今尚未绝迹的以金钱、地位或某种虚荣的排场、幻想为前提的所谓"爱情"相比，他们的爱情无疑属于恩格斯在《家庭、国家和私有制起源》一书中所阐述的未来更高阶段社会中的爱情。可以说，当年小铁匠和腊月这位女共青团员的爱情正是社会主义制度的必然产物，是新中国男女公民在婚姻生活中真正享有平等权利和义务的有力证明，也是人民当家做主年代里妇女解放运动取得空前未有成绩的生动标志。

然而正当他们沉浸在爱情的甜蜜中时，作者却以严峻的现实主义笔触，像解剖刀似的，描绘出历史进程给他们带来的一连串悲剧，并剥开了造成这种悲剧的社会原因。一九五八年的"大跃进"浪潮中，诚实的青年铁匠因为抵制"共产风"和"浮夸风"，竟被拔了"白旗"，受到批斗。他气愤不过，打了专横跋扈的公社干部夏谋一拳，遂被捕判处三年徒刑。刑满归来，爱妻腊月虽留条要等他，却早已被逼离婚，人去屋空。但这场悲剧还远没有结束。银锁打听到妻子被乃兄王木庆所逼，不愿嫁给垂涎她的夏谋，在三年困难的灾荒年月，只好携子逃到北山。铁匠得到公社党委牛书记的支持，到北山挨村寻访失落的妻儿，甚至拒绝一位秀美的年轻寡妇的垂爱，好不容易才找到腊月母子。却不料腊月因被她哥哥所骗，以为铁匠已死，逃荒中饥寒交迫，饿昏过去，被单身贫农刘忍救活，感于刘的善良而嫁给了他。这种旧日夫妻相见不敢认的心碎情境，幸亏刘忍的成全，一家人才得以团圆回乡。然而，升任公社社长的夏谋又串通王木匠不准他们复婚，还设计霸占了腊月，造成银锁对腊月越来越深的误解。要不是粉碎了"四人帮"，迎来社会主义的新时期，作恶多端的夏谋落入人民的法网，深深相爱的张铁匠夫妻就再也团圆不了了。

毛泽东同志曾经指出："世间一切事物中，人是世界上第一个可宝贵的。"争取人类的幸福和解放，这本来是共产主义学说的崇高目标。但在今天的社会主义国家里，一对相爱的普通劳动男女竟被剥夺了爱的权利，作为社会主义公民的尊严也被随意踩踏，人的价值几如草芥，这种咄咄怪事，生动地说明了"左"倾错误对社会主义事业造成的巨大挫折,说明了人民的权力如果落到借"革命"以图私利的夏谋这种人物手里,会给人民带来多么惊心触目的灾难。这种情况下,马克思当年礼赞巴黎公社时所期望的"人民的公仆"竟变成"人民的老爷",人民托付给他们的权力却变成异己于人民的力量。夏谋是错误的,却可以把坚持正确的人投入监狱。夏谋是丑陋的,却可以占有别人美丽的妻子。夏谋是无能的,却可以使王木庆之流匍匐在地,唯命是从,乃至出卖自己的妹妹,无视她作为社会主义公民和共青团员的意志。权力在夏谋之类手里就像权杖在封建国王手里、金钱在资本家手里一样,变为压迫人民的异己力量。这是怎样的一种历史悲剧啊!而这种历史悲剧的结束,也就是真正的社会主义重放光辉。《张铁匠的罗曼史》的深刻也就在这里。它透过主人公张银锁、王腊月悲欢离合的表象,真实地开掘出扎根于历史现实土壤的具有社会典型意义的内涵。小说把张铁匠爱情与婚姻的悲喜剧放在我们时代现实生活的巨大历史波折的背景下展开,写出了因我们工作的失误所导致的历史曲折怎样决定了人物命运的坎坷,写出了一对普通劳动男女的幸福如何与社会主义的成败、与党的路线政策正确与否紧密相关。因而,一曲献给忠贞爱情的礼赞也就成为一首对社会主义制度、对党的正确路线政策的衷心颂歌。

如果说,小说对于人物命运的因果关系的探寻,启迪我们去深思历史的教训是十分可贵的,那么,作者把更多笔墨集中在主要人物形象的真实、丰满的塑造上,并通过这种塑造,突出表现了人民内心的强大道德精神力量,就更是可贵了。除了夏谋、王木庆之流的少数败类,小说围绕张铁匠夫妻还写了牛书记、满仓队长、青年寡妇李大翠、山村贫农刘忍以及拴娃、李二娃等许多人物。这些真正的共产党员、基层干部和善良、正直的人们,虽然觉悟不同,社会地位不一,但他们无疑是当代中国人民的真正的代表。他们像一座座姿态各异、光泽有别的青铜塑像,闪烁着中国人民固有的崇高道德精神力量的光辉。

只要读过这篇小说,读者就难以忘却关心人民疾苦、想人民之所想、急人民之所急的"庄稼人的牛书记"和给不幸的铁匠以深切同情、善意帮助和友谊温暖的生产队长满仓的形象。他们没有什么惊天动地的业绩,甚至在历史曲折的进程中也难免受害、受打击,然而正是这样成千上万普普通通的、与人民呼吸与共声息相通的共产党人和基层干部,以自己的崇高品格和默默的似乎微不足道的行为,支撑着曾经风雨飘摇的社会主义大厦,使得张铁匠那样的遭受巨大心灵创伤的不幸者得到温暖、得到希望。小说中着墨较多的李大翠和刘忍的形象也是我们难以忘却的。李大翠那样的年轻寡妇,面对来到山村打铁的张银锁,唤起自己胸中的脉脉情思,渴求得到对方的爱是很自然的。她没有想到自己那美好的爱情却遭到张铁匠的拒绝,这对她是怎样巨大而残酷的打击啊!然而当她得知银锁心上挂牵着失落的妻儿,她不仅没有怨恨,反而哽咽着祈求菩萨保佑张铁匠找到那苦命的腊月母子。这需要一颗多么美好的心灵啊!而四十多岁才因自己的善良赢得腊月感情的刘忍,这个在腊月的温存照料下才过着"像个人样"的贫农光棍汉,好日子刚开头,就冷不丁地平空来了个张铁匠,眼看要夺去他的幸福,夺去和他的生命已连为一体的腊月和拴娃。这是多么难以承受的打击啊!然而他却掩住一颗流血的心,当机立断,主动地解除腊月左右为难的处境,让铁匠一家团圆回乡。这又需要何等的自制力,何等坚毅而高尚的道德精神啊!青龙沟张铁匠辞别李大翠和山神庙刘忍送别银锁一家的场面,都是小说中写得异常精彩的部分。读之令人心酸心碎,却又使读者的思想感情得到美的升华。主人公张银锁和王腊月的形象更感人肺腑。他们虽然性格各异;银锁敦厚、刚强,具有强烈的自尊心和能工巧匠的自豪感,即使在"被剥夺了掌钳的权力而自己却被火钳夹着,不能打铁而自己却被夹到铁锤和砧子之间经受着命运的不断捶打"时,他也像铜浇铁铸一般,宁折不弯;而美丽、聪明、勇敢的腊月,虽有柔弱的一面,但她跟银锁一样,却正直、善良,无限忠诚于自己的爱情。生活残酷地把他们活活拆散,使他们遭受种种痛苦,然而他们对美好爱情的向往却坚贞不渝。银锁出狱后,得到牛书记的帮助和支持,历时一载,遍访北山的九十九个村庄去寻找腊月并忍心拒绝李大翠的垂青,就突出地表现了他对于爱情的忠贞信念。十年动乱的岁月他落入张狗闹借刀杀人又妄图嫁祸于他的圈套,醉醺醺地要去砸死夏谋时,被腊月知情而苦苦阻拦,他误以为腊月真正堕落了。对于爱情背叛的愤怒和鄙夷,在这刚强的劳动者的身上,正出于他对爱情的忠诚。所以,当曾为张狗闹充当走卒而改过从新的李二娃,解开他内心的最后一道疙瘩,明白腊月当时拦他、骂他正是因为爱他时,这个铁汉子不禁泪流满面、痛哭失声,痛感自己对不起腊月,并立即去把受尽屈辱和苦难的心爱妻子接回来。腊月属于中国大地上贤妻良母的典型。在险恶的历史风涛中,她为了爱丈夫和儿子,作出了一个女人所能作出的最大牺牲。她含辛茹苦,挣扎反抗,离乡背井,最后还不得不忍受夏谋的蹂躏和银锁的鄙薄,默默地把儿子拴娃抚育成人,交还给银锁。这要有多么深刻无私的爱和伟大高贵的母亲的心啊!小说通过她忍辱负重的动人情节,让我们看到了一个普普通通的农村劳动妇女的宝石般焕发光芒的崇高品格和美好的灵魂。《张铁匠的罗曼史》就这样以自己所塑造的一个个主要的人物形象,开掘出深深蕴藏在我国人民心灵中极其可贵的道德精神力量,使最灰暗的画面也透出亮光,透出给读者以鼓舞的美好追求的信念和希望。

当然,这篇小说中的人物刻画也不是没有缺陷的,如夏谋、王木匠、张狗闹等多少有些脸谱化。倘写得更有深度些,这些反面形象就会更为真实,更有鞭挞的力量。

艺术应该追求真善美的统一。卓有魅力的艺术品总以自己富于美感的艺术形象,不仅给读者提供认识现实的价值,也给读者以崇高、美好的道德情操的熏陶。今天,我国人民在党的领导下正为建设高度发达的社会主义物质文明和精神文明而奋斗。道德情操,包括在爱情生活中的道德情操问题,已被许多作家所注意,这是理所当然的。因为它是社会主义精神文明的不容忽视的一个重要部分。近年来,我们读到许多描写爱情的作品,其中一些反映出非常错误的道德观念:有鼓吹爱情要竞争、要损人利己的,有歌颂不顾社会责任,而专门推崇爱情至上的,还有宣扬爱情不过是性的肉欲追求的,形形色色,不一而足。正由于此,在爱情题材的作品中礼赞劳动人民的虽然朴实,却闪耀着忠诚、坚贞、善良、无私的光芒的道德精神力量,对于促进社会主义精神文明的建设,就变得十分必要。《张铁匠的罗曼史》能在真实地反映现实生活的矛盾和斗争的同时,在对题材的开掘中重视人民道德精神力量的艺术表现,我以为,这是要特别加以充分肯定的。

原载《十月》1982 年第 5 期

张一弓创作论

刘思谦

一

1980年春,张一弓这个陌生的名字因《犯人李铜钟的故事》而引起了人们的注意。带着一个一直被捂着盖着的尖锐的题材和一个既是犯人又是英雄的人物,他跻身于大转变时期的文坛,心情多少有一点忐忑不安。他并不奢望鲜花和掌声,但期待着一个公正的承认。因为这种承认将意味着对于他所选择的文学道路的肯定,使他在迈出这一步之后有勇气继续向前走去。当我们估价一个作家的成就时,不应该忘记时代为他提供的条件。张一弓的父亲是文学教授,母亲是高中语文教师,家庭的熏陶和培养使他对文学产生了浓厚的兴趣,少年时代就立下了当作家的志愿。50年代末期,以一个初生之犊的热情和锐气,他一边当记者,一边写小说,发表过几篇相当稚嫩的作品。不久,一篇题为《母亲》的小说使他受到了批判,因为他的母亲忽然成了"右派"。"右派"的儿子写的《母亲》便自然是"为右派母亲唱赞歌"的了。从此,他的双脚从文学的门槛里抽出去,整整二十年没有再去涉足。现在,历史终于把这沉重的一页掀了过去,文学赢得了"真诚地、深入地、大胆地看取人生并写出它的血和肉"的权利。在这种情况下,像《犯人李铜钟的故事》,这样的以直面人生、正视现实为特征的文学作品的出现并得到社会的公正的评价,便是一种历史的必然了。时代成全了他的抉择,张一弓终于获得了意想不到的成功。小说得了奖,李铜钟成为人们所熟悉的人物形象,被评论界称为"高尚的圣者和殉道者"[1]、"一尊流光溢彩的形象"[2]。于是,他又听到了文学那神圣而又亲切的召唤,在一个思考的时代、一个伟大的历史转折时期,向着他向往已久的文学的殿堂进发了。他满怀信心地写下去,像一张拉满了弦的弓,厚积而发,并且一发而不可收。不到三年的时间,他的枝头结满了果实,已经有了5个中篇、7个短篇共约四十万字的收获。比起一些以多产、高速著称的作家,他的步子不算太快,然而步伐是沉稳、扎实的,留下了一串坚实的脚印。

---

[1] 阎纲:《高尚的圣者和殉道者》,《新文学论丛》1980年第3期。
[2] 刘福林:《一幕给人以鼓舞力量的悲剧》,《文艺报》1981年第7期。

题材的集中是一眼就可看出的。他是那样专注于再现当代农民的历史命运,那样满腔热情地把他的文思、才智和思索献给了默默无闻地养育着祖国庞大肌体的勤劳质朴的农民。这个特点不只是张一弓个人的。每个作家当然都是带着他自己独特的生活经历走上文坛的。张一弓度过了将近三十年的记者生涯。长期采访于农村,使他生活仓库中最富有的积累属于农村。但这也许并不是最主要的,或者说,这里既有作家个人的主观因素,又有时代的制约和影响。一个被时代潮流推上了文学之路的有思想有追求的作家,总要用自己的笔去回答时代向他提出的问题,去表达他对于人生和社会的见解和理想。三十年来,农民的经历太不平凡了。那样多的欢乐和痛苦、希望和失望、爱和恨、愁和怨、甜的和酸的、苦的和辣的,交织变幻出一幕幕人生的悲喜剧,撞击着作家的心。如今,当历史的航船进入了拨乱反正和转折的新时期,农村的变化又是最大的。经济政策的大幅度调整、生产关系的变革、人与人关系的变化、新的追求和希冀、觉醒和困惑、新的矛盾和烦恼,那样的新鲜和纷繁,那样的难以穷尽和莫测高深。张一弓正是在这样一个"经历了大灾难与大忧患"之后到来的大变革大发展的时代,正式开始了他的作家生涯的。农村生活对他是一个富有魅力的人生舞台,农民已经走过的坎坷不平、曲折起伏的路和正在走的路,他们在大转变时期的历史追求,像一块磁石吸引着他。因此,对于农民命运的关注和思索,便成为他的小说的第一乐章和第一主题。这是张一弓个人的选择,也是时代的驱使。

读《犯人李铜钟的故事》,有一个历史的余音在耳边回响:"我们这些两条腿的,难道不能把人间的事情安排得好一些吗?"这是贯穿于张一弓以后的小说的潜台词,也可以说是把"李铜钟"与他的其他作品联结为一个整体的纽带。理解了这句话,才能理解张一弓为什么要写李铜钟,才能理解《牺牲》、《赵镢头的遗嘱》、《张铁匠的罗曼史》和《黑娃照相》等中短篇小说。在四百九十口人断粮七天的严重关头,李铜钟拖着一条七斤半的假腿,挺着一个真正的共产党员铁铮铮的脊梁骨,救民于水火,力争从死亡线上挽救出尽可能多的生命。然而,李铜钟的能力有限,他毕竟不能挽狂澜于既倒。在跃进锣鼓与"一大二公"的彩旗下,庄稼人吃不上粮食的悲剧,毕竟无可挽回地发生了。农民付出了惨痛的代价。怎样把沉痛的历史教训和高昂的代价化作一笔珍贵的精神财富,使中国农民以尽可能少的损失换取那本应属于他们的幸福,便是张一弓小说中一个基本的主题。《牺牲》写了十年动乱的恶果之一派性对党性和党的政策的威胁,写了女支部书记高山兰在这种威胁面前以大局为重维护了农村的安定团结。《山村诗人》与《张铁匠的罗曼史》以三十年的时间跨度从不同的角度概括了农民的遭遇,属于从历史的回顾中探索与表现农民命运的作品。它们的主人公山村"云诗"老翁李老怪与农村铁匠张银锁夫妻在小说结束时都结束了悲剧命运,他们寄希望于现在与未来。于是,张一弓把他艺术构思的触角由历史的反思转向了现实。《赵镢头的遗嘱》在张一弓反映农村现实生活的作品中是"排头兵"。它是从正面反映生产责任制的诞生过程的。作家以满腔的热情、大量来自生活的生动素材、犀利泼辣的笔锋,讴歌了农村生产关系的变革,以农民的语言和感情,热忱拥护那让农民和土地"连心"、"结亲"的新政策。有了"赵镢头",后来的《黑娃照相》、《黑娃的新闻》和《寻找》中所表现出来的农民那股子劳动致富的劲头,就是容易理解的了,它们都是当代农民命运这一总乐章中几个跳跃的音符。《流泪的红蜡烛》表现了张一弓对农民命运观察与思考的深入。他的眼光,从农民手头有了钱这一现象穿越过去,发现了经济上的富足化趋势与精神上的荒芜贫困的现状之间的矛盾,发现了农民对正常的感情生活与合理的爱情婚姻的要求。青年农民李麦收以二亩烟钱为基础的阔绰而又荒谬的婚姻破灭了,中国农民的新的历史要求产生了。新娘白雪花在洞房花烛夜的独特的反抗和"俺是人,是人"的呐喊,应该说,属于一个新的时代,一种新的历史追求。

  我国当代文学有着和农民命运息息相关的传统。赵树理、周立波、孙犁、柳青、李准、梁斌、王汶石……分别属于产生和孕育了他们的那个时代。张一弓的小说创作,也要放在产生和孕育了他的这个时代的天秤上来加以衡量。在新时期文坛上关注着农民命运的作家中,他是把农民在新旧交替时期的心理情绪、思想愿望表现得比较迅速和广泛的一个。他也许至今还没有创造出一个不朽的农民典型,但由于他的敏锐和热情,由于他至今还在农村工作和生活,感受着历史转折时期农村生活的脉搏,所以对于农村的新矛盾、新问题,农民心理变动的新信息,他有着很强的捕捉力。也许是熟练的记者眼光帮了他的忙,张一弓对于农村现实生活的反映,是相当迅速的。《赵镢头的遗嘱》发表的时候,生产责任制才刚刚在一些地方试行。《流泪的红蜡烛》构思的时候,报纸上正在宣传《光棍坡飞来了金凤凰》这类的通讯报道,把经济上的富裕作为解决农民婚姻问题的唯一条件。"红蜡烛"反其意而用之,提出了农民对于精神文明的要求,描写了一个敢于向以金钱为基础的婚姻挑战的真正的"金凤凰"。同时,张一弓对农村生活的开掘又是比较广泛和深入的,既有历史的纵深度又有现实的多侧面。沉痛的历史教训和有关农民命运的各个方面(吃饭住房、劳动组织、生产分配、民主权利、爱情婚姻以及物质与精神生活的需求等等)尽收于他的笔端。中国农民在党的十一届三中全会之后终于获得了一个新的历史命运,比较及时而广泛地反映出这个时期的农村生活风貌和农民的心理与愿望,是张一弓独特的成就。

二

别林斯基提出过"当代性"这个概念，认为这是构成一个作家的必要条件之一。"诗人比任何人都应该是自己时代的产儿"，"越是优秀的诗人，越是属于他所生长于其中的社会。"①当代性其实也就是作品的现实性和时代感。一个作家如果真正是现实主义的，当他去反映现实生活时，他也就会是当代的，因为任何作家都只能生活在一定阶段的现实之中，如果他把忠实地反映现实作为自己的创作原则，他的作品就能够在一定程度上反映出他所处的那个时代的社会风貌和人情世态。他们坚持不渝的创作准则是把自己的眼睛观察过和在自己的心灵中浸泡过的现实生活再现出来，"给时代和社会看一看自己的形象和印记"②。张一弓所坚持的正是这样的准则，他给我们看到了多少时代的"形象和印记"啊！在生活环境和人物心理情绪的描写上，他是以鲜明的时代气息和现实感取信于读者的。

他笔下的农村生活环境，具有我们这个时代所特有的广阔性和复杂性，再也不是那种经过提纯和净化了的田园牧歌式的农村了。这个特点当然并非张一弓所独有，高晓声、古华、周克芹、何士光、路遥等的农村生活小说，都能给我们以今非昔比的新鲜的时代感。属于张一弓的独特之点在于他能够以开阔的视野表现出现实生活里纷然杂陈的一切。在他的农村生活画布上，新生活的阳光下有历史的阴影，新形式里保留着陈旧的甚至是腐朽的内容，现代化建设前进的脚步声中还能够听到古老的甚至是原始的封建愚昧的回声。《黑娃照相》里繁荣兴旺的中岳庙会上，不仅有虔诚的朝圣者，也有现代光学技术的新成就和时髦的衣着装束。《流泪的红蜡烛》里"种烟状元"李麦收奇特的迎亲仪式上好几个世纪的历史陈迹和新式的现代科学成果与物质文明，杂然并存。新的与旧的，光明的与黑暗的，进步的与落后的，文明的与野蛮的，高尚的与粗俗的，公开的与隐蔽的，就这样汇集于他的笔下。你也许会感到有一点庞杂，但是绝不单调，它们具有生活本身所有的丰富多样的色泽和音响。

他笔下的农村生活环境，还给人以变动感。它们不再是一个静止的、凝固的和封闭的天地了，作品字里行间透出一股生活的力度和流动的气势，使你仿佛能够触摸到它的跳动的脉搏。这一点最有说服力的例子是《流泪的红蜡烛》。

---

① 〔俄〕维萨里昂别林斯基：《别林斯基论文学》，新文艺出版社，1958年，第21页。
② 〔俄〕伊万·屠格涅夫：《六部长篇小说总序》。

这里的生活真正是一池活水，即使在风平浪静、水波不兴的时候你也能感觉到它那内在的向前流动的活力。当水中掀起一个耀眼的浪花，一朵挟带着泥沙的泡沫，你立即抓住它，以为就此便可以把握住它的流向、认识它的奥妙，可是突然又一朵浪花、一个泡沫翻上来，和前面的纠缠在一起，向前流去了。这部描写农村青年爱情婚姻生活的小说，对生活底蕴的开掘是相当深刻和独到的。28岁的李麦收由穷变富了，"种烟状元"的桂冠使他拥有了娶一个漂亮媳妇的足够的财富，仅仅那浩浩荡荡、热热闹闹的迎亲场面和新房的非凡的气派，已足够炫人眼目的了。可是转眼之间随着"咣当"一声响，"状元郎"吃了闭门羹，以二亩烟钱为基础的婚姻破灭了。张一弓从这一声突如其来的关门声开始，在一个广阔的和流动的生活背景上展开了他的故事。在这里，生活的浪花与泡沫翻滚着、纠缠着，你中有我、我中有你，令人目不暇给。在这一切的相互运动中，你感觉到农村在变，农民在变，传统的观念、习惯的势力和陈旧的生活方式在不知不觉中动摇了，新的生活追求在生活的变革中觉醒了。

在这样的广阔而变动着的农村生活背景上，张一弓写出了当代农民真实的心理状态和思想情绪。根据对于人的社会性本质的理解，现实主义要求从人物与环境的不可分割的联系中描写人，要求环境的真实性与人物真实性相一致，因为"人并不是抽象地栖息在世界以外的东西，人就是人的世界"①。张一弓笔下的农民形象，之所以使人觉得真实和较为丰满，跟他们的环境的真实性与时代感有关。他熟悉各个时期各种年龄与身份的农民的心理状态。他写过50年代末期那"大跃进"年代的农民一段特殊的经历。断粮七天的在死亡线上挣扎的李家寨的农民，心中保持着对于党的不灭的信念。当生命已奄奄一息之际，他们仍然相信"党不让咱冻着，就不能让咱饿着"。因为这是经历过土地改革的农民，是身上穿着50年代初期党的干部送来的救灾棉裤的农民。"喝水不忘打井人"，党的恩情永不忘。他们用朴素的中国农民的信念和语言来解释那场由谎言酿造的历史灾难，认为那是因为"大风把电话线刮断了"，"党中央、毛主席不知道咱忍饥"。这是解放后中国农民第一次陷入了困惑的时期。就是在这一典型环境中，张一弓把中国农民善良质朴的灵魂升华到了一个历史的高度，为他们塑造了一座青铜雕像。在他的反映当前现实的作品中，人物形象虽不及《犯人李铜钟的故事》那样高的艺术概括力，却有他的独特之处。他比较注意表现农民内心深处在新的农村政策下被焕发出来的劳动致富的热情和要掌握自己的命运、要结束贫困和屈辱的强烈愿望，也不避讳农民心中日益增长的对物

---

① 〔德〕卡尔·马克思：《〈黑格尔法哲学批判〉导言》，《马克思恩格斯选集》（第一卷），人民出版社，1972年，第1页。

质与精神生活的需求。这种心理状态,大多属于那些身强力壮的或具有一定的科学文化知识的中、青年农民。马套与黑娃是其中的比较出色的代表。这是一个由于刚刚得到了可以用汗水换得财富的权利而对生活充满了信心的马套,也是一个由于痛苦的记忆而在信心中又夹杂着忧虑的马套。至于那个18岁的黑娃,虽然心上也有一些历史留给他的痛苦的记忆,但由于生逢其时,比起他的父辈和三十多岁的马套们,要淡得多了。他的心里,洋溢着一股子要当家做主、要掌握自己的命运的信心和气概。他的言谈举止也有鲜明的个性色彩,是不仅知道"开司米"、知道化学纤维、知道兔毛的经济价值,还懂得电的"这一个"黑娃。不了解现在的农村和农民心理状态的人,也许会觉得黑娃这个人物因夸张而失真,其实像黑娃这样的青年农民目前在农村已经是一个相当多的存在。还有李麦收在说亲时那种出奇的慷慨大方和"舍得扔钱"的方式,不熟悉农民心理的人是写不出来的。

　　张一弓创作的当代性来自他坚持现实主义的勇气。在当今文坛上,张一弓是认定了这条道路的作家之一。他执着地关注着现实,在现实的发展变化中反映现实。这是一条并不轻松的路。选择了这样一条创作道路的作家,必须审慎对待先行者的经验教训,跨越一些几乎是难以逾越的障碍。在这里,有必须记取的教训,也有至今尚未解决的难题,其中如文学创作和政治的关系问题,就是一个令人望而却步的问题。从反映论的观点看问题,文学创作之所以不能脱离政治,是因为现实生活不能脱离政治。尤其是这几十年的生活,政治几乎渗透于生活的各个角落,有时甚至成为人们命运的主宰。那么,作为生活的反映的文学,便自然会表现出某种政治的色彩来。长期以来,由于未能科学地解决文学与政治的关系问题,往往以狭隘的实用主义观点要求文学简单化地配合政治,而且把政治仅仅理解为一个时期的具体任务和政策,要求文学为宣传某一个具体的政治任务、政治路线服务,以致出现了以虚假的、表面化的生活图像来图解政治的现象。现在,有的作家为了避免充当从属于政治的工具或图解政策的不光彩的名声,遇见政治绕道走,刻意追求与政治绝缘的永恒的纯文学。对此,张一弓自然也有过犹疑。他担心落入"写政策"、"写中心"的老套,重蹈前人覆辙。然而,张一弓的可贵在于知难而上,在于使自己的笔服膺于现实生活的力量。比起前辈作家来,他得天独厚的地方在于懂得了要以人民的利益为标准去衡量政治是非和决定自己的弃取。既然政治是与农民的饥饱祸福攸关的大事,决定着千百万人的命运,那么要再现农民的命运,描写农民的生活、心理和情绪,怎么能避开政治呢?

　　张一弓小说的政治色彩主要表现在三个方面:一是对于严重危害农民利益的极"左"路线与政策的批判锋芒;二是如实地反映了十一届三中全会以来新的

政策在农村生活中起到的积极作用;三是真实地描写出农民在不同历史条件下对两种不同的路线、政策的认识和心理反应。而这三个方面,都不能离开写人、人的命运和性格。张一弓小心翼翼地跨越了那简单化、庸俗化和图解政治的老路,比较真实地反映了当代农村的现实生活。看来,关键还是作家是否从真实的生活出发、从人物出发。在这里,马克思主义的理论修养和严格的现实主义创作态度,还是不应该加以丢弃的。

当然,在张一弓的作品里,对文学与政治关系的处理,也带有不能令人满意的地方。三十年来养成的记者眼光、记者习惯有时能帮他的忙,有时却帮了倒忙。他常常要不断提醒自己摆脱记者习惯对文学创作的干扰,可是还难以完全战胜这种干扰。他的小说,常有理念大于形象之弊,思想倾向失之直露。人物命运放置到广阔的政治背景上来写是必要的,但有时却失之简单,对决定人物命运的多种复杂因素估计不足。《张铁匠的罗曼史》后半部,为了使人物命运与政治风云同步发展,制造了一些人为的曲折,使人物命运的悲欢离合,亦步亦趋地印证政治风云的变幻,就是一个败笔。

我们如实地指出张一弓小说鲜明的政治色彩,并不认为这就是当代文学创作的一个普遍规律或统一的色彩。因为生活虽然脱离不了政治,但生活并不就是政治。生活中有政治的因素,但政治并不是生活中包罗万象的唯一的因素。生活是丰富的,作家的情况是各不相同的,人民群众对文学的要求和欣赏趣味也是多种多样的,因此文学作品中的政治色彩自然就会有或强或弱、或有或无等种种不同的情况,不能也不应该强求一律。张一弓小说的政治色彩,固然是我们这个时代社会生活中的政治色彩的反映,同时也和他的生活经历、思想气质等方面的情况有关,这是无须多说的道理。

三

张一弓的文学生涯才刚刚开始。从《犯人李铜钟的故事》问世到今天,也不过只有三年多的时间。在艺术创作上,当然还不能说他已经形成了自己独特的风格。但是他出手不凡、脱颖而出,在小说这个艺术领域里已经显示出他那锋利的棱角,那鲜明的、属于他自己的创作特点和艺术追求。

他无疑是一个现实主义者,但是他的现实主义前面,应该加上"有理想有热情"这样的附加语才更符合他的创作实际。读他的小说,常常会感到有一股充沛的热情和昂扬激越的理想力量流贯于字里行间。他的作品中,也有"某种伟大的东西在高高飞翔"①。《犯人李铜钟的故事》所反映的现实严峻而又荒唐。一面是亩产七千斤的报喜锣鼓声,一面是种粮食的人在死亡线上呼号。在严酷的历史性灾难的废墟上,共产党员纯洁高尚、无私无畏的党性和中国农民善良质朴的灵魂在高高飞翔。以《犯人李铜钟的故事》为起点,张一弓找到了自己较为顺手的创作方法,这就是以现实为基础,把大胆的暴露和热情的歌颂,把冷峻纷繁的现实和顽强的信念、高昂的理想统一起来的创作方法。这样的创作方法,使他的作品在人物创造上也具有与众不同的特点。

　　文学对现实的反映是积极能动的。作家总要按照自己的社会理想和美学理想,在现实的土地上寻找自己的理想人物和正面力量。张一弓的社会理想属于积极有为的一类,对于现实,他有始终如一的进取精神。他正视现实而又不满足和屈服于现实,在尚未达到理想境界的有缺陷的现实面前,他寄希望于那些为民请命的、舍身求法的人,那些具有威武不能屈、贫贱不能移的硬骨头精神的人,那些当错误的潮流像潮水般涌来的时候岿然不动的中流砥柱。他们是农民,又是真正的共产党员。李铜钟就是张一弓在现实生活中找到的理想人物,李铜钟精神是他创作的精神支柱。尽管他后来的人物在思想高度上和艺术概括力上还没有一个能超过李铜钟的,但仔细辨认,无论是高山兰的牺牲精神还是赵钁头的献身精神,都和李铜钟相通。张一弓似乎不会写逆来顺受、忍气吞声、消极等待的人物,即使是那些备受摧残的不幸者,身上也有强者的气质。如《张铁匠的罗曼史》里的张银锁、王腊月,《山村诗人》里的李老怪这样的受难者,他们的个人命运够坎坷不幸的了,但是他们对待不幸的命运,对待压迫和捉弄他们的邪恶者,都有一股子不甘屈服的抗争力。即使在《最后一票》这样,一个"生活片段"式的作品里,那个76岁的王铁山老汉,当他看透了群众的民主权利已经成为李明玉、赵雨文这样的"公仆"们政治舞台上的装饰品的时候,也要以他所能够采取的方式进行抗争,把自己这一生的最后一张选票,卷成了一只"烟炮","如同举着一只愤怒的火炬",拂袖而去。张一弓笔下的正在成长中的农村青年形象,也具有积极进取、顽强抗争和奋发有为的强者气质。这些人物身上,有劳动者对自身价值的觉醒和自豪感,有不断增长的对物质文明和精神文明的需求,有对更为合理和美好的生活的憧憬、追求,有要掌握自己命运的强烈愿望和生逢其时的幸运感。他们的内心洋溢着一股创造新生活的激情,"显现出一种内在的生气、情感、灵魂、风骨和精神"②。

　　可以看出,张一弓正在从农村新一代中寻找自己的理想人物,但是到目前

---

① 〔法〕维克多·雨果:《雨果论文学》,上海译文出版社,1980年,第112页。
② 〔德〕格奥尔格·黑格尔:《美学》(第一卷),商务印书馆,1979年,第25页。

为止,他的笔下还没有出现一个成熟的,在思想高度上可以与李铜钟并驾齐驱的理想人物。这也许未必是作家的过错。当作家的有限的视野中还没有出现这样的理想人物时,是不应该责怪作家的。现在的问题是从作家所已经提供给我们的人物形象来看,在思想高度上和性格的丰富性上,也还给人以不满足感。这里就有一个作家的思想高度问题了。在这个问题上,张一弓这两年似乎正在摸索和徘徊。我们希望作家不要从《犯人李铜钟的故事》的思想高度上退下来。这当然不是要求作家按照共产主义思想的标杆对人物的思想觉悟作人为拔高,而是希望作家在观察和塑造他的人物形象的时候,能够比他的人物站得更高一些,把充沛的热情和冷静地剖析结合起来,以思想家的深邃的目光去观察和表现他的人物。当然,作品里不会个个都是李铜钟,但是像《犯人李铜钟的故事》所表现出的作家那种科学的历史观点、缜密的分寸感、高瞻远瞩的目光和革命者的胆识,对于把握当今的农村现实生活,仍然是十分重要的。尺有所短、寸有所长,世界上的事物都是相对的。张一弓在人物描写上的缺陷,也受到他自己的创作个性的局限。一个作家的长处往往就是他的短处,他的特点常常也就是他的局限。然而,一个对自己要求严格的有作为的作家应该找到发挥自己的特长与突破自己的局限的路,在扬长与避短的矛盾统一中不断前进。从人物创造来看,他的长处与弱点是强烈的主观色彩。热烈地主张着所是,热烈地反对着所非,这种鲜明强烈的爱憎使他的人物思想与性格的基调十分鲜明和强烈,然而却缺乏应有的性格的丰富性与复杂性,人物有足够的力度却缺乏丰富的内涵和精微的分寸感。敏感和热情给他的作品带来豪迈雄健的气势和犀利泼辣的笔锋,却也同时显得缺少深沉、凝练和耐人寻味的含蓄美。对自己心爱的人物的过分的偏爱,总是不好的,它限制了作家的视野和眼力。如对农民的认识,他好像不大注意他们身上因袭的重负和作为一个小生产者的自身的弱点,对于他们在新旧交替时期丰富复杂的内心世界,也缺乏深入的开掘。这一点,是高晓声之所长,张一弓之所短。我们并不要求一个作家集众美于一身,但是尽可能地少一点偏颇和片面,多一点艺术的辩证法,却是可以期望的。

四

张一弓的小说在审美形态上具有崇高悲壮与滑稽幽默这样两种既对立又统一的形态。《犯人李铜钟的故事》、《牺牲》、《赵镢头的遗嘱》属于悲剧形态,《黑娃照相》、《寻找》、《山村诗人》、《智慧的痛苦》基本上属于喜剧形态,而《张铁匠的罗曼史》、《流泪的红蜡烛》则是悲喜剧两种形态的融合统一。这当然只是一个大致的分类,就他的一部作品来看,常常是悲剧中包含着喜剧因素,喜剧中又有悲剧因素。他的悲剧人物在荒谬背理的现实中行动,他的喜剧人物在时来运转时又常有痛苦和忧伤。所以他的悲剧有时也能使人发笑,而他的喜剧也间或给人以沉重感。这样的审美效果是作家对当代农民命运和农村生活中的悲喜剧因素进行艺术提炼、概括的结果。

构成张一弓小说这一艺术效果的,大致有这样几种因素。

他对生活中不同寻常的事件具有特殊的敏感和兴趣,善于抓住它们作深入开掘、提炼为起伏多变的戏剧性情节。李铜钟的生活原型是一位抗美援朝时失去了一条腿的敬老院院长。饥荒年代,他领着一些农民动用了粮库的粮食,用三块砖头支着一个铁锨头炒粮食籽儿吃,保住了全村男女老幼的生命。事情犯了,社员们保护他,爬到房顶上为他放哨。《流泪的红蜡烛》是根据一个刚刚发生的新娘子哭嫁、拒婚的事情写成的:一个用全村头一份彩礼和"排场"娶来的新媳妇,在洞房花烛夜里把新郎关在门外,又扔给他一件御寒的棉衣,结果硬是拒婚抗婚达三个月之久,最后新郎主动解除了婚约。诸如此类特异性生活事件,常常是他产生创作冲动的最初的触媒,不是作为猎奇,而是凭着他的艺术直感,捕捉到了它们不寻常的意蕴。在艺术构思时,他善于以这样的特异性事件为起点,调动生活积累,经过想象和虚构,生发出起伏多变的悲喜剧交融的情节来。大起大落、大开大阖、突兀跌宕、误会巧合,这是他常用的技法。李铜钟开仓借粮、赵镢头服毒自尽、张银锁、王腊月夫妻离异,《流泪的红蜡烛》里突如其来的关门声,都是张一弓小说所独有的,构成了戏剧性强这个显著特征。

构成张一弓小说戏剧性情节的矛盾冲突,常常是十分尖锐的。他喜欢把人物放在这样的矛盾冲突中来表现,他的作品往往一开篇就进入何去何从的抉择关头,并且很快让矛盾激化,使他的人物在生死攸关、成败安危在此一举的严重时刻表现出精神上的强有力和高尚的道德情操,从而唤起读者的正义感和崇高感。

生活中有悲剧因素,也有喜剧因素,即在那些用"浩劫"、"灾难"来概括的年代里,暂时强大的,似乎是俨然不可侵犯的旧事物,也已经暴露出其内在的空虚与荒谬来,"内在的空虚和无意义以假装有内容和现实意义的外表来掩盖自己"[1],这里面就包含着滑稽可笑的喜剧因素。张一弓常用的喜剧手法是讽刺。"讽刺是对被否定事物的冷静的箭。"[2]张一弓的小说中,有一个被否定的整体形象,这就是曾经是庞然大物的,貌似革命的"左"倾路线与"左"倾思潮。它们

---

[1] 〔俄〕尼古拉·车尔尼雪夫斯基:《生活与美学》,人民文学出版社,1957年,第34页。
[2] 艾青:《诗论》,人民文学出版社,1956年。

散见于各篇各章,体现于反面人物凶恶威严的外表与空虚荒谬的实质,也体现于正面人物与之抗争时的幽默诙谐与智慧风貌。《山村诗人》李老怪讽刺浮夸风的顺口溜,《智慧的痛苦》中姜欢喜对付检查组、批判会和"持续大跃进"时独特的反抗形式,都是诙谐感很强的喜剧,收到了在忍俊不禁的笑声中否定"左"倾思潮的审美效果。就是在李铜钟的悲剧里,也间有闪出农民式的诙谐幽默的智慧之光,于悲壮崇高中埋藏着一两只小小的讽刺的刺。

将现实生活中的悲喜剧因素提炼、升华为艺术的真实,创造出崇高悲壮与滑稽幽默的审美对象,这在张一弓也许是一种并不十分自觉的艺术实践。他的作品在艺术上常常有成功也有败笔,有才华的闪光,也有平庸的瑕疵。这对于一个艺术上并不是很成熟的作家来说,是合乎规律的正常现象。

情节的戏剧性要以真实的社会冲突和性格冲突为基础,否则就要显出"假"来,成为"假戏",而"假戏"只能表现"矫情",那就没有任何审美价值可言了。《犯人李铜钟的故事》之所以取得了成功,而《赵镢头的遗嘱》却出现了败笔,道理就在这里。李铜钟之死与赵镢头之死,前者能激起人们对历史教训的深沉思考,在人们心头唤起正义感、悲壮感和振奋力量,而后者却收不到这样的审美效果。这是因为前者的矛盾发展是生活本身和人物思想性格发展的必然结果,而后者却带有很大程度的人为性;前者的人物在特定情景中不可能选择别的路,而后者的人物在特定情景中却大可不必选择那一条路。据张一弓讲,《赵镢头的遗嘱》是他有感于一对农民老夫妻为反对把责任田的麦子"归大堆"而喝煤油自杀的事写成的。生活中确有这样的事。但是,问题在于写到作品里的赵镢头,已经大大超越了那个服毒自尽的老农民。作家把他的人物的思想基点定得比较高,写成了在联产责任制诞生过程中一员勇敢坚定和有智慧的闯将,是按照一个真正共产党员的思想高度来写的。如果说原来的生活原型只是一只丑小鸭,那么小说里的赵镢头已经成为一只高翔的天鹅了。然而张一弓却仍然不能忘怀于服毒自尽这个特异性事件。当他的人物已经远离了最初的起点而行动起来的时候,当他已经有了自己的思想性格、自己的行动规律之后,却要强迫他回到原来的起点,纳入事先规定好的情节结局的框子中去。为了让赵镢头"殉道"而死,这就不得不去激化矛盾。于是由责任田的麦子怎么割这样一个矛盾,竟激化为开抢、拘留、动用专政工具以致死人的程度,这就很难经得起读者的真实感的检验。"小说中的人物必须带着他们各自的必然性进入作品","如果这种必然性没有贯彻始终,如果作家强迫人物作出一些我们本能地感到他们不可能做的事,这时我们就会感到小说的真实性出现了瑕疵"[①]

[①]〔英〕伊丽莎白·鲍温:《小说家的技巧》,《世界文学》1979 年第 1 期。

追求情节的戏剧性而损害了真实感的例子,在张一弓的作品中还可以举出一些,这里就不再赘述了。有一点是应该指出的:凡是为戏剧性而牺牲了真实性的地方,都无例外地露出了破绽,显出斧凿的痕迹,成为闹剧,好像在一幅漂亮的画面上抹上了一笔不谐调的油彩。

文学是语言的艺术。张一弓小说的语言也是构成其独特的审美效果的一个重要的因素。他的语言是有气势和色彩的。叙述人常用欧化的书面语,笔锋常带夸张。如《流泪的红蜡烛》开头那个四百余字的大排比句,浓缩了丰富的社会内容,比平铺直叙具有更多的力度。他的人物对话,用的是地道的河南农村土语,不失乡土气息。这种半土半洋的语言,不仅是反映不断变化着的复杂的农村生活的需要,也是变化了的新一代农村青年欣赏趣味的需要。乡土文学也应该有一个强健的胃,善于吸收和消化一切有益的东西。张一弓这种土洋结合的语言尝试,是应该得到赞许的。当然,他的语言实践并不都是成功的,他正在摸索和寻求中前进。山姑当然也可以擦点珍珠霜,但是如果擦得不好,就显得疙疙瘩瘩的,不那么和谐和统一。

张一弓是当代文坛上有成就有影响而且是有潜力的作家。他在艺术上正处于艰苦的探索阶段。希望他在创作思想上再解放一些,艺术探索的目光再开阔一些,在小说创作上努力开创新局面,为建设社会主义精神文明作出自己的贡献。

1982年10月初稿于开封铁塔,1983年1月二稿于北京西苑
原载《文学评论》1983年第3期

失去的和缺少的
——读《听从时代的召唤》致张一弓同志

周桐淦

张一弓同志:

你好!

在为数不少的作者热衷于花前月下,杯水风波,企图探索一条避开政治、远离时代的创作道路的时候,读到你在《文学评论》第 3 期上题为《听从时代的召唤》的创作谈,确实有一种为之一振的感觉。前进着的时代需要使人"惊醒"的文学,前进中的人民需要令人"感奋"的精神食粮。几年来,你以自己创作上的辛勤耕耘和执着追求,为我们的时代和这个时代的农民,作出了令人钦敬的歌唱。你的中短篇小说多次获奖,就应该看作人民对你的辛勤劳作的感谢和奖赏。是的,你在走着一条应该充分肯定,也值得充分肯定的创作道路。但也正如有些评论家指出的,你自己也意识到的那样,这是"一个并不轻松的抉择",一条主观愿望与客观效果不太好统一的艰辛道路。"为了使自己能够在一条不那么好走的道路上走得较好一些",你在思考——这篇创作谈的副题就是"我在习作中的思考";评论界也在思考——与你的创作谈同期发表的刘思谦同志的《张一弓创作论》就是一例;读者也在思考——那么多是是非非的争论,无疑在有意无意之间参加了对这个问题的讨论。作为一名热心的读者和评论习作者,这里,我也不揣浅陋,谈一点自己的想法。

刘思谦同志在这篇"创作论"中提出了一个较有意义的问题。她说你"正在从农村新一代中寻找自己的理想人物,但是到目前为止",你的"笔下还没有出现一个成熟的,在思想高度上可以与李铜钟并驾齐驱的理想人物"。刘文认为,这里"有一个作家的思想高度问题",因此希望你"不要从《犯人李铜钟的故事》的思想高度上退下来"。其实,我倒以为,如果仅就作品中人物的思想高度和从作为他们身上反映出来的作家的思想高度而言,李铜钟与赵镢头(《赵镢头的遗嘱》)、高山兰(《牺牲》)、张银锁、王腊月(《张铁匠的罗曼史》)以及李老怪(《山村诗人》)之间,是很难有个标准的尺度衡量出孰高孰低的。在你所塑造的人物形象群里,高山兰、赵镢头党性上的成熟程度并不亚于李铜钟;山村诗人李老怪政治上的敏锐,八十老农王铁山对"人民代表"的庄严的维护,王腊月、张银锁那种忍垢含辱、顾全大义的忍让和牺牲精神,一定程度上都是可以拿单项冠军的。并且,从这些人物的遭际上看得出来,你是非常钟爱自己的《犯人李铜钟的故事》的,铜钟精神自觉不自觉地成了你笔下其他人物行动的准绳。李铜钟在病床上的静静的死,在那个年月的读者中激起了那么热烈的慨叹,于是,接着有了赵镢头的悲壮的死和高山兰的儿子的壮烈的死。悲剧效果的意外强烈,使你注意到在悲剧,进而在悲喜剧之间发展自己的创作路数。将人物放在尖锐的矛盾冲突中来刻画,并且一开篇就将其置于何去何从的抉择关头,让矛盾迅速激化,在生死攸关、成败安危在此一举的严峻时刻奏出人物命运的最强音。"李铜钟"的这种情节结构上的特色,在你的后几篇主要作品中,也得到了某种程度上的固定或小异大同(有人认为这是创作上公式化的另一种表现,愚见,对同一个作家来说,有时可以是一种有意为之的自我追求)。

但是,我们也必须得承认,尽管你在主观上没有让你笔下的其他人物从李铜钟这一形象达到的水准上退下来,可事实上,从性格塑造的成功、读者喜爱的程度、客观上的社会效果来讲,你笔下的其他人物,确是还没有一个可以与李铜钟并驾齐驱的。原因何在?刘思谦同志认为与"作家的思想高度"有关,这恐怕只能是一个不很重要的外部因素。问题的症结是在你继"李铜钟"之后,逐渐忽视了人,忽视了有性格的人的塑造。文学是人学,作为人学的文学不只是要求写出有名有姓的人,而是要写出有血有肉、有思想有灵魂的人。并且,这种血和肉不是从外部的注入和镶贴,而应是自身的充实和富有,这种思想和灵魂也不是作家的越俎代庖,随便赐予,而应在作品中人物自身的性格逻辑的发展中形成。赵镢头为生产责任制"以身殉道"、高山兰为顾全大局的"舍子求节",从矛盾的尖锐和氛围的浓烈程度上讲,都是高出李铜钟率众抢粮、"以身试法"的情节一筹的。但是,推究起来,前者似属人为的大可不必,而后者是一种箭在弦上的势在必发(四百九十多口面临已经断粮一周的死亡威胁啊)。李老怪的诗才压过了他的前辈李有才(即赵树理《李有才板话》中的主角),他的诗的"意境"达到甚至超过了彭总"万言书"的政治和政策水平,然而李老怪也太怪了,怪得像个精灵。这位偏僻山村的农民诗人在政治上的敏感和神奇(包括铁匠张银锁在"大跃进"年月中的有意识抵制),反而不如李铜钟在同时期中表现出的由观望、到怀疑、再抵制的行为令人可信。李铜钟这一形象塑造的成功,评论家们已有不少精湛的品评。时过境迁,我们似乎更能看出它的时代意义。这里可以改用一首诗歌名作来概括:他用七斤半的假腿,放在人生的天平上,使一切苟活者,失去了重量。李铜钟在一段艰难曲折的岁月里,用假腿留下了一道真正的共产党员的人生轨迹。他的一个脚印就是一面镜子,一行足迹就是一串警钟,给痛定思痛的人们提出了一个更加严肃深沉的问题。所以,评论界认为这篇作品的主题是"思考",你自己也申明写作这篇作品的出发点是"思考"。的确,思考——《犯人李铜钟的故事》给时代提出的一个大问号,至今仍有它的现实意义。这篇作品的写作和发表是在党的十一届三中全会之前和之初,这就更为难能可贵了。但是,是否如某些评论认为的那样,这种思考或"思索"就成为了你的全部作品的"第一主题"或"基本主题"呢(你自己好像也不否认这一点)?我以为,如果细究下去,问一下继李铜钟之后,你笔下的人物性格失败在哪些方面,那么,从以上的分析中我们不难看出,渐渐失去了思考,当推首要。《赵镢头的遗嘱》、《牺牲》、《张铁匠的罗曼史》、《最后一票》等篇提出的问题,都具有一定的现实意义。可惜的是,活动在这里的人物,一个个仿佛提线木偶,任你呼之即来,挥之欲去。他们似乎也提出了一些发人深省的问题,但从他们身上看不到思考这些问题的历程,而只能见出你代之思考的结果。这种结果又都是现成的政治结论的简单的演绎。就是《黑娃照相》、《流泪的红蜡烛》这两篇评价较好的作品,也显得敏锐有余,熟虑不足。

刘思谦同志在分析你作品的不足时,有一个闪光的观点:"一个作家的长处往往就是他的短处。"我想换两个字,一个作家的长处往往会变为他的短处。特别是在不能正确地估价自己的长处的时候。"思考"是"李铜钟"的长处,也是你的代表作的长处。"李铜钟"在那个年代提出了那样严峻的问题,是非常大胆的。此举超出了一般作家艺术家的良心和勇气。但我们也必须承认,对这个问题的探索,你也是小心翼翼的。这是时代和环境的局限,我们不必苛求。另外,提出这样的问题,也是一种历史的必然,决不能视为一个人的侥幸取胜。同时期出现的《记忆》、《剪接错了的故事》、《李顺大造屋》等优秀作品就说明了这一点。罗丹曾经说过,欣赏就是困难的克服。这是对鉴赏和评论而言的。我们也可以说,创作也是困难的克服,只不过这种困难的克服是对自己创造的纪录的越过罢了。当然,由于题材、风格和创作手法等方面的追求不同,我们很难比较你与张弦、高晓声、茹志鹃等同志在原有的基础上,谁前进的幅度大一些。但是,我们似乎觉得,你对"李铜钟"的长短处的估价不足,影响了你以后的作品应该能达到的高度。

在一次闲话你的作品的时候,我曾发过一个怪论:李铜钟死得太高妙了(这里仅就作家的情节设计而言)。早早地让他在法庭上就昏迷过去,不需要再多的豪言壮语,不需要任何形体动作,因为李铜钟已经被你推上了性格发展的顶峰。如你所说,你比较"偏爱生活中的特异事件和异常尖锐的矛盾冲突"。在情节结构上"常常采用大开大阖、大起大落的结构方法"。但是,你过多地注意了"特异"和"尖锐",以致忽视了开阖、起落间的照应和联系。作品中看似波澜此伏彼起,实则常常起得突兀,伏得艰难。这种熔炼生活的艺术功力的不足,在

"李铜钟"中，已经表现得比较明显。从情节结构上讲，李铜钟是在无可奈何中死去的，只是因为作品的宏阔的气势和曲折的情节的掩盖，这方面的缺憾并没有影响读者对它的喜爱。倒是一"死"遮十丑，李铜钟在结构上的无可奈何的死，在效果上却得到了意想不到的成功，于是，这也影响了你对自己先天不足的忽视。及至到了《赵镢头的遗嘱》、《牺牲》、《张铁匠的罗曼史》、《流泪的红蜡烛》里，这种不足进一步发展了。前几篇作品，报刊上已有较多的议论，这里想就"红蜡烛"多说几句。你说《流泪的红蜡烛》"是迅速变动着的农村现实生活传递给"你的一个使你"喜悦而怅惘的新的讯息，这是一幅富裕和愚昧掺杂一起的色彩极不谐调的图画，它反映着现实生活中新出现的物质生产有了较大发展而精神生活依然'贫困'的矛盾"。应该承认，你的创作目的是颇有意义的，但促成你确立这一目的的"讯息"的准确程度如何呢？一般说来，富裕与愚昧，物质生活上的富有与精神生活上的贫穷并不构成绝对的矛盾，在当今的农村，万斤粮和万元户（搞邪门歪道获得的除外），往往大多是有理想、有才干的新一代中青年农民。相对而言，他们在社会主义的新农村，既是物质生活上的富有者，也是精神生活上的富有者。我们不应该把广义上的老一辈农民的落后愚昧，不加区别地强加到新一代农民身上去。何况李麦收、白雪花还属堂堂正正的农村知识阶层呢。刘思谦同志在肯定你这篇作品时说，"当报纸上正在宣传《光棍坡飞来了金凤凰》这类的通讯报道"时，"'红蜡烛'反其意而用之，提出了农民对精神文明的要求"。文学创作恐怕是不能等同于通讯报道，更不能这样"反其意而用之"的。不少同志指出这篇作品在人物关系、情节结构上有许多脱离生活的、不能自圆其说的漏洞，大概就因为你太刻意于这种"反其意而用之"了。

  还是在前年，叶圣陶老先生在一篇短文中讲了一番很耐人寻味的话：
  这些作者耽在农村里十年二十年，简直就是农民，并不是有意去农村"体验生活"的……可是日子长了，脑子里的素材越积越多，典型也在脑子里逐渐形成，而且越来越鲜明生动，要是不把它写出来甚至会感到憋得发慌。
  要是预先定下个题目然后去体验生活，像搜索猎物一样去找材料，找典型，结果一定是失败的占多数。

  叶老的这两段话是值得思考的。如果用它来分别说明你的"李铜钟"的为什么成功和"红蜡烛"的为什么失败，是不是有一定道理？前者是十九年骨鲠在喉的一个催人泪下的生活故事，后者是朝夕之间偶然触发的一点未经酿制的主观感受。当然，叶老的这番话是针对一批人说的，针对一批前几年从生活的重压下脱颖而出，而今天又面临着生活枯竭危机的中青年作家的。很遗憾，叶老的谆谆教诲,至今并未引起多少人的真正重视。

  一弓同志,一般来说,人们对自己的东西总是偏爱的。搞创作的人偏爱自己的创作作品,搞评论的人偏爱自己的评论文字,这种偏爱都难免偏见和偏颇。坦率地说,为了敷衍以上的文字,我就是故意带着挑剔的眼光,重读你的几乎全部作品的。因此,吹毛求疵,夸大其词肯定在所难免。或许这也是一种偏爱你的作品的表现吧。偏见、偏颇之处,请你及读者原谅并批评。

  致以敬礼!

1983 年 7 月

原载《文学评论》1983 年第 5 期

关于张一弓创作论辩的笔记

谢望新

> 为了使自己能够在一条不那么好走的道路上走得较好一些,我期待着检验和批评。
>
> ——张一弓
>
> 由于我的习作大都带有强烈的政治色彩,并常常触及变革时期的政策,这就使我常常产生……一个困惑:我的每一篇习作几乎都受到过两种截然相反的批评。①
>
> ——张一弓

一

一个社会,一个人,如果离开理性、理智之光的照耀,任凭情绪、感情的波流伸延,那就可能埋下不幸的种子。十年动乱,历史的意志主宰了人的命运,情性的无节制,远远超出了社会所能负荷的程度。新时期的转折,人们为自身的尊严和价值重新被确认,处于情绪的躁动之中,理智有时不免会受到冷遇。讨嫌扭曲正常、合理事物的邪恶势力,连同正常、合理事物的本身亦遭排斥,人们认识上的这种惯力作用,即是一个明显的例证。在文学上,人们厌恶那些曾扮演过演绎、图解政策,甚至在一个时期成为林彪、"四人帮"政治的婢女的不光彩角色的作品。新时期的一些作家,在实践"文学的当代性"的旗帜下,对开拓现实性的主题作着顽强和执着的追求时,我们常常可以听到这样一种不屑一顾的议论:"时文"、"趋时之作"、"急功近利"、"永恒性的对立物——速朽之作"。然而,一个首先是公正,尔后才是热情的文学评论工作者,倘若亦取这种评判态度,是很难使作家心悦诚服的。他们是热烈的情感主义者,更是清醒的理智主义者。把握创作是非曲直、成败得失的客观立场,应浸润在评论家的个性和气

---

① 张一弓:《听从时代的召唤——我在习作中的思考》,《文学评论》1983年第3期。文中楷体引文均出自张一弓此文。

质之中。

　　可钦敬和欣慰的,首先是张一弓自己能平心静气地听取各种批评,注意从中吸取养分。他虽也有一时的困惑和不安,但终究不为舆论所左右,改变自己对文学的这个"并不轻松的抉择",而是果决地走自己的路。何至于此呢?因为作家在历经生活坎坷和磨难之中,熔铸了自己的人生经验、人生信仰、人生追求。

二

　　少年时代的张一弓,深得父母的文学熏陶,有着良好的教养。他步入人生的第一重殿堂,是新闻界。16岁那年,他成了个"娃娃记者"。几近三十年的记者生涯,他没有能在新闻天地留下具有震撼力的声音;记者生涯,倒是帮助他发掘和培植了他后来成为一个作家的许多宝贵素质。这即是思想家的那种锐敏,社会学家的那种透彻,心理学家的那种深远。作为一个从记者的位置转入文学轨道的作家,使他有可能锐敏地感觉到历史运动及其转折过程中每一次细微的变化,透彻地解剖社会内部结构和层次中的每一回重新组合及离异,深远地体察到时代及其各个发展阶段上人们的新的愿望、要求和心理情绪。长时期的记者生涯,甚至使他不再满足于仅仅用笔反映社会的要求,而希冀能直接参加到改造社会的斗争生活中去。可是,热忱、赤诚、纯良的愿望,一付诸实践,却无情地染上了悲剧的色彩。在大动乱的岁月,他的思想和行为,也曾一度被引上悖逆于情理的轨道。历史巨涛卷走了"四人帮"及其极"左"路线、极"左"思潮,他才惊醒过来,原来在书本上和生活中获得的思想和认识,在历史的检验面前,露出了破绽。复杂的历史,嘲弄了一颗单纯的灵魂。然而,当历史在思索,并经过阵痛之后,又呼啸着前行了的时候,张一弓既没有带着羞愧和忧伤退出历史潮流,更未陷在历史的泥沼中不能自拔。张一弓是聪慧的。他有激情,也不乏理智。当令人不寒而栗的声音渐渐从历史的回声壁消逝,新时代的强音开始出现在中国大地时,张一弓在思索,准确地说,是在反思和反省,既反思历史,更反省自己。正是在这过滤和净化思想杂质的过程中,作家的梦在张一弓思维的空间高高地飞翔了起来,而且愈益强烈,无法遏止,他就"这样地把自己交给了文学"。几经风雨剥蚀的文学的梦,在历史与自身命运遽然变化的新旧交接点上,终于找到了归宿,这不也是新时期作家中一个带普遍规律而又独特的文学现象吗?

　　唯其记者生涯和"文化大革命"一段独特的际遇和失足,联结着民族、社会、人民命运的潮汐,张一弓才那么昂奋地让自己的思想和才华,在当代社会生活的格局里燃耀。时代的潮流,把他推拥进文学的殿堂。而他的文学创作,又总是传递着时代的信息。这就是张一弓。

三

每个作家都有自己的艺术领地。只有在这块领地上,作家才可能是比较完全意义上自由自在的人,他的艺术想象力,才能驰骋翱翔。

张一弓的艺术领地是当今中国的农村。长期任记者时,他主要采访农村;这几年,他又直接在农村基层工作。在这块贫瘠而又富饶,多灾多难而又混纺着绿色希望的土地上,他和劳动者一起耕耘、收获,一同思索,一同奋进。现实和文学带给他喜悦,也带给他懊恼。而农民和自身的不断进取和励治,又使他变得更加充实,更加自信。他不奢望获得"农民代言人"的桂冠,但他文学总乐谱上的第一乐章,主题就是农民的命运,他们严峻的过去,起飞的现在,更辉煌的未来。作为同时代农民的"秘书",他是兢兢业业的。

> 我总在提醒自己:要追随时代的步伐,为正在经历着深刻变革的我国农村做一些忠实的"记录"。

四

如果从宏观的角度,将张一弓的创作放在新时期文学的画廊里;从历史的纵深处,将张一弓的创作放在"五四"以来中国革命文学的长卷中,尤其是与同为农民题材的创作进行比较,他的贡献是别人所不可代替的。

"五四"以来的中国革命文学,有着自己的优良传统:一是写革命战争,二是写农民,三是写知识阶层。这三者的发展,平衡又不平衡。在"五四"时期,写农村的题材出现了一些不朽之作,但数量最多、影响最大的,还是以知识阶层中的青年为主人公的作品,它曾帮助过处于迷茫、彷徨、探索之中的整整一代青年走向革命。到了延安文艺座谈会召开之后,成就最大的是写农民的作品,文学对农民情绪、感情的调动和凝聚,从来没有像这个时期这样直接、有力,新中国成立后的十七年中,曾在它的中期出现过这三类题材并驾齐驱的壮观局面,至今回忆起来,仍令人感奋不已。进入新的历史时期,整个文学,成为思想解放运动的一个重要组成部分,在各自的领域,都出现过震动全社会的翘楚之作。如果一定要衡量一下的话,这其中写知识阶层的作品,影响则要更广泛、更深刻一些。"五四"以后新文学中农村题材创作的发展及其起落,与整个新文学发展的轨迹是基本相一致的。但它仍有自己的个性和特点。

"五四"时期写农民的作品,主要贡献在于,揭示了两千多年错综复杂的封建社会关系铸造的农民性格及其局限性,从中透视出整个国民的素质、灵魂和精神状态,展示了社会改造的方向。它的缺陷,是对处于革命战争环境下的农民几乎没有触及。

在延安文艺座谈会召开后诞生的农民作品,主要贡献则在于,展现了农民和地主阶级不可调和的、极其深刻的对立和矛盾,反映了实质上是农民土地革命的新民主主义革命的合理性。它的不足,是对革命农民内部的急剧震荡较少着墨。

新中国成立后十七年的农村题材的创作,有两个方面的贡献:一、写出了处于社会主义转变过程中的小生产者的改造历程;二、创造了为实现农业集体化而斗争的具有新的时代精神素质的新人形象。在形象的创造上,从整体来看,前一类比后一类要更为成功些,但由于历史条件的局限,两者都有主客观上的失准之处。

打倒"四人帮"之后,我国农村题材的文学创作进入了一个新阶段,有了很大的发展。在对十七年农村道路的再认识上,在继续揭示农民的"国民性"的灵魂上,在展示农民与一代城市下乡知识青年的血肉关系和纠葛上,在揭示新时期农村生产关系重新调整过程中新旧思想形态、审美观念与价值标准的对立方面,都出现了当之无愧的优秀作家和优秀之作。那么,属于张一弓的独特贡献在哪里?

第一,在这个领域,他自觉地追寻和关注中国农民历史命运变化的轨迹;

第二,在这个领域,他将农民在历史转折时期的进步要求、愿望和心理情绪表现得那么快捷和广泛;

第三,在这个领域,他紧密地把中国农民历史命运的变化,与整个民族、社会、人民中间的物质利益和精神生活的深刻变动联系了起来。

五

历史转折时期的新文学发展,发端于"伤痕文学",这是合乎人们思想感情发展逻辑的。当人们站在明媚的阳光下,回眸走过的路,但见晦暗中一片血污,心中的愤激与哀怨之情像岩浆一样奔突。作家们以沉重、凄切、压抑的笔调,将这一时期人们的一种普遍社会心理,抒写得淋漓尽致,这个历史功绩是不可磨灭的。当然,不能说作家们对那个特定时代的反映是无懈可击的,愤激哀怨有余,思虑探求不足,这种偏颇,正是"伤痕文学"的先天不足。这样,"伤痕文学"的演变和"反思文学"的出现,是势所必然的了。后者是前者的延伸,又是它的补充和发展,是新时期文学的第二个更新期。它们的一个突出的共同特点,都是"思考"。"伤痕文学"的演变,是把人从与环境、与现实严重对立的境遇下解放出来,在自我批判中,摒弃消极的因素,扩大积极的部分,把个人的命运与社会的责任结合起来,重新确定人生的位置,实现人生的价值,从更完整的意义上写人。这样,他们不再仅仅是旧环境悲剧的产儿,而是开始摆脱历史的重负,向人生新的旅程进行开拓的奋进者和改革者。"反思文学"则把人们的思绪和认识引向新中国成立十七年后的现实生活,从更为广阔和深远的社会背景和历史背景上,为曾猖獗于中国大地的极"左"路线、极"左"思潮,溯源寻根。倘若,"反思文学"的认识价值和审美价值仅于此,那也只不过是"伤痕文学"的翻版和重复。"反思文学"以其尖锐的揭露性和锋利的批判锋芒,将构筑十七年社会生活的全部现实关系和现实环境裸露出来,从中开掘民族赖以生存和缓慢发展的精神力量。严峻的生活画面上,有追忆和思索的苦汁浸润,更有不灭的理想信仰之光照耀。这就是"反思文学"的灵魂。我们只有将张一弓称之为标志他"走上文学之路的第一步"①的作品——《犯人李铜钟的故事》,放在新时期文学萌生和发展的整个进程中加以估量,我们才能认识其极珍贵的价值。

新中国成立后十七年,中国农民是怎样一种历史命运?张一弓在阴影与曙光交替出现的历史大转变时期,第一次创作冲动,就是将我国农村经济困难时期的生活图景,触目惊心地呈现于读者面前。《犯人李铜钟的故事》,是新时期文学园地里一朵黑色的花。作品中冷峻地展开的一幅幅生活场景:那挣扎在暴风雪路上蠕动的饥饿人群,那生命行将完结时祈祷有一团棉花絮填塞饥肠的哀求声……令人窒息,不忍卒读。可是,就是在浓重的灰色画幅上,忽然站起了一个人,那就是李铜钟,一个普普通通的共产党员,一个有正义感和良知的共产党员,他要拯救万民于水深火热之中。于是,李铜钟与那个特定环境的全部纠葛、矛盾和冲突,不可避免地发生了。在人民利益与现行政策和法律之间,他毫不迟疑地选择了前者。他的牺牲,是理智的。由此而带给人们震撼之后的思索,也是理智的。《犯人李铜钟的故事》对我们国家付出昂贵代价的一段历史所作

---

① 高进贤:《描绘出新时期农民的新风貌——访全国短篇小说获奖作者张一弓》,《文学报》1982年4月1日。

的这种回顾、反思和总结,对于生活在今天现实环境中的人们,它的现实主义的思想力量和艺术冲击力,还会延续一个长时期。

《犯人李铜钟的故事》从一个历史的横断面,再现了中国农民一个特定时期的不幸命运及其精神风骨。作家的另两部作品《张铁匠的罗曼史》和《山村诗人》则跨越长达二十几年的时空,将一对普通青年农民夫妇的爱情罗曼史,一个带点癖好的山村文化人的遭际,置于整个国家政治生活和政策变化的节拍上,从中寻找农民命运兴衰荣枯的最真实最本质的环境依据。作品的认识价值和审美效果,正是从环境对于人物支配与反支配、制约与反制约的矛盾对比状态中显现出来的。腊月忠贞于爱情作出巨大牺牲的内涵力量,银锁对爱情执着和对背叛爱情鄙夷的强烈个性,李老怪不可更改的针砭时事的诗才,都在或明亮、或阴暗的环境里,闪射出熠熠光华。人物命运的变迁,提供了认识中国农村社会,甚至认识整个中国当代社会历史进程的思想价值。

历史在行进。农村在行进。我国人民和广大农民群众,当他们艰难跋涉走到了历史新时期,他们长期压抑的巨大热情、历史的主动性和创造精神喷涌了出来,变革的要求便成为他们之中一部分先进的代表人物的行动。与之相适应,新时期的文学,也进入了它的第三个更新期,它的主旋律,是奋进者的路,改革者的歌。赵镢头就是新时期农村题材文学中最早起来行动的先驱者之一。令人惊讶的是,张一弓给刚刚呼吸到新鲜空气的农村,涂抹上的第一道色彩,竟又是浓重的暗灰色。他将自己的全部同情、热爱和赞美,奉献给了一个奋进和改革的失败者。是作家偏爱悲剧的色调吗?是作家人为地制造人间的不平吗?否。作家的选材,是从现实环境呈现出来的极复杂极微妙的关系中,找到它的生命源流的。打倒"四人帮"后的头两年,极"左"思想、极"左"思潮依然盘根错节。如不打破思想上的这种僵化状态,党和人民用巨大代价换来的胜利成果就有可能断送。实践是检验真理标准的讨论,成了思想解放运动理论上的先导,它带给经济变革的第一个直接成果,就是我国农村的少数地方开始实行起生产责任制来。这是一个与农民的命运休戚相关,影响全局的方针。难怪,在那么短暂的时间里,全社会的目光都一下子引向了这里。各种思想、各种认识、各种观念,迅速积聚起力量,展开针锋相对的斗争。而张一弓,却那么适时地、准确地捕捉到了生活传递的这个指示信号,履行了作为一个作家的崇高历史职责。《赵镢头的遗嘱》,在一定程度上,也反映了处在历史转折时期的我国社会,变革与守旧、前进与徘徊的势力和思想之间尖锐的对立状态,体现了全民族的意志和时代的要求。

党的十一届三中全会召开之后,中国社会大踏步地前进了。广大农民为改变物质贫困的命运所作的努力,获得了前所未有的成功。同时,带来了农村社会各个方面——物质生活、精神生活、思想方式、行动方式、审美趣味、心理状态,以及生产关系、人与人之间关系的深刻变化。张一弓紧紧追随时代前进的步伐,在更为广阔的场景上,从矛盾及其联结、历史与现实的交错中,展示出现代物质文明和精神文明对于农村的巨大冲击,反映了农民新的历史要求和新的进取精神。如果把作家的这一组作品联结起来看,你就会发现有一种审美形态根植其中,一种精神美的追求含蕴内里。美的追求,精神美的追求,这是新时期农民命运变化的一个投影,也是区别于其他时代、时期农民的一种新的历史质素。《寻找》是反映这种交替变化的一个过渡性的作品。人物的心态起伏,有着极鲜明的象征寓意和哲理色彩。马套寻找失去的财富,结果找到了昔日的不幸和忧伤,找到了未来的美好憧憬,找到了实现这种美好憧憬的坚强的现实依傍。《流泪的红蜡烛》从物质富庶与精神贫困矛盾的相对运动中,展示了这种美好的追求须经受惨痛,但毕竟不是可望不可即的了。李麦收从现代封建式的婚姻悲剧中苏醒过来,雪花终于挣脱了由蒙昧构筑的精神牢笼,就是一个明证。《黑娃照相》描写了青年农民黑娃的一个夸张的、带象征性的行动——"照相",将美好的追求作了一次"显像",使向往具象化了。"不真实"在这里转化为真实,它的条件,就是理想对现实的烛光。《山村理发店纪事》则宣告现代文明之风,带着一种奇特的方式——发式的变化,不可逆转地吹进了阡陌农舍。美和精神美的追求部分地变成现实了,虽然它仍不免要排除纷扰和阻力。《翠翠》则从更高更深更多侧面的层次上,通过描写翠翠对感情追求的不理解到理解,从对"不平等"的婚姻(除了感情因素,还有性格的、文化的、志趣的等因素)的坚守到主动放弃,反映了新时期农民精神世界的新开拓,他们不再把追求美和幸福,仅仅当作自我的目标,而认为其他也应是属于别人,属于大家的。张一弓宣称——

> 我国革命现实主义文学的重新崛起,……使我有可能十分警惕地提醒自己,让我的习作行走在生活的轨道上,以免重蹈图解政策的覆辙。

六

只见过高山、戈壁、莽原的人,渴望见到一个迷人、丰饶、宽广的大海,但要跋涉多少个滂沱的雨夜,才能见到真正的绿色的大海啊。而大海奉献于人们的,不仅是风息浪止的宁静,也有呼啸咆哮时的骚动。从大动乱年月走过来的人们,希望生活变得富于诗情画意,这种愿望是可以理解的,也是合理的。但生活本身往往是严峻的,在我国现实条件下,政治、政策仍然是左右着整个社会生活的一个重要的,或者说是决定性的因素。政治、政策一经确立,就是全社会的意志,是一种强力杠杆。它造福于人们,也可能给人们带来深重的灾难。生活在中国的作家,尤其是主要以现实性的主题为创作使命的作家,想回避政治、政策,写纯之又纯的作品,那是绝不可能的。像张一弓这样的作家,他把自己对生活的热情,对艺术的挚爱,倾注于当代农民的身上,政治、政策的因素在他创造性的思维想象的王国里,便有了不容置疑的位置。在我国,没有一个领域,能像广大的农村那样,政治、政策的因素对于农民的切身利益、命运和心理,起着如此直接、不可抗拒的作用。从某种角度来说,我国农村的命运,是与政治、政策的变化维系在一起的。张一弓的创作总是触及政治、政策;这固然与"属于他自己的包括选材习惯在内的写作个性"有关,但它的客观的质的规定性,却首先是由现实生活本身所决定的。

七

但文学并不是直接图解政治、政策的宣传品,更不等同于政治、政策本身。现在需要评判的是:张一弓在处理创作中的政治与艺术这个极其敏感的问题上,它成功了吗?抑或失败了?得失各半?失多于得?

我的艺术直觉告诉我:在多数时候,张一弓的作品冲击我的心扉的,是人物命运的起伏,人物精神状态、气质、个性中强者的力度,而只有在实施冷静的抽象思维时,才能把潜藏于形象、故事之中的政治、政策的因素分离开来。两者互相融合的结果,生发出一种特有的艺术力量:政治、政策的因素的渗透,使人物的命运,人物的精神状态、气质、个性,具有宏观意义上的历史深沉感、现实强烈感,以及萌芽状态中的时代精神趋向,人物的命运,人物的精神状态、气质、个性的艺术地再现,又使政治、政策的因素获得了血肉、生命。那种认定张一弓的不少重要作品"都是现成的政治结论的简单演绎"[1],这个结论,不能不说是轻率的。

张一弓的成功探索同时在两个方面显露了出来。一方面,长期的生活观察和体验,积累了丰厚的人物、故事、细节等素材,尔后,加以艺术的提炼和概括,在融汇着深切感情的真实描写中,再现环境对人物的思想和行为的制约作用。在这里,政治、政策的因素不再是游离于人物之外的附加物,而是流贯整个作品

---

[1] 周桐淦:《失去的和缺少的——读〈听从时代的召唤〉致张一弓同志》,《文学评论》1983 年第 5 期。

之中的一条血脉。它的代表作是《犯人李铜钟的故事》、《张铁匠的罗曼史》。另一方面,生活中偶发、突发的事件,触发了作家的敏感的思维机制,从中看到了政治、政策的因素的强力作用,尔后,在作家的自觉意识中,用以往的感受和新的体验加以补充和丰富,使人物的思想和行为在一个聚焦点上闪射出思想的亮光。在这里,作家从生活中获得的思想启示,不再是概念化、公式化地用以印证或演绎生活的所谓"形象化"手段,而是整个人物生命中的一个元素,一种基因。它的代表作是《赵镢头的遗嘱》、《流泪的红蜡烛》。

  张一弓从初学写作,到相隔二十年之后,拿出的第一部作品是《犯人李铜钟的故事》,而非其他,绝不是偶然的。正是作为新时期文学"扛鼎"之作中的一部,"奠定了张一弓小说家地位的第一块基石"①。须知,这"第一块基石"的构成材料,不是大理石,不是汉白玉,而是农民的凄楚,是作家的磨难。张一弓不是农民的儿子,农民的爱憎、农民的喜忧,却哺育他成长、成熟。在作家辛勤垒起的生活库存里,农村的每一个人,都是一个世界,每一个家庭,都是一个社会。二十年的积聚,向哪里提取?二十年的思虑,方位定在何处?二十年的文学梦,从哪里高飞?终于,作家选择了河南农村 1960 年大春荒这一段。严酷的历史,作为祭奠在苦难挣扎中死去的坚强不屈的灵魂。在再现历史的这一幕演出中,作家的思考和创造性的才华,得到淋漓尽致的发挥。作品中的每一个人物,李铜钟、杨文秀、李套老汉、张双喜、老杠叔、刘石头、朱老头、田振山……都以其典型的行动(事件)、鲜明的性格气质,作为其存在的依据。他们聚合为一群,又构成了正剧、喜剧、悲剧、滑稽剧、讽刺剧交织的人生图画,党内和人民内部对立的两种精神道德,与极左政治、政策或碰撞、或迎合、或合流。作家注进的反思历史和沉痛的自我反省的理智成分,在形象的画面中,在感情的涌荡中,在理想的升华中,消融了。我们从中读到的是人,人的命运,是真实的动情的生活,而不是政治、政策。较之《犯人李铜钟的故事》,《张铁匠的罗曼史》要取得这种撼人心魄的艺术效果,显然难度要大得多。二十年的农村生活,要容纳在五六万字的一个中篇里,如果艺术上不能驾驭,就可能是印证或图解政策。现在从总的效果看,作品能运行在生活的轨道上。作家没有重蹈过去正面写"路线"、"道路"之争的覆辙,而是竭尽全力去谱写人物的命运交响曲。银锁与腊月的结合、离异和重逢,是它的主旋律;银锁与腊月的初恋、银锁与李大翠的邂逅及辞别、银锁与刘忍的相遇及送别,是最揪人心扉的几个精彩乐章。凄婉迷人的故事,借助巧妙的艺术结构和精美的艺术形式,如诗如画,如泣如诉地展开和起落。在作家的一些出色描写之处,你简直察觉不到政治、政策的痕迹,而完全被其中

---

① 刘锡诚:《一条坚实的道路》,《莽原》1982 年第 4 期。

的情致所牵动,所浸润。它勾起你对生命年华中最辉煌最动情的往事的怀恋,也撩开你对生命年华中最惨淡最凄厉的创痛的记忆。人物的命运,是历史的命运的折射,历史的命运,是人物命运的集束。

《赵镢头的遗嘱》、《流泪的红蜡烛》两篇,依据的都是生活中偶然的、突发的真实事件。作家被事件本身的悲剧性质所震撼,更被事件本身所包容的社会认识价值所激动。似乎只是一个古老而又古老的要求——农民对土地的要求,似乎只是一个古老而又古老的婚姻悲剧——一位非土生土长的农家姑娘被迫嫁,但是,它们发生在今天农村的现实生活里,"古老而又古老"的故事却注进了新的时代内容,这即是:整个社会环境历史性的改造,为农民提供了无比宽广的活动舞台,他们在从事伟大的物质生产形式和生产关系变更的同时,日益增长着对物质文明和精神文明的需求。生活透过这两个事件传达的这种信息,被作家迅速、敏锐地感觉到了。但感觉转化为艺术形象,需要时间,也需要同类生活的补充。显然,《赵镢头的遗嘱》写得过于仓促,如果酝酿和构思得更成熟一些,可能成为一篇立世之作。但我也不认为它就是作家自己代之思考的结果。《赵镢头的遗嘱》展现的生产责任制深得农民之心的典型时代情绪,及其遭受的严重阻力的环境氛围,是非常逼真的。赵镢头为代表的先进农民的创造精神,及为之进行的坚强不屈的斗争,也写得悲怆撼人。龚大平、李保这两个虽不同属一类型,却同是极左政策的产儿,他们所概括的社会背景和揭示的历史渊源,则更广泛和更深刻。《赵镢头的遗嘱》以粗重的笔墨,勾勒了生活中一个偶发事件的始末;《流泪的红蜡烛》,在艺术描写的整体上,则要细致得多。它在故事的铺排上,发扬了《张铁匠的罗曼史》楚楚动情的特点,在人物心绪的描摹上,又比《张铁匠的罗曼史》更精致。雪花从逃婚,到抗婚、哭婚,李麦收从对此不理解,到疑虑、同情、理解,人物情绪的起伏流淌,始终汇融着时代对物质文明和精神文明的呼唤,得到了有力度的真切表现。可以预见,随着农民群众乃至整个社会为改变物质贫困命运斗争的进展,人们会因为身上依然残留蒙昧的阴影羞愧不安,而愈益追求精神上的高尚与丰富。怎么能断定《流泪的红蜡烛》仅仅是作家"朝夕之间偶然触发的一点未经酿制的主观感受"呢?我以为,张一弓创作中出现的这一类现象,是不能一般地加以否定的。因为这里还涉及十分复杂的想象思维(我不用形象思维的概念)的规律问题。作家在艺术想象过程中,起决定性作用的是拌和着感情的生活形象,但并不排斥也不可能排斥思想、理性、逻辑的作用。思想、理性、逻辑只有在妨碍或替代了形象的创造的时候,才是应该排斥的。

八

政治、政策是整个社会生活的决定性因素,但也不是在一切条件下都处于这种神圣的地位,更非决定其他方面的唯一的因素。尤其是人的命运、性格,政治、政策的因素虽对它起着强力冲击作用,但它作为一个完整的独立的生命实体,构成的质素要远为丰富和复杂。这里除了政治、政策因素之外的其他各种环境的影响,还有人自身内部各种力的相互作用。一个作家的敏感和兴趣,仅仅局限于政治、政策的范畴,而不将视野扩及社会生活的全貌、人的内心的隐秘之处,将环境和人物的全部复合性显现出来,是很难达到艺术上更高造诣的。一个能称之为大家风范的手笔,他的思想和才情总是并驾齐驱,他对时代把握的精确和对艺术把握的圆熟,也总是相谐和的。在这方面,张一弓是有欠缺的。有时候,作家提供的场景、画面、人物、细节、语言,还不足以载负生活的内容,整个作品的艺术描写就可能出现"断裂层",导致印证政治、政策的不良后果。《张铁匠的罗曼史》关于"文化大革命"中腊月与夏谋的那段生活的描写,不能引起人的美感,这固然与人物关系的设计俗套有关,更主要的,是政治、政策的光环过于强烈。事件和人物的行动,缺少个性,显得苍白,而政治、政策的因素,却那么鲜明地横亘在作品中间。《赵镢头的遗嘱》中的一些章节,如"不寻常的会见",由于时代的背景和启示被作为前景直接推了出来,人物外部世界和内在世界反而模糊了,作用于读者感官和心理的,是赤裸裸的关于某些现行政策的辩论。《山村诗人》这方面存在的问题,则更为突出。是的,作家写了主人公李老怪命运的浮沉、起伏,写了他主要是抗争,有时也违心地顺从的性格,以及某些时候心灵的悸颤,但是,变动的依据呢?我们看到,几乎都是某一个时期的政策在起正向或反向的作用。人物的行动(诗的内容)直接服务于政策,政策又左右着人物的命运。这样,人物行动成了政策的符号。而与此相联系或独立于其外的别的环境的因素,人物自身性格和心理上的潜因、契机、回旋消失了。环境是理念的环境;人物,则是概念的人物;此外,作家笔下的不少人物,不论身份,不论素养,不论气质,不论心态,往往在评判某一种生活现象时,总是带哲理的思索,论辩的色彩,且往往都表现出较有知识,这表明作家过于注重自己的主观成分,有时就不顾及人物自身的位置和建树。

如果用一句话表明我的追求,那就是革命现实主义文学的批判精神与高昂理想的统一。

九

中国农民的命运,是与政治、政策维系在一起的,悲剧与喜剧常常发生戏剧性的转换。显而易见,张一弓的作品主要取材于生活中的悲剧或带悲剧色彩的事件,即使近似喜剧题材的处理,也深含着悲剧的成分。正是在这里,显示了作家创作的革命现实主义的批判锋芒。

悲剧主要来源于极"左"的政策,来源于被极"左"思潮的愚弄。这是为新中国成立后的全部社会生活所证明了的。但这种认识的获得,也包含着作家自己极苦涩而又极珍贵的人生经历和体验。有比较,才有鉴别。这种比较,不只是过去时代极左政策的猖獗,与人们中间反叛的情绪和行为之间的比较,更主要的,是新时期正确政策所获得的巨大成功,与过去时代惨痛的失败教训之间的比较。这后一种比较,使作家对过去时代生活的反思和认识,找到了一条清晰的思想线索,对今天现实生活的评判也持有热忱而又清醒的态度。是的,在张一弓的创作中,作家毫不掩饰自己对极"左"政策和极"左"思潮的深恶痛绝之情。在作家展开的严峻的生活画卷中,我们看到了一颗坦诚的心——勇敢地正视人生和现实,一颗祈祷的心——国家的政治、政策昌明延衍,一颗热切的心——人们对物质生活和精神生活的合理要求愈益得到满足。

当作家的批判锋芒指向悲剧发生在极"左"的政治、政策在某一历史阶段或某一局部的环境里起主导作用的过去时代,如《犯人李铜钟的故事》、《张铁匠的罗曼史》、《山村诗人》等所描绘的那样,它会引起人们情绪上的激动和深沉的思索,却不至于使人们感到震惊。因为它毕竟是对一段逝去了的岁月的褒贬。这种褒贬,是为历史的结论所证明了的。但是,当作家由对历史的反思转向现实生活时,注意力仍凝聚于生活中悲剧的因素,而不认为从此天空永远飘荡吉祥的红云,这样,他的革命现实主义批判锋芒的极严重的尖锐性,不能不使人感到忧虑和顾忌。对待正在证明和将要证明的现实和未来,作家能准确地而不失偏颇地把握住历史的尺度吗?还好,作家既没有出轨、出格,又不失其锋利、泼辣。作家的创作基点,是建立在这样一个认识基础之上的:在历史的运行轨道上,邪恶的思想和势力逐步失去了它昔日喧闹的声威,生活的主人重新回到他原来的位置,日渐变得自尊、自信和自强起来。可是已经失去合理存在的思想和政策,并不因历史的转折就销声匿迹。而新思想新政策带来生活的急速变动,人们在认识上有时也还适应不了,习惯势力与极"左"的思想和势力联姻,悲剧就在酝酿,直至发生。当农民群众从束缚自身的历史堕力中挣脱出来,为改变物质贫困的命运开始行动,而代表社会生产方式最落后的一部分人则联合起来强加阻拦,赵镢头的悲剧便发生了;当农民群众用合法手段来行使自己民主的权利,而又无法与肆意践踏民主权利的邪恶势力抗衡时,王铁山老汉的悲剧又发生了。马套心灵上背负的历史忧伤,和对新生活的向往之情,周金锁老汉因一场误会而引起的全家惊恐,更是典型地传达了处于历史转折时期的农民的一种悲喜交融的心理状态。作家的这一部分作品,深深地浸透着悲剧的气氛,赋予现实主义的批判力量。人们从中获得启示:彻底轰毁极"左"思潮的堤坝,生活的转机才会变成现实的可能,转化为人们的物质利益和精神需求。

张一弓的革命现实主义是坚定的,彻底的。它贯穿于作家对整个历史进程的思辨认识之中,贯穿于作家全部创作实践的严谨态度之中。在人们尽情分享收获的喜悦时,在人们进行生机勃勃的创造性劳动时,作家没有把自己的笔转向对生活的廉价粉饰,没有离开时代的大潮去吟咏琐屑狭隘的情致,而是不回避尖锐的社会矛盾,在生活中美与丑的对立斗争及其相互消长的过程中,无情地暴露其丑,热烈地歌赞其美。因之,一旦历史赋予农民的命运以新的活力,作家仍以锐敏的眼光和犀利的剖析,发现了喜剧中潜在的悲剧因素。李麦收获得了丰厚的物质,却没有获得合乎理性规范的合理的爱情婚姻,结果重演了一幕在贫困年月里的爱情婚姻悲剧;苏小海试图从发型上起步,改变农民长期形成的审美观念和心理,也不幸导致了一场轩然大波。作家在反映这一时期农村生活的作品中,集中突出物质富庶与精神贫乏之间的矛盾,是因为精神上的富有,较之物质方面,要困难得多。这里有深厚而广泛的封建传统和积习的影响,涉及道德、审美、社会、心理诸方面的因素。虽然,物质生活上的富有与精神生活上的贫穷并不构成绝对的矛盾,但是,在今天农村的现实生活中,二者之间毕竟有差别,有矛盾。不但精神生活有待于丰富和扩展,物质生活也需要更上一层楼。即如黑娃,他较之其他人物,对未来的美好生活更富于幻想,信念也更坚定,但是,作家在细致地而不无夸张地再现那幻化了的"未来图景"时,基调也是压抑的,流露出一丝淡淡的忧愁。这恰恰表明,作家希冀广大农民既是物质丰富的占有者,又是精神丰富的占有者。这也是时代的情绪,是社会向更高级阶段发展的前景。

十

在批判的锋芒中,注进崇高的精神力量,这使得张一弓的创作区别于批判现实主义;崇高的精神力量,植根于现实的土壤,又使得作家的创作区别于空想理想主义。既是悲怆的,又是崇高的,是悲怆美与崇高美的统一,这就是张一弓农村题材作品特有的格调。

一方面,作家冷峻地将现实生活矛盾的态势揭示出来,另一方面,又始终以肯定的目光,展示生活发展的时代精神趋向,寄希望于现在和未来。理想主义的光芒,或从人物处于逆境的强烈抗衡中迸射,或从人物历经坎坷不幸的执着追求中闪耀,或从人物初获生机后作更高目标上的登攀中升腾。有文章批评:"有的大队书记仿佛太高大了,在六〇年仅仅为了一个村的群众吃上一顿饱饭就孤注一掷,不惜牺牲自己。"①怎么能对李铜钟行为的意义,作这种令人难堪的解释呢?李铜钟殉道者的高贵精神品格和道德力量,正是从他在特定环境中采取的"独特"的行动中爆发出来的,具有很高的真实性和概括性。这里,触及到了党性和人民性的关系这样一个非常敏感的问题。作家似乎将这二者推到了尖锐对立的位置上,其实,它摒弃的,是不能体现和代表人民利益的所谓"党性",而以人民利益为最高利益的党性,在这里得到完美和谐的统一。李铜钟的行为,反映了一个特定时代的人民的意志、要求和愿望。作为他个人,是失败者。但他为之付出的牺牲,却可以唤起人们的警醒,并推动人们走向改造环境、改造社会的光明之路。理想的力量和时代的精神趋向,浸润于人物的命运之中,又从人物的精神状态、气质和个性之中显露出来。作家写新时期农村生活的一组作品,尤能体现这个特点。赵镢头为改变物质贫困命运的顽强奋进,雪花为获得合理婚姻和美好感情的不妥协的抗争,王铁山老汉行使民主权利时凛然不可侵犯的庄严感,黑娃把幻想中的真实变为现实中的真实的坚定信念……都渗透着作家自己的社会理想和美学追求。即使在布满阴霾的晦暗画面上,你也可以从人物的精神状态、气质和个性中,感受到生活的热力,看得见理想的亮光。

不无遗憾的是,从人物与画面中透发出的社会理想和生活发展的趋向,作家在艺术处理上,总是偏爱从人物结局戏剧性的转换中,并大都借助于哲理的思索和哲理的语言直接暗示出来。《犯人李铜钟的故事》与《赵镢头的遗嘱》,《张铁匠的罗曼史》与《山村诗人》,以及《山村理发店纪事》几个中篇,都是这样。每篇开头设置强烈的悬念,尔后展开历史回忆与现实纠葛的交错,或按照时序叙述,这种艺术结构和艺术形式总体安排上的雷同,应该视为作家艺术上的弱点。这里,确实有"广阔庞杂的内容与比较窄狭拘谨的形式之间的矛盾"②。呆板而缺乏创造性,既影响用多样的形式来表现丰富的内容,也会减弱

---

① 张贤亮:《不可取的经验》,《中篇小说选刊》1983 年第 4 期。
② 刘思谦:《在现实的发展中反映现实》,《奔流》1983 年第 2 期。

读者对一个作家的兴趣和关注。

对特异事件和外部情节结构的偏爱,也无疑是我习作中的一个局限。

十一

我曾在一篇论及张一弓创作的文章中说过:"张一弓的艺术所长,有时又表现为他……的所短。"①这里一个最明显不过的事实是:记者生涯,发掘和培植了他后来成为一个作家的许多宝贵素质;记者生涯,也带来了他在观察生活和表现生活上的某些局限。有时,张一弓会因为一种习惯性的作用,用新闻的眼光而不是完全用作家的眼光(这两种眼光是不尽相同的)去看生活,在构思和描写生活时,有时又会不自觉地采用新闻的手段而不是完全采用艺术化的手段。新闻的眼光,使他对生活中独特、异常的——即具有新闻价值的事件,有特别的兴趣和敏感。作家的才力,又使他极善于把这些独特、异常的事件和尖锐的矛盾冲突,加以戏剧化,造成惊心动魄的情节,从而完成对人物精神状态、气质和个性的开拓,实现批判精神与高昂理想的统一。但是,由于作家过于偏爱事件的独异性和情节的戏剧性,而缺少在更深广积累基础上的反复酝酿、反复开掘、反复提炼,甚至描写失之得当,有时就不可避免地会离开真实的轨道,走向虚假。张一弓已经意识到自己的弱点,为长处转化为短处深感不安。他告诫自己:"宁肯失去十个情节性,也不要丢掉半个真实性。"艺术分寸感问题,是我们的文学评论长期忽视的一个问题。从一个作家的角度来要求,我以为目前张一弓创作中尤应加以警惕和亟待克服的毛病,正在于此。

十二

过分地追求特异性和戏剧性,在张一弓的创作中已经看到了什么不良后果呢?

第一,损害了作品的真实性和艺术整体上的审美感。《流泪的红蜡烛》在张

---

① 谢望新:《文学的三重奏——谈一九八一、一九八二年几位作家的中篇创作》,《文艺报》1983年第4期。

一弓的作品中,是较优秀的一部。故事的基本框架和许多重要细节都是真实的。但何以会引起那么多人的反感呢?这固然有批评者以局部的败笔来替代对整个作品作客观评价的问题,但是,某些情节、细节处理的失真,伤害了批评者和读者的感情,不能不说是一个极重要的原因。作家意欲以特异性的事件和戏剧性的情节,来突出物质富庶与精神贫困之间的矛盾,结果把带浓重封建色彩的现代化了的蒙昧行为,夸饰到不恰当的程度,高贵的悲剧却产生了闹剧的效果。悲剧美被侵蚀了。作家做这种艺术处理,读者在感情上是难以接受的。作家新近发表的中篇小说《山村理发店纪事》,仍留有这方面问题的痕迹。小说写农民群众新的审美观念和趣味的变化,是从一种发式由城市"引进"乡村所造成的深刻、剧烈震荡中表现出来的。作家观察的锐敏,对事件特异性和情节戏剧性的处理,又一次得到了证明。但有的描写,如从女犯人的发型上寻找排他的依据,以及苏小海在环境的压力下,握刀时产生的心理上的异变,都不无夸饰,但从审美的角度看,却很难使人在感情上产生共鸣。对立之物,倘若不经过滤和提纯,虽泾渭分明,但不美。

  第二,损害了人物的完整性和丰富性。关于张一弓作品中人物创造的得失,有文章认为:"继'李铜钟'之后,逐渐忽视了人,忽视了有性格的人的塑造。"①甚至认为像《赵镢头的遗嘱》、《张铁匠的罗曼史》这样较优秀之作:"活动在这里的人物,一个个仿佛提线木偶,任你呼之即来,挥之欲去。"我以为,这种评断是以偏概全,缺乏具体分析的。的确,较之人物性格的创造,作家更注重人物命运的展示;较之人物神韵、情致的雕琢,作家更着力于人物某种精神状态、气质和个性的开掘。迄今为止,他也还没有创造出一个可以与李铜钟"并驾齐驱"的,具有很高典型概括意义的艺术形象。但是,张一弓在《犯人李铜钟的故事》之后,为新时期农村题材的文学画廊,仍然贡献了为数可观的性格基调鲜明、行动性强、有力度、有思想光彩的人物形象。如银锁的敦厚而耿直,腊月的柔弱而执着,大翠的痴情而明达,刘忍的坚忍而善良,赵镢头的聪慧勇决,李麦收的良性良知,雪花的坚毅不屈,王铁山的嫉恶如仇,姜欢喜的机智诡谲,老石匠的纯净豁达,翠翠的质朴通情……这些人物性格的某些突出侧面,还是给人以质感的,他们并不是某种观念的符号。对张一弓人物创造上得失的估价,我较倾向于这种意见:"人物思想与性格的基调十分鲜明和强烈,然而却缺乏应有的性格的丰富性与复杂性,人物有足够的力度却缺乏丰富的内涵和精微的分寸

---

① 周桐淦:《失去的和缺少的——读〈听从时代的召唤〉致张一弓同志》,《文学评论》1983 年第 5 期。

感。"①张一弓笔下的人物,尤其是一些反面人物,的确存在丰富性、复杂性不足,缺少多层次多侧面的问题。造成这种情况的原因是多方面的,但过分追求故事的特异性和情节的戏剧性,不能不说是一个重要因素。"忽视了人,忽视了有性格的人的塑造"的现象,往往是在这时候发生的。这里一个最典型不过的例子,就是如许多文章所曾正确分析的,赵镢头之死结局的处理。当人物性格在发展过程中,并没有预示或包含这种结局的必然性,现实的环境还没有足以提供这种结局的必然条件时,作家为了创造人物命运戏剧性的高潮,不是按照人物和情节的逻辑轨道发展,而是强制纳入作家主观意志安排的框子里。这样,既影响了对人物作进一步的刻画,也损害了人物的完整性。这里,还需要特别提及的一个问题是:新时期农村变革的生活,随着整个社会的前进,节奏迅速加快了。但在这个领域,张一弓仍未创造出一个较成熟较典型的改革者形象。即使是写得较好的黑娃,也只是写出了人物面对自己创造的初步成功,以及对未来更巨大创造的追求时的一种情绪、心态。从创造农村改革者的新人形象上来衡量,只是提供了一个性格的胚胎。至于续篇《黑娃的新闻》,人物非但没有在未来更伟大的创造中采取行动,反倒被推进一个颇有几分俗气的故事之中,令人失望。现在,作家已经有意识地将自己的目光,由"已看到了生活的光明和希望,但也分明带着历史的忧伤"的农民,转向了"掌握了自己命运"的新人物身上,并驱迫自己努力去感受它、认识它、理解它,可以预期,作家在"孕育的痛苦"②之中,必将诞生较为成熟较为典型的农村改革者的艺术形象。

第三,影响了对人物内在世界作直接透视。《寻找》、《黑娃照相》、《石匠魂》三个短篇,是张一弓艺术构思上颇具匠心之作。它们依托的事件,都较为独特。尤其是《石匠魂》,写了老石匠在患了"不治之症"之后,寻找自己的精神魂灵,故事和人物都是奇特的。《寻找》、《黑娃照相》在情节的安排上虽不惊心动魄,却极富戏剧性。但由于作家采取了内部心理结构建立在外部情节结构基础上的艺术表现方法,着力展示人物的心理意识活动和情绪的波流,从而使事件的独异性、情节的戏剧性与人物外部、内部世界的丰富性统一了起来。但是,在作家众多的以外部情节结构为主的作品中,事件的独异性和情节的戏剧性,有时却约束甚至妨碍了对人物的内部世界作更直接更深入的开掘。人物在决定命运成败攸关的选择面前,有强烈的行动性,但其中的思维活动过程和心态的起伏变化,往往被掩盖了起来。即使作家写得精彩的一些人物关系片段,如李套老汉守护"花狸虎"、老杠叔移交保管钥匙……读来催人泪下,但读后细加回

---

① 刘思谦:《张一弓创作论》,《文学评论》1983年第3期。
② 张守仁:《与张一弓一夕谈》,《新观察》1983年第7期。

味,又感到有点欠缺,原因在哪里呢?就在于人物心灵的画面尚未更充分地展开。此外,作家对农民曾作为小生产者的历史特点及其历史负荷,以及历史与现实交替时期的极为丰富复杂的心理状态,也显然注意不够。这在一定程度上,影响了人物思想性格的广度和深度。

十三

张一弓作品的短处,像它的长处一样鲜明突出。我们不能因为它有失当甚至缺陷之处,就采取冷漠的态度。须知,这一类题材的创作,难度是很大的。评论者的责任,是和作家共同探讨。这样做,才能增强作家在这个领域的进取和探索精神。

要不要写,以及如何写现实性的重大矛盾的主题,是我国文学界长期争论的一个问题。"时代派"的观点认为:文学不能离开现实,回避矛盾,"文学的当代性"是作家崇高的目标;"永恒派"的观点认为:写普通人的是文学至高无上的主题,具有永久的价值。我以为,二者的观点可以找到它们的共同点:写现实性的主题,要渗透到人的心灵之中;写普通人性的作品,要映照现实社会的光环。但是,需要指出的是:一、写现实的重大社会矛盾,它在文学创作中的位置是不能动摇的;二、这类题材要真正称得上是"艺术性"的作品;三、各类题材、各种风格的作家,不要互相排斥,而应互为补充。文学是时代的情绪、意志和愿望的集中体现。张一弓与同时代的其他一些作家,能较为艺术地传达出历史转折时期时代和人民的进步要求、愿望和心理情绪,这种创作态度是应予充分肯定的。断言凡这类作家这类作品,就一定"速朽",显然是没有根据的。我们只能要求和期冀他们:要艺术些,再艺术些。

1983年10月15日于广州南方六号楼
原载《十月》1984年第4期

张一弓:寻找与超越

陈继会

像一条常动不息的巨川,人类的精神求索永远处在不停地寻找、确立和不断地扬弃、超越之中。新时期的文学史是一部丰富的精神探索史。不同文化背景下的作家群体,循依着各自的视角审视着中国的历史、现实,构想她的未来,营造拓展着自己的艺术世界,像流星划过夜空,他们留下了自己辛勤探索的轨迹。张一弓正是这样一位真诚执着的探索者。

"失落"与"寻找":变奏的创作主题

也许,细心的读者早已体验过,读张一弓的作品,你会感受到他作品的字里行间回荡着一种失落的悲哀的情思。沉重的失落感压在我们心头,很久很久,难以消散。但是,他的作品所给予我们的,又并不仅仅是"失落"的悲哀,同时还有"寻找"的信心、真诚和热情。它促你奋起,为我们应该具有但曾经失去或尚未得到的美好的东西去"寻找"。正是这两极,"失落"的悲哀与"寻找"的热诚,构成了张一弓创作的变奏的主题。

张一弓的创作伊始于新时期整个民族全面思考的开始之时,这也正是新时期文学发展的第二阶段("反思文学"阶段)。人们把探索的目光纷纷投向已往的历史,真诚地思考着。历史是这样的坎坷,有时竟像醉汉漫步,东摇西晃,逸出正道,悲剧迭出。我们失落了太多的美好的东西。张一弓创作的部分篇什,以一种不无苦涩的回忆,展示了过往的严峻的历史。《犯人李铜钟的故事》(下简称《李铜钟》)是对我国一段严酷历史痛苦思考的记录。小说描写了"左"的错误造成的我国农村发展的重大挫折。普遍高涨的小资产阶级狂热情绪,使得人们对历史进程失去应有的理智和冷静。闹剧背后是悲剧。作品在对李铜钟"殉道"行为礼赞的同时,流露着一种深深的遗憾与悲哀。与《李铜钟》的题旨相同,《山村诗人》、《张铁匠的罗曼史》以及《智慧的痛苦》等作品,同样流露着"失落"的悲哀。痛苦的个人悲欢离合,蕴涵着丰富的历史内容。"失落"感的描写,从一个侧面把握了历史活动的内核。

张一弓在检索历史的"失落"中,一方面是从历史的前行上思考,从中获得更多的智慧,"把路走得更好些"。在其另一层面,作家还力图从李铜钟的"殉道"行为中,从"山村诗人"的诗运升沉中,从张铁匠、王腊月悲欢离合的遭际中,从姜欢喜不无苦涩忧伤的"智慧"史中,"寻找"到个人在社会、历史上应有的地位、价值、作用,以此昭告后来者:承认人的应有价值、尊严,学会理解人、尊重人,让每一个人都健全地、自由地发展。人再不能成为"阶级斗争的工具",失去"自己"。虽然,这时张一弓还不是那么自觉,他还较多地注目于政治、思想上的批判反拨,但他在作品中实质上已经写出了这样一个命题:我们过去曾经有过的大大小小的"失落",最根本的是人的尊严、价值的"失落",是人的"自己"的"失落"。

"失落"属于历史,而我们更执着于现实。人类的历史毕竟是一部寻找前进的历史。当张一弓把探索的笔触伸向现实时,他的"寻找"的意向明显地加强。张一弓创作倾向的这种变化,植根于社会自身的运动。浩劫过后,痛定思痛,历史以一种较为清晰的面貌呈现给我们。人们纷纷发现自己并不是一个"完人","自我"的一部分失落在过去坎坷的岁月中。人们急切地需要在新的历史条件下,尽快地寻找到"自己",重新塑造一个完整的"自我"。"寻找自己"成为新时期具有历史意义的命题。在侧重于展示现实的作品中,张一弓把社会政治的思考同关于"人"的问题的思索有机地统一在一起,而且后者随着他思考的深入,愈益明确、执着。

短篇小说《寻找》是张一弓创作中颇富点题意义之作,它几乎可以视为张一弓全部创作之"眼"。通篇小说以象征隐喻的手法,极富寓意地写出了广大农民刚刚起步的,喜悦与忧伤交结的"寻找"。小说喊出了一个历史的声音:"寻找吧,马套,忘掉过去,寻找今天吧","去找回你的人的尊严吧!"《最后一票》写出了新的历史条件下,人民对于自己作为"主人"的价值的"寻找",人民代表王铁山与他所代表的人民开始在历史的天平上寻找到自己的重量。从郭亮(《火神》)、春妞(《春妞儿和她的小嘎斯》,下简称《春妞》)、宋福旺(《流星在寻找失去的轨迹》,下简称《流星》)身上,张一弓发现了不同于梁生宝的一代农民英雄的问世。他们在不断地开拓自己生活领域的进取中,一步步地认识、发现、确立、实现了自己的价值,寻找到了自己的历史位置。

"寻找自己"的创作主题,是变革的现实生活的赐予,更是一个眼光敏锐、思想明敏的作家的独特的认识和发现。人类的需求总是在不断地发展、提高。由饥寒而温饱,温饱之后便会对精神享受产生需求,失去了"自己"急于"找回自己",找到"自己"之后呢?张一弓作为一位现实感很强的作家,以他对现实的敏锐感知,及时地甚至是超前地捕捉到社会发展的信息。他看到了在"找回自己"

之后,人们正向新的人生高地攀登。人们希望"超越"自己。正是这一发现,张一弓把自己的"寻找"上升到一个新的高度。由"失落"到"寻找",再到"超越",张一弓写出了随着社会的嬗变而出现的人的精神追求的层次。《流星在寻找失去的轨迹》,正是当代人寻找自己与超越自己的精神追求的艺术写照。

宋福旺失落过"自己"。那包涵着耻辱、辛酸与痛苦的绰号"宋疤拉",便是他丧失尊严、人格遭到肢解的表征。他那巨大的创造力,完全变成了一种近乎原始的求生力。丰富的精神世界变得那样窄狭甚至卑俗:为了"吃"而忘了有爱,终于失去宝贵的爱情。这是怎样的悲哀!历史的转折,宋福旺开始了"寻找"并"超越""自己"的艰辛步履。他以义务创办家庭幼儿园,实现了精神上的更高的追求升华。小说同时还写出了其他人对于"自己"的寻找与超越。在这种"寻找"之中,我们看到了社会变革的风貌,听到了时代脉搏的跳动。一代人的"失落"、"寻找"与"超越",同这一时代的政治风云、社会风情的变化,融为一体,从张一弓的笔端流出,张一弓对生活的认识、发现、理解、开掘,也因此而大大跨出一步。

已有的文学实践表明,文学的每一次发展,都包含着一种对于人的新的认识和新的理解,都反映出人的社会历史内容在现实生活中新的变化和发展。当代文学的发展,有待于我们对于人的认识的发展。张一弓关于"人"的价值的"失落"、"寻找"、"超越"的不断思索,丰富发展了我们对于当代人的认识和理解,显示了当代文学开拓前进的轨迹。在对于"人"的不断认识、发现、描写中,张一弓饶有深度地写出了我们党和人民严峻的过去和充满希望的现实,其创作渐趋于深沉、凝重。张一弓以自己独特的艺术实践,为当代文学的发展作出了属于他自己的贡献。

当然,这绝不是说张一弓的创作在思想的蕴藉上,已经达到极致;他还可以再深邃一点、广博一点、从容一点。可以看出,在上述探索中,张一弓的思索较多地还是停留在社会的政治、经济(兼或也涉及道德)的层面,较少进入对于整个民族内在的文化——心理的层面。诚然,政治是影响、制约着人的重要因素,但人却并不仅仅只是政治的产物,人也是作为"文化的动物"[①]而存在的。如果忽视数千年积淀在全民族思想、观念、心理、习惯、情感……中的传统文化因素对于当代人的影响,势必限制对生活开掘的深度。《黑娃照相》即带有这种遗憾。黑娃近似滑稽、癫狂(自然可以理解)的照相举动,虽然带着喜剧的因素,但其中分明透露着几分悲凉甚至是悲哀之意。黑娃固然不是阿Q,但他身上无疑有着或轻或重的阿Q的影子。从中国农民传统的文化—心理结构层面更深地

[①] 〔德〕恩斯特·卡西尔:《人论》,上海译文出版社,1985年。

开掘其行动的内涵,我们不难发现黑娃身上重重地表现出了传统的自给自足的小农经济所造成的农民易于满足、陶然、很少不平的精神意识,而这又成为铸就他们自身许多悲剧的诱因。设若小说这样做了,可能要比现在的仅仅写成一幕"轻喜剧"更好点。或许,这已属于一种苛求,但苛求中包含着信任——张一弓应该,也能够写得比现在更深沉、更浑厚些。

融汇和发展:探索的艺术轨迹

《李铜钟》作为张一弓的成名作,曾给他以荣誉,但并未禁锢他的脚步。张一弓不断地改变着自己创作初始阶段的单一的艺术表现方法,力图通过最优的艺术选择,表达自己对生活的理解,表现生活的复杂性。他力求在变中求不变(保持自己艺术追求的一致性)。并不恪守一家,取彼所长,补我之短,现实主义写实手法与现代派文学部分手法的融汇,封闭的现实主义向着多元的现实主义发展,构成了张一弓艺术探索的最明显的特征。

张一弓创作的这种融汇倾向是渐次自觉发展的。《李铜钟》在政治思想上的开拓精神与艺术手法的循规蹈矩所造成的不协调,便是初期创作这种不自觉的标志;后出的《春妞》、《流星》则显示了作家艺术融汇上的长足进步。开放改变了张一弓艺术系统的封闭状态,由恪守一种固定的模式,到"文无定法",随反映对象而变,张一弓感知生活和表现生活的方式在悄悄地变化。由单线条的自然主义的感知方式和叙述方式,逐渐走向立体的经验结构和叙述结构。在这种变化中,我们可以窥见现代派文学的重视作家主观感受、"黑色幽默"、意识流等方法的渗透。融汇和发展,大大丰富了张一弓创作的思想容量和艺术表现力。

现代派大师、美国"黑色幽默"作家库特·冯尼格在一本书的序言中曾说过:"我在本书中只是把我感觉到的生活写出来。"[①]这是一种颇具代表性的艺术倾向。主观随意性成为现代派作品的一个十分突出的美学特征。从现实主义到现代主义,这是一种广阔的文化背景下的美学观念的嬗替,这是一种不无片面性的深刻变化。这一变化同时带来了文学的美学观念的变化。张一弓的部分作品,淡淡地映现出这种美学观念的变化。他不再仅仅把经验的现实视为唯一的现实,他也不习惯于把情节的推进、人物的行动全在理性的、逻辑的框架内安排一定,他从自我感受出发,力求写出比日常现实更高的真实。《山村诗

[①]〔美〕库特·冯尼格:《当代美国文学近况》,《外国文艺思潮》第2辑,陕西人民出版社,1983年,第157页。

人》、《赵镢头的遗嘱》显然都不能作为严格的写实主义作品去读。小说以夸张的形式把作家主观感受到的生活展示出来。

这是作家主观感受到的真实,它们建立的是另外一种真实系统。考察文学发展的历史,我们差不多可以作出这样的结论:这是由两套"真实系统"的创作构成的历史。一种是"客观的真实",或可称作"写实的真实"、"现实的真实";一种是"主观的真实",或可命之为"写意的真实"、"感受的真实"。这是可以用来区别写实主义与浪漫主义,或现实主义与现代主义的大致尺度①。由于表现方法的不同,文学的真实性必然表现为不同的境界和类型。我们不能要求任何类型的作品都应当同生活相似,以寻找到同生活原貌相似的程度确定作品的真实程度。多种表现方法所揭示的生活真实之综合,正构成了更广阔、更丰富的生活真实。

在张一弓寻找"失落"的作品中,历史学家式的冷静、睿智、严肃思考的作品也有(如《李铜钟》),但更多的作品则是以喜剧性的嘲笑和严肃思考相结合的风格出之。这些小说中的幽默同传统的幽默方式表现出较大的差别,显然受到现代派"黑色幽默"的影响。

"幽默"而冠之以"黑色",可见其幽默之程度和特色。美国学者奥尔德曼把"黑色幽默"视为一种"把痛苦与欢乐、异想天开的事实与平静得不相称的反映、残忍与柔情并列在一起的喜剧"②。"黑色幽默"把嘲讽推向了极端。诚然,"黑色幽默"部分地流露着西方现代作家对世界的绝望情绪,但更多地表现出的还是他们对于社会现实的关心,对现实荒谬的那种深沉的恼怒和悲痛。虽然,我们有过荒谬的时候,但在历史的总体运动中,我们无须悲观,所以悲观与绝望也不属于张一弓。张一弓扬弃了"黑色幽默"中消极的成分,发展了其中关注现实的积极意识,借鉴其有力的讽刺手段,写出了自己对我们曾经度过的那段荒谬岁月的感受、批判。

诚然,《山村诗人》中的幽默烙印着我们民族(尤其是农民)的幽默风格的印记,但它也明显地借鉴了"黑色幽默"的艺术手法。李志怪对县委宣传部长为自己定罪的独特理解(关于"有色眼镜"、"秋后算账"之说),滑稽中带着悲怆,诚挚里含着玩世不恭的态度。这是喜怒哀乐复杂情绪的交融。诙谐和风趣更多地被一种阴沉的、让人感到无望的情绪所代替。如果说传统的幽默以其喜剧的笑声诱发嘲笑者的优越感,那么,李志怪的幽默更多的是自我嘲笑,一种意识到自身为无情的力量所压倒而发出的无可奈何的解嘲。小说引发的是苦涩的、

---

①这是一个需要详细论述的问题,这里只是简单提及。
②陈焜:《西方现代派文学研究·黑色幽默》,北京大学出版社,1981年。

带泪的笑。类似于《山村诗人》中的"黑色幽默",在《智慧的痛苦》等篇什中也程度不同地有所表现。

我国古人曾提出过"以乐景写哀,倍增其哀"的主张。"黑色幽默"在其审美实践上,正与上述理论一致。它把悲剧的内容用喜剧的形式去处理,更强化、突出了这种悲剧味道。张一弓把"黑色幽默"引入自己的创作中,他以喜剧性的嘲笑,把他们曾经有过的痛苦、不幸、变态、荒谬赤裸裸地剥示出来,嘲笑引出了严肃思考的结果。

艺术的融汇带来了张一弓作品整个艺术形态明显发展变化的,莫过于对意识流手法的借鉴化用。在世界现代主义文学的发展中,伍尔夫、乔伊斯、福克纳等成功的艺术实践,为文学更加广阔地认识世界、表现世界开辟了一条不算狭窄的道路。事实上,意识流手法并非仅仅是一种艺术手段,它表明人们对于世界与人的一种新的理解。作家今天所面对着的是一个飞速旋转的世界,如果继续恪守着单线索的叙述方式,苦心编织一个"完整"的故事,把人的复杂的意识活动归整在一条狭窄的、径直的通道内,而且执意让人相信,生活就是这种样子。这样很难表现已被人们认识到的现实的复杂性,人为地缩小文学认识、反映世界的能力。现代意识流手法的运用,在一定程度上可以矫正这种艺术的倾斜。

《李铜钟》为代表的张一弓早期创作,其局限主要表现为,作者还缺乏以一种现代意识、现代感受、现代经验去认识把握当代社会与人。人物较少丰富的内心活动,作品基本上是以情节发展的自然时间序程为线索的传统结构方式。这种单向的、平面的、情节型的叙述,也可以在某些方面达到相当深刻的程度,但却容易把复杂的生活变成一种在内容上受到人为限定的东西,难能达到丰富、多义的程度,而追求反映生活的丰富、多义性,却是优秀文学作品的最高目标。在张一弓中期的作品中,情节依然是作家所注意的,但他已注意到了人物复杂的意识活动,并将它们融于作品的情节发展中。人物内部世界的开拓,使作品的内涵变得相对复杂;张一弓晚近的作品在这一方面的实践,显得更自觉、圆熟,他形成了自己特有的情节流程与心理流程双项交合的"情节—心理"型的结构方式。由最初的单一的"情节化",向着既注重建构情节,又注意展示人物丰富多彩的意识流动的层面拓进[①]。

张一弓与新时期文学的总体趋势同步,在对人物心理、意识活动的揭示中,拓宽了他笔下人物的精神世界,扩大了形象的思想容量。由李铜钟式的单向的英雄形象,到宋福旺式的多向的既非英雄、又非歹徒式的复杂的形象,便是这种

[①] 陈继会:《历史与现实组合的艺术形态》,《小说评论》1986 年第 3 期。

发展的表征。唯其潜入了人物灵魂的"腹地",写出了"最幸运的人"的"最隐秘的忧伤",宋福旺才有可能成为一个忽儿如"铁",忽儿似"水",时而"灵魂里掺杂着野性和邪性",时而却如小孩般纯真的,富于人性深度的典型。它使我们在一个更为复杂的层次上认识了"人"、理解了"人"。

文变染乎世情。"如果有时代思想,那么,就一定也有时代形式。"①一个作家只要他生活在现代生活的氛围中,不管其自觉与否,时代思潮的濡染最终都将使他或迟或早地变更自己的文学观念,调整自己艺术实践的指向。开放和融汇,借鉴与发展,成为中国当代文学发展的"大趋势"。张一弓没有死守自己的一隅,凝固自己的"形象",他看到了这种大趋势,而且脚步不停地在追求、前进。

1986年3月初改,1987年3月删定
原载《当代作家评论》1987年第4期

----

① 〔俄〕维萨里昂·别林斯基:《论俄国中篇小说和果戈理君的中篇小说》。

英雄情结
——张一弓创作思想之核

孙 荪

作家张一弓有一个英雄情结。

张一弓作品中的英雄主题在发生"有主题"变奏。

这是我阅读一弓小说特别是近作的两点感受。

读一弓的小说,常会感觉到他的心灵一定被某种东西强烈地占据了,在不同的表现对象身上,常会发现一个相近或相似的精灵——英雄的精灵。

张一弓几乎创造了一个英雄系列:李铜钟、张铁梁、高山兰、赵镢头、郭亮、春妞、宋福旺、猎人……

头一个名叫李铜钟,在大饥饿的60年代村民断炊七天将要饿死的关头,他向国库借粮(实际是抢国库),拼着自己的生命以身试法救了全村人的生命。他被称作当代文坛上一尊流光溢彩的形象,一个普罗米修斯式的高尚的圣者和殉道者。从此,提起张一弓,人们就想起李铜钟,提起李铜钟,人们也就同时提起了张一弓。

赵镢头,是70年代末中国农村改革的先驱者。这是一位在中国共产党正式决定在农村推行生产责任制之前大胆进行改革试验的农村生产队长,他的成功的试验遇到了有权力领导者的阻挠,他最后以自杀的极端形式制造了一次引人惊醒的"死谏",向那些阻挡改革的势力发出强烈抗议。作者称他为"又一个殉道者"。

几年以后,我们又陆续看到了被称作火神,自己先富起来同时带领大家致富的农民企业家郭亮,农村运输专业户春妞和农民企业家宋福旺。

这些人物,大都具有百折不挠、公而忘私的精神气质和特立独行的性格风采,他们是历史的脊梁,时代精神的代表,忧国忧民的改革者,即使从最高最严格的意义上也可以毫不含糊地称他们为英雄。

张一弓何以对英雄有这样不倦的热情?

中国人讲缘分,是说异性或同性之间有一种一见钟情一拍即合的东西。一弓似乎和英雄有缘。

一弓曾对我讲他的创作,只有在对象征服了他以后,才能去写,也才能在创作中征服它。在实际上,"常常不是我写了它,而是它写了我"。我相信这是真话,真经。

很显然,常常能够征服张一弓的是活跃在历史和现实生活中的英雄。而同样显然的是,占据一弓心灵的"某种东西",就是缠绵郁结的英雄情结。

一切成功的创作几乎都是这样。作家总是善于在对象中感应到和自己的心灵中的"某种东西"对应的、合拍的东西,形成缠绕盘踞在心头的焦点或交点,引起心理上的冲突、骚乱和挣扎,以至非把魂灵中的"黑色的禽兽"放逐出来不得安宁。在张一弓身上,这种深藏于心中的英雄情结,就是他创作的心理动力。而为英雄立传,同时释放(或者说抒发)胸中郁结的豪情浩气,这两方面,一显一隐,构成了作家张一弓的基本心理内涵。这也许可以作为把握张一弓创作奥秘的一把钥匙。

说张一弓具有强烈的英雄情结,这既不是吹捧,也不含贬损。情结(或译作情综、症结),依荣格的界定,它属于个人无意识层次。而英雄,在当代的西方或中国,都不具有传统意义上的价值评价,甚至可以说,它时时被赋予否定性的意义。处在历史大转折时期的中国,似乎正在告别英雄崇拜的时代。因此,说张一弓具有英雄情结是一种不含褒贬的客观描述。

实际上,作为作家的张一弓不可能用观念规范自己的创作。他听命的是生活,服从的是自己清醒的主观意识和深藏着的无意识的驱遣。大概因为他血管里流贯着士大夫式忧国忧民的血液,从小就做着的一直成为精神支撑的理想梦、创造梦、英雄梦在暗中制约着他的思维意识,个人人生经历中的坎坷曲折渴盼着心理补偿,大概由于历史变动时期的悲壮人物和故事征服了他,改革中的先进人们的精神气概和审美理想启悟了他,大概更有中国文化传统的英雄崇拜和中外文学中的"当代英雄"母题的延续,这一切,综合起来使得张一弓执着地从事英雄形象的创造。

当然,仅仅指出这一点还不能判断张一弓创作的价值。写英雄和写丑角一样,那不是衡量作品价值的依据。写英雄也可能是传统的文化意识、社会观念和文学观念的惯性运动。但是,张一弓是一个创造精神很强的作家,他笔下的英雄形象系列并不是一个原型的重复出现,而是一个个活生生的创造。纵观他最近十年的创作可以发现他小说中一贯的英雄主题发生着日趋丰富深刻的"有主题"变奏。

这种变化的早期征候是在宋福旺(《流星在寻找它失去的轨迹》的主人公,发表于《莽原》1985年第3期)的形象上显露出来的。这位已经拥有一台"小四轮"拖拉机、一部解放牌大卡车、一座日产七百袋面粉的面粉厂,存款折已经有了五位数,享有县长奉送的农村先进生产力的代表商品生产和商品流通的带头人、优秀农民企业家的"当代英雄",在小说中却不是一个单纯的具有确定图像的角色,小说结尾这样归结他,"这个一忽儿凝聚为铁,一忽儿熔解为水的汉子,这个不干不净地大把抓钱,却又急头怪脑地用金钱赎回自己的企业家慈善家,这个灵性里掺杂着野性和邪性的摸不透的家伙"。在小说中,这个在事业上得到了全面实现的英雄,却正处于灵魂的熬煎之中。他被一种说不明白的烦恼困扰着,突然感到失落了什么,却又想不起失落了什么,需要找到点什么,却又不知道去哪里寻找。他周围罩着一张由于抓不住它而难于挣脱的网,一团浑浊、浓重的雾。小说凸现出了这样一个奇特的现象:物质上的富裕、事业上的成功与精神上的困惑同步在增长。在温饱以后、富裕以后,在社会上有了名声,个人价值得到确认以后,他的精神上的需求也潮水般地一级一级涨上来了。他反复地寻找个人人生经历中曾经失落了的人的尊严和价值,寻找过去是为了确立现在。他不仅要找到,而且要赎回,要补偿,要用金钱"再塑金身",在现实生活中重铸一个堂堂正正的"我"的精神形象。

《流星在寻找它失去的轨迹》(下简称《流星》)所描画的这个改革时代的英雄充满矛盾和危机感的心理世界,在一弓过去的作品中是不曾见到的。与李铜钟、赵镢头、郭亮那些英雄比起来,你甚至会怀疑宋福旺算不算英雄。李铜钟们是那样无私无畏、义无反顾、单纯透明,他们的行为是历史和道德的统一。

而宋福旺有这样复杂强烈的内心冲突,灵魂搏斗,个人利害的计较,历史观和道德观的对立。当然,也许人们更会反问:像李铜钟、赵镢头、郭亮式的英雄,在今天是否还能找到,他们是否也得随着时代的潮流而变化?暂时放下这些争论,从创作的角度,我们注意到的是作家视角的转移,由外部行为转到心理灵魂。作家追寻的是英雄行为过程中复杂的精神感觉和成功以后的灵魂波澜。作家不仅是一个照相师,更是一个"X光师"了;不仅是一个故事家,同时更是一个精神现象学家了。

有趣的是,在张一弓的许多作品中都有一个"寻找"的思路和结构故事的构架。在这部《流星》之前五年,一弓有一个短篇叫《寻找》,一个三十多年未曾有过钱包的农民马套丢了卖粮款,他去寻找自己的钱包,也就是寻找贫困的历史和人生经历,寻找富裕起来的希望。和马套式的寻找相比,宋福旺式的寻找是一个具有飞跃意义的"向内转":由物质到精神的飞跃,而他的中篇小说《孤猎》(《天津文学》1987年第9期)这又是一次"寻找"。它堪称一部心理小说。故事的构架是一位英雄的猎人在中秋之夜奔向情人而终于失望的过程。就在奔回的山路上,猎人叩问自己的灵魂,寻找自己人性的破碎与复归,简直可以读作英雄失意的喁喁独白。和《流星》相比,它几乎把一切政治的、社会的附加物都剥掉了,进行了一次赤裸裸的灵魂审问,展示了英雄的猎人作为一个人的天然欲念和隐秘的愧悔与巨大的忧伤。

从马套到宋福旺再到猎人这三次"寻找",标志着创作视角的转移,标志着作家对人的探索的深入。把仅从社会的政治的视角来歌颂英雄,转到从人的视角来透视英雄,让英雄回到人自身。一旦实现了这种回复,人的七情六欲毕现,英雄人物的全部复杂丰富和深刻就坦露出来了。于是,作家描画了英雄的现代心态或者说是人的现代心灵图像。

创作视点转移的背后深层原因是意识的深刻变化。当代人的英雄观是一个引起激烈争论的话题。改革的时代需要英雄和人的解放时代英雄应当消亡,这两种观点在历史大转折时期的中国文化界互不相让。后者认为一个张扬个性主体的时代是摒弃英雄的时代,一个需要英雄的民族是可悲的民族,一个多元取向的多样化发展的天地不需要权威和偶像。前一种主张则认为变革的时代需要开拓者、改革者、领潮者,尽管人人都可以当这些"者",但生活不能齐步走,这些"者"们无疑是敢为天下先的创造新生活的人们,你不叫他英雄也可以,但他们在本质上是英雄。中国也许要英雄来创造英雄消亡的时代,要铁腕来创造和加速民生的进程。这在理论思路上也许不合常规模式,但实际生活都要这样走。在这个新旧交错的时代,生活给两种理论都提供了依据。作为作家的张一弓,他的英雄意识似乎处在矛盾的熬煎之中:他的现代理性使他不排斥英雄消亡论,张扬个性主体意识;但在感情上,在无意识领域,他全身心地呼唤英雄,在创作中我们就看到了他的意识与无意识、理性与感情的冲突了。

由于强烈地占据他心灵的英雄情结,使他易于感应生活中具有英雄精神和英雄特征的人物事件,同样,他对生活中英雄精神的退化、萎缩和失落也就感到格外的悲伤。在一弓的近作中,我深切地感受到他的焦虑和困惑。

在张一弓的意识中似乎一直在盘绕着这样一个问题:我们到底要不要英雄和英雄精神?假如没有或者说失落了英雄精神,那将是什么情景?《夜惊》和《黑蝴蝶》这两篇小说透露了作者的焦虑。

《夜惊》是一出荒诞的故事。初看好像是要写农民性意识的苦闷和觉醒的冲突。农民打窑洞挖出了大禹抱子送禾石雕,村民不认为他是大禹,只认出了这个高大健美的石头汉子是个理想的"人样",于是,引起了喜悦的骚动。女人受了诱惑产生了罪孽感纷纷不满自己的男人。男人发现了自己的丑陋,产生被阉了的感觉。在妒火的鼓动下,男人们把石雕砸碎了。但小说的下半部接着写的是,正当此时,外村的石匠来寻找石雕,并且告诉村民这是大禹的雕像,它是老祖先的模样、脊梁和志气。村民像被雷击了一样,懊悔把祖宗忘了,丢了,毁了,全村陷入无边的恐怖之中,发生了一场梦魇和夜惊。

完全可以把村民面对石雕所产生的"人样"感和"祖先"情,看作一种具有象征意义的英雄无意识。令人震惊的是,村民们那样神秘地敬畏英雄,又那样自发地排斥英雄,作者在这里表现的不是对一个民族英雄意识新的觉醒的欣悦,而是对一个民族英雄意识退化的悲哀。

读了《黑蝴蝶》,我不由得发问:世界上究竟发生了什么事?我们民族的成员精神变得这样贫乏、软弱、猥琐,像一棵弱草一样,缺乏明亮的眼睛、坚强的神经、强健的会创造也会享福的身子骨?牧羊青年喜娃在山上滚雷石玩耍时滚出个无价之宝,拾到了武则天投给玉皇大帝的"金筒"。文物可以发大财,喜娃和全村人人都做发财梦,或者算计着沾光梦。"金筒"像美丽而可怕的黑蝴蝶煽起大雾一般的神秘感和恐惧感,搞得喜娃和全村人目眩心悸神迷,其结果,只能是一场空幻。从深涧飞出的黑蝴蝶指引喜娃找到了金筒,又把他的思想带进了迷茫的深洞。作家以他丰富的想象力和变化无穷的笔力描绘了具有象征性的黑蝴蝶在农民喜娃眼前和心理上的十几种幻觉,喜娃的感受是这样丰富,但精神却是这样孱弱。他缺乏对自己命运的把握能力,缺乏对巨大的财富和幸福到来的心理承受能力,这是一种巨大的悲哀。

在这两篇小说中,分明可以感受到作家对缺乏(或者说丧失了)英雄精神的庸众的叹惋。一个崇拜没有人的七情六欲的英雄的民族是可悲的,反过来,一个没有英雄精神的只有私欲和猥琐的精神贫乏的民族不同样是可悲的吗?我们曾经见过一弓以那样轻松活泼的笔调创造的农民黑娃,他虽然只有8元4角钱,却一拍胸脯摔出了3元8角照了一张彩色快照,精神上"美"了一回,而且宣告商店里的一切好东西都给他"留着"吧。虽然贫穷、单纯,但充满了自信和理想。但生活何以越来越沉重了呢?这是不是英雄精神和意识的萎缩,现代人的英雄精神和意识应当是什么样子,作家没有作出回答。在《夜惊》的结尾,我们听到了"魂兮归来"的呼唤:"一个永不衰老的石头汉子正在山梁上沉重地迈步行走。黄河跟着他发出呼啸,拴娃和村民们也都跟着他挺起了脊梁。一个泼壮的婴儿正在他怀抱里大声啼叫,那是一支悠远而嘹亮的儿歌。"

也许人们会批评这两篇作品思想显得空泛,但这确实是一个难以回答清楚的问题。在《孤猎》中,我们进一步触摸到了作者沉重的思绪。《孤猎》是《流星》的延伸和深化,它剖示了一个英雄的现代困惑。这个无名无姓的英雄具有传统英雄的传奇特征:有着奇异力量、智慧和崇高的人格。曾经赤手捉到二百几十只豹子,能够举起筷子夹住飞着的苍蝇,只身可以和狼群搏斗。但他的人生境遇却是难以解脱的两难境地:作为一个人要按照人的天然欲望自由和谐地生活,而作为一个猎人,却要抑制和征服个人欲望。而一个征服了兽类、征服了个人欲望为民除害的英雄,却因为引来野兽对人类的报复而遭到人类的疑惧、惩罚和抛弃。这位英雄的结局是,既不能保护和获得相爱的情人,又不能得到群众的理解,只有孤独地和野狼搏斗而被狼吃掉。这是一个双料的孤独者——单身汉,不被人理解的英雄。在猎人的困境中蕴涵了作家对两种矛盾的揭露:英雄行为与人类天性,英雄与庸众。我可以冒昧地说出作家想说的话:我们不是不要英雄,只是要按照人类天性生活的英雄,愚昧的麻木的人们要理解自己的英雄,这等于理解自己的人生境遇。显然,宋福旺式的困惑在猎人身上深化了。张一弓没有去附会英雄消亡论,但他的英雄在困惑感和孤独感中生长出的自审意识、更新意识,和人的全面发展意识,在迈向现代英雄也即现代人的艰难路途上跨了一个阶梯。在新作《都市里的野美人》中这种自审意识达到了冷峻以至深入骨髓的地步,他相当真实深刻地剖开了一个现代的"被缚的亚当"的矛盾痛苦的灵魂。这又是一个证明。

当进一步追寻作家视角和观念的深刻变化的背后,我们发现作家情感态度的重大调整。这当然也是作品显示给我们的。过去,一弓笔下英雄的总体情感基调是悲壮的。而宋福旺尤其是猎人和都市里的作家,情感基调则转为悲悯。我们不妨提一下英雄的死亡这一现象。李铜钟、张铁梁、赵镢头、猎人,都死了。死是悲哀的,但除了猎人以外,都很悲壮。舍生取义,慷慨悲歌,英雄的行为是得到群众充分理解和崇敬的,其价值得到了历史的肯定。死而无憾,虽死犹荣在更高的层次上实现了自己,因而,虽悲犹壮。在这种悲壮的基调里,作家的情感态度是昂扬的、明朗的、单纯的,作家和作品主人公一样,有一种人生理想实现感和心理上的平衡感。而猎人的死,引起的不再是振奋,读者听到的是作家发自内心深处的浩叹,留下的是巨大的心理倾斜。它撞击读者的心灵,引发思考和启悟。

这一变化标志着一弓一贯坚持的理想主义和人道主义精神的发展和深化。作家由对眼前具体生活的干预变成对人性的干预,由对现实生活的矛盾引起的感情冲动深化为对人性弱点的理性审视,在英雄个体生命的痛苦和冲动中发现了人类的大悲伤。这样,他的人道主义从以社会政治出发以忧国忧民为中心发展到以关注人生人类境遇以忧己忧人为指归,找到了文学更渊深的源泉,他的人物也就放射出更加瑰丽的理想光芒。这预示着一弓新的创作阶段的到来。

原载《河南大学学报》1989年第5期

辉煌的瞬间与平淡的日子
——张一弓与何士光创作比较

梅蕙兰

在我国新时期小说家中,张一弓与何士光都是以写农村生活而著名的。张一弓处在河南中原,何士光扎根贵州山乡,他们不同的生活经历、不同的个人气质与审美理想,使得他们的创作形成一对相互矛盾、相互悖反的特色。

虽然他们都具有较强的诗人气质和深入剖析的批判精神,但他们所追求的是完全不同的表达方式。张一弓喜欢铺张浪漫的故事情节,大起大落,大开大阖,大悲大喜,大红大绿,追求强刺激和轰动效应;何士光则钟情于沉静而淡远的平凡与本色,清丽恬静,含蓄蕴藉,追求叙述的从容舒缓和一种以无声胜有声、空谷回响的余音。张一弓的作品像艳丽的牡丹,火红的芍药,光彩耀眼,让人看一眼就不能不震动,不能不激情陡涨,热血奔涌;何士光的作品则像空谷的幽兰,路旁的山菊,自然、纯朴、天真,散发着诱人的芳香,不能不让人注目忘情,流连忘返。因此,把他们两人的创作放在一起,有助于我们在明显的对比度上把握他们的审美差异和创作个性,进一步理解他们的艺术、接近他们的心灵。

一

对英雄的崇仰和对普通人的关注是张一弓与何士光创作上的一种悖反。

张一弓热烈粗犷,有一种浩气长存的英雄品格。何士光冷静细腻,有一腔超拔于世而又温暖悠长的内在情愫。因此,张一弓总是那么固执地寻觅和呼唤现实中的英雄,壮怀激烈地唱出了一曲又一曲的英雄悲歌;何士光却是那么宁静地沉浸在诗情的创造中,忧郁而明亮地抒写着普通人平凡而质朴的日子。应该说,这是他们听凭着自己心灵的召唤而进行的不同的审美选择,也是他们不同生命形态的艺术转化。

在张一弓的作品中,有一个英雄的谱系,李铜钟、赵镢头、张铁匠、郭亮,还有那个打豹子的猎人等等。这些人物的名字都带着硬性的文学密码,闪耀着铁骨铮铮的亮光。张一弓让他们施展着兼济天下的抱负,历练着以身试法的性格,履行着为民除害的职责。在这些英雄人物身上,生命的价值得到了确认,人性的尊严得到了维护。张一弓内心的英雄冲动也在他创造的这些人物身上得到了发泄。他的英雄性格更在这些人物身上得到了表露和凸现。即使那些平凡人物,张一弓也赋予他们一种阳刚之气,一种不屈的精神与豁达的性格。身上仅有几元钱的黑娃,照相时俨然一个百万富翁的风度和气魄(《黑娃照相》);李麦收强咽下自己的痛苦而决然地让科研户带走他大把花钱娶来的新媳妇白雪花所表现出的人性的通达(《流泪的红蜡烛》);郭亮带领大伙走共同富裕道路的崭新精神风貌(《火神》);春妞儿为争取做人的尊严如期还清贷款,连续驱车四千多公里的胆识和勇气(《春妞儿和她的小嘎斯》)。总之,在张一弓的心中,时常有一种与英雄相认、与崇高亲近的渴望与期待,因此,他总能捕捉和及时发现生活中那些英雄人物,发现人的精神中那种崇高的素质和英雄品格,并通过对这些英雄人物的性格、命运的抒写来表现历史冲突和现实矛盾,讴歌人生的庄严和生命的光辉。他的悲剧英雄的内涵和意蕴在于揭示现实的不合理性、政治的荒谬及人性的劣迹。而那些生活中的强者则显示了现实改革带来的巨大变化,在经济冲击下人们对传统美德的保持发扬及对失落的人格尊严的追寻。但他写的英雄是古典式的,他们常在危急关头出现,挽狂澜于既倒,他写的悲剧也是一种传统型的,表现了古典式的崇高美,英雄虽死犹生,虽死犹荣。这表现了张一弓的一种理想渴望,一种追求永恒秩序与和谐的努力。这和那种现代意识烛照下的怀疑一切,否定一切,打破平衡和秩序,寻找新的价值观念的作家相比表现出不同的审美选择和文化取向。

与张一弓的激烈相反,何士光却显出了分外的沉静与平和。他从来不去搜寻重大的事件和奇特的人物,而是平心静气地、一往情深地游弋在普通人中间,探究一种生命的底蕴,描摹出普通人的生存状态和生命的表达方式。他笔下的人物都没有面对生死的重大危机,也没有人生的大悲剧、大悲痛。他们像小草一样平凡,像树木一样纯朴,像土地一样无声无息地生活着。春到夏,秋到冬,年复一年,日复一日,他们把生活建立在自己辛勤的劳作上,希望日子更明亮一些,轻松一些。山里人有山里人的活法,他们不要求像城里人一样生活,他们有自己的尊严和自信,有自己的喜悦和恋情,有自己的道德习惯和价值观念。因此他们宁愿让惠嫁到老实本分的穷家,也不愿让她嫁给城里人(《山林恋》);惠甚至因为婆婆让她和丈夫一起早早回娘家,就觉得"在她二三十年的、记忆起来的岁月中,还想不出曾经有哪一天像今天这样觉得幸福"(《喜悦》);刘三老汉不出一声的辛勤劳作换来了一片丰收的苞谷,给他出嫁的女儿打了家具,还清了贷款,在生命的黄昏放射出一抹照人的光辉(《种苞谷的老人》);刘长顺富足以后仍不忘宋书记莫大姐对他的关照,表现了山里人的善良和情义(《年》)。

总之,在这些普通人身上,生活是琐碎艰辛的,愿望是实在微薄的,他们古朴得有点落后,老实得近于木讷,实在得有点寂寞,平静得近乎沉闷。但他们平淡的日子中毕竟也有着冯幺爸的震人之举,也有着刘三老汉的惊人创造,也有着惠们心底的喜悦和年轻人可追忆的恋情。正如何士光在《赶场即事》中说的:"哪一颗星没有光,哪一朵花没有香,哪一个庄稼人的心里又不怀着一场屈辱和期望? 在过往的日子留下的这片废墟上,哪一个庄稼人又不在为明亮的日子而奔忙?"何士光发现的是普通人身上的光,哪怕这种光是微弱的。惠、小萍"心底清明如水,没有一丝矫饰"的自然纯朴之美,刘三老汉那种亘古如斯的生命力量的坚韧顽强,都使人感受到一种大自然的伟力,体味出一种生命的庄严。何士光通过对普通人生活的描写,抒发着一种内心深处的美好情愫,一种对生命的赞美。他带着一种清新恬淡和超脱的眼光看普通人,因而普通人的生活就被他的文化心理品格气质所浸染,有了一定程度的变形。这使他们安于现状的麻木被平静的超脱披上了一道美丽的光环,他们生活的苦难艰辛被坚韧顽强的生命力量所消解,生活中的不幸和悲剧被一种温和宽宏的感情稀释了。这使作品带上了牧歌的情调。沉静达观的文化气质和纤细丰富的心理感受使何士光冲破了生存的现实而创造出了超越时空的美学现实。读他的作品,苦难的心灵会受到亲切的抚慰,升华出一种高尚的情感,引发出对人世哲理的醒悟。

每个生命方式都是自然界一种力的方式。有些人的生命像沉静的湖,有些像白云飘荡的一望无际的天空,有些像丰腴富饶的平原,有些像断断续续的山峰。如果说张一弓是暗夜中一团熊熊燃烧的烈火,那么何士光则是夜空中蒙上了轻纱的月亮。因此张一弓选择了辉煌灿烂的生命方式,何士光选择了平淡无奇的人生形态。张一弓所写的是人生的光辉顶点,庄严而短暂地成为英雄的瞬间,何士光所写的则是平凡而漫长的人生历程,琐碎散乱的平淡日子。张一弓抓住了生活巨变的瞬间,人物命运突转的关键时刻,何士光更看重生活一点一滴发生变化的永恒,人物生命的常态。张一弓所写的是一种伟大,一种英雄形态,何士光写的则是一种平凡,一种孕育英雄的摇篮、产生英雄的温厚土壤,应该说这是另一种形态的伟大。张一弓注重的是人对生存价值的寻找以及自我实现自我完美的追求,何士光注重的是人的自然的生存形态及生命的本体力量。张一弓由个人遭际而深入社会现实,表现了对外在于生命本体的生存环境(社会、政治)的执着;何士光则多由个人生活而进入对生命价值的探究,表现了对整个人类生命忧患的思考。

二

对文明的批判与对愚昧的批判构成了张一弓与何士光创作上的另一种悖反。

随着创作的深入,张一弓与何士光由对自己审美对象的歌颂而转向了理性的文化批判。英雄的失落与反崇高的现代倾向使张一弓对英雄的呼唤以鞭挞懦夫的形式表现出来。因经济变革而引发的人的意识的觉醒使何士光发现了农民的落后与惰性。他们都以文化审视的眼光对人物进行了人性心理分析。

在人与外部环境(社会、政治)的冲突中,张一弓写出了人由自我牺牲精神而达辉煌壮丽的生命形式。在人与自身(人性自由、内在欲望)的矛盾中,张一弓则揭示了人对自我利益的牺牲是一种苍白无力的生命形式,是英雄自身人格不健全的表现,张一弓的内在气质是阳刚和暴烈的,但他自身的政治遭遇以及传统文化的浸染,使他像《死吻》中的朱赫来一样,是一个内心与外在分裂的个体,他时时渴望内心自由,希望把自己引渡到理想的彼岸,可是总逃不脱现实矛盾,现实矛盾总使他那种与崇高亲近的内心期待化为低三下四的迁就和萎缩。生命的庄严的光辉总被世俗的规范所掩盖,美好自然的人性总被虚伪的文明所抑制("心灵经受着炼狱的炙烤而脸上写着道德完善的微笑"),生命不能自由奔放,青春不能自由欢唱。思想与行为相悖,心灵与外表脱节,内在的阳刚之气难以弹奏出雄浑的生命之声。张一弓实在难以忍受这种压抑和萎缩,憎恶这种软弱和虚伪,因此他总是通过对这类人物的鞭挞来进行自我审判,通过对人物内心矛盾的刻画达到对封建文化、陈旧道德的批判。《死吻》中的朱赫来,是个在新婚之夜离家出走的反封建勇士,却被封建化了的现代政治压扁了个性,内心里编织着美好理想的幻梦,外表却维持着无爱的家庭。《孤猎》中打豹子的猎人虽然是征服狼群的英雄,但他对自己天然情欲的一再克制和扼杀,使他在失去群众的同时也失掉了自己的情人,最终陷入了双重的悲剧。《流星在寻找失去的轨迹》中的宋福旺也是一个分裂的性格,外表是一个大刀阔斧的专业户,内心却经常进行着道德的谴责和良心的斥骂,他对失去轨迹的寻找实际上是在寻找一种自我的道德完美和灵魂解脱。尤其是《都市里的野美人》中的剧作家高粱先生就更是一个典型的性格分裂者,一个被传统文化规范所异化的"可怜虫",张一弓的自审意识批判倾向在这里十分清楚地表达出来。他说高粱"希望变成一个纯真的野人,可从头到脚都打满了世俗的烙印,他虽然还保留着一点可怜的真诚,可他搭配了十倍的虚伪","他在现实中不敢得到幸福而只好去剧本里编造快活的梦境",内心的追求如火如荼,却不敢越雷池一步。因为他是高层的知识者,是教养和尊严的化身。而"野美人"则象征保留着更多人之天性的纯真的清新之美。无疑"野气"和"文明"构成了一对矛盾,在丁冬冬那种"野气"的比照下,高梁的"文明"则显出那样的虚弱和苍白,散发着一种酸腐之气。在"野气"的真诚直率的爱情表达面前,"文明"则显得那样的胆怯虚伪和言不由衷。有着强烈的英雄渴望并惯于写英雄性格的张一弓对这种可怜虫的嘲笑和鞭挞是淋漓尽致入木三分的。他们渴望于新,苟且于旧,既想偷吃禁果,又怕受到宙斯的惩罚,既想享受真正的爱情,又想保全自己的外在道德。实际上传统的旧文化旧道德在他们的心理上早已土崩瓦解了,而在行为上他们仍保持着对现实的一种无可奈何的认可态度,这种清醒的消极加剧了他们的人生悲剧,也促成了他们的性格矛盾与性格悲剧。但比起那些执迷不悟者来说,他们毕竟知道应该怎样生活,文明文化成了他们追求自身幸福的羁绊,传统的道德观念成了他们迈向现代生活的沉重包袱和难以跨越的门槛。英雄的气质和品格也在这种人生的不自由状态中泯灭和弱化了。由对英雄的社会价值评判和自我牺牲精神的颂扬,到对英雄内心矛盾的分析和人性自由的肯定,反映了张一弓英雄观念的变化。英雄首先应是一个健全的人,然后才是英雄。如果一味地强调英雄对内心生活的自我克制,只能把英雄送上神坛,使英雄变成非人。

如果说张一弓的文化批判表现了他对现代英雄人格建构的渴望,那么何士光对农民世界的剖析,则体现了他对现代农民人格建构的努力。与他前期对农民生活的净化、诗化、理想化相反,他深入地挖掘了农民平淡日子中的平庸,无所追求的麻木;与赞美他们清新刚健美好的生命力相反,批判和揭露了他们由于目光狭隘惰性十足的生活而显示出毫无生机和创造的生命力的萎缩。《苦寒行》中的朱老大正是何士光发现和创造出的一个阿Q的后代子孙。如果把冯幺爸们弯腰驼背苟且偷生的过去看作极"左"路线残害的结果,那么朱老大则完全应具备新的气质和精神风貌。可与《乡场上》中的冯幺爸相反,朱老大并没有在新的时代恢复自己的尊严,反而越来越多地丧失了做人的价值。在春光明媚,生活给他提供了多种条件的新形势下,朱老大表现了可怕的沉沦和堕落。张一弓的英雄人物都是因不具备发挥才能的环境和条件而导致了悲剧,而朱老大则表现出素质的低下,即使把他推向历史舞台,他也不能演一场威武雄壮的活剧,只能扮演小丑的角色。在别人都立足于写改革英雄的时候,何士光却写出了一个"狗熊";在别人都争相写人的自觉,创造意识萌动的时候,何士光清醒地看到了小农经济留下的痼疾,民族心态中的消极因素。他说:"八十年代说不定刚好相反,只意味着更深刻、更艰难、更尖锐因而更生动的工作和劳动罢了。""我们的重负也不在别的什么地方,而在我们绵延数千年的小农经济,它所派生的一切悠悠强大而深沉……"改革的深入发展,使何士光看到,并不是改革的变化就能救助一切人,就能使一切人都富起来,在好的社会环境中,如果没有踏实肯干的劳动态度,没有积极进取的精神和创造欲望,仍不能自强自立,仍不能富起来。朱老大懒散、怠惰,空做发财之梦,不愿从一点一滴的艰苦劳动做起,自尊起来高傲自大,自卑起来又怯弱无望。他有陈奂生的狭隘,却没有陈奂生的老实,有冯幺爸的卑怯,却没有冯幺爸的正气。他既缺乏古典农民刻苦耐劳的品质,又缺乏现代农民积极进取的创造精神。他是一个由小农经济的痼疾和极"左"路线的恶果共同孕育出的畸形产儿。何士光深入骨髓地剖析了朱老大性格形成的深层历史原因。这时候他不再身处困境,以知识分子的静默达观来看待自在状态的农民生活。自身环境的改变,使他的心境也处于一种竞争的跃动中,跳出来的文化审视使他对农民貌似平静实则麻木的精神状态有了深层的认识,同时他也认识到,过去那种静默达观只能抚慰苦难的心灵,在精神上超脱苦难,并不能使农民摆脱生存困境,而只有启发他们的觉悟,才能使他们改变自己的生活。因此他带着一种哀其不幸怒其不争的感情揭露和鞭挞他们由无知而愚昧,由愚昧而泯灭自我的生活状态。由原来对于农民生活那种传统型的带有牧歌情调的抒写,到后来这种现代眼光的带有批判倾向的刻画,表明了何士光思想演进的轨迹和创作的发展变化。近作《日子》中何士光以现代意识审视人生的倾向更为明显。在城市嘈杂喧嚣的生活中,人生的那种困境,生命的那种压抑和不自由状被绝妙地刻画了出来,老祖母在种种的限制中仍渴望于劳动和创造,不失为一种自我肯定的方式和积极的人生追求。

英雄与普通人不是与生俱来,没有一道不可逾越的鸿沟;辉煌与平淡也不是绝对分割、一成不变的两种生命形式。英雄的生命既有辉煌的时刻,也有暗淡的角落。普通人的生命中,既有蓬勃向上的美质,又有消极落后的因素。为了使英雄更具丰采,使他为社会献身之时不留下自我感情上的遗憾;为了使普通人的生命引爆出灿烂的火花,更具有创造新生活的能量,张一弓揭示了现代文明与封建文化的冲突,批判了束缚英雄感情、异化英雄性格的传统的旧道德。何士光揭示了现代文明与封建愚昧的冲突,批判了造成普通人消极落后愚昧无知的小生产者留下的痼疾。伯兰特·罗素认为:"美好的人生是为爱所唤起,并为知识所引导的。"(他所说的知识是科学的而非道德的)从这个意义出发,张一弓与何士光所进行的批判也是对美好的人生之路的一种探索。

三

博大雄浑与凝重精巧构成了张一弓与何士光审美风范上的一种悖反。

对英雄与普通人的不同选择,这本身就体现了张一弓与何士光对新奇与平淡的不同追求。因为英雄是生活中的少数,是凤毛麟角,这本身就包含着新奇。普通人是芸芸众生,这本身就是一种平淡。而且张一弓总是把人物放在大是大非面前,放在生死关头,抓住人物成为英雄或强人这一时刻进行刻画,使人物从一种平淡的生存形态,跃身于一种特殊的环境气氛中,让心灵高尚的冲动一下子爆发出来。这一时刻正是生命的火花开放得最灿烂、最美丽、最动人的时刻,也是人生最有意义、最重要、最有价值的时刻,在这一时刻,人的心灵是丰富复杂、敏感多变的,也许是坚定平静的,也许是矛盾动摇的,也许是坦然无愧的,也许是尚有遗憾的,也许是柔情百结的,也许是痛苦克制的,这是一场心灵的搏战,也是一次精神的升华。李铜钟在这一时刻以沦为罪犯的代价实现了党性和人民性的统一;猎人在这一时刻隐忍着失去情人的痛苦战胜了凶恶的狼群;赵镢头在这一时刻用带血的遗嘱呼唤着新政策的实施;黑娃在这一时刻超越了自己的生存困境迈进了理想的世界;春妞儿在这一时刻赎回了自己的尊严也赢得了真正的爱情。"人性中的精神力量只有在困苦和斗争中,才能充分证明自己的存在。"(史勒格尔)张一弓选择这一时刻写出了人的勇敢智慧和理想,写出了人的精神的崇高和生命的悲壮,同时也形成了他的作品博大雄浑的风格。

张一弓从人生丰富处着笔,何士光却从人生最乏味处切入。在别人毫不在意的地方沙里淘金,刻意挖掘,在平淡无奇庸常琐碎的生活中点燃起人生的烛光。冯幺爸的一声怒吼,惠的一丝喜悦,他都能从中写出时代的变化和人的精神的变化。公共汽车上的一场小小纠纷(《远行》),他能从中写出各自的前嫌积怨及后来的冰消雪融,刻画出各色人等。甚至刘三老汉种一片苞谷的过程,他也能写出新政策对生产力的解放,普通人生命力的强盛。在他的笔下,一片白云,一阵清风,一丝垂柳,一滴露珠,一条小路,一声鸟鸣,都不是可有可无,而是蓄满诗意,充满感情的。在这种平淡的生活中,在这种微不足道的小事中,他咀嚼出了生活的意义,发现了普通人清新刚健的生命力量,加之他那缭绕在平静的叙述中淡淡的忧郁、辽远的愁绪,形成了作品凝重典雅的艺术格调。

张一弓与何士光由对英雄和普通人的不同选择派生出了他们艺术上另一个不同特点。张一弓的作品有很强的故事性,他总是用情节上的起落变化来牵引读者的视线,而何士光的作品淡化了情节,总是靠一种主观的情绪和叙述的格调来抓住人的兴趣。首先从题目上就可以触摸到他们不同的审美追求。张一弓的题目总给人一种悖理和反常的感觉。"犯人李铜钟的故事","犯人"所规定的是否定的概念,而"故事"所蕴含的又是一种肯定的情感,不由不给人一种期待,这不是一个平常的、普通的、一般的犯人,肯定是一个特殊的犯人,从而引申出一个特定时代被判为犯人的英雄的故事。"流泪的红蜡烛",暗示着喜庆之中的悲剧,"张铁匠的罗曼史",作为铁匠明明是出力老实的汉子却偏偏有一段动人心魄的罗曼史。"都市里的牧羊人","都市里的野美人",明明在现代文明的都市却有山野里的牧羊人,原始意味的野美人,这些题目本身就有一种极强的故事感,新奇的诱惑性。而"死吻"、"死恋"更是以爱情的极致吸引人刺激人。"孤猎"更透露出一种苍凉悲壮之气。这些有意味的题目对作品的内容有一种明显的昭示,为英雄的悲剧作了预告,而何士光的题目则是和他的人物一样质朴平凡,包含着一种情趣韵味,读者从题目上决不能预测到作品的内容。"乡场上"平平常常,"种苞谷的老人"普普通通,"草青青"、"青砖的楼房"、"苦寒行"带有象征的意向,含蓄蕴藉,"日子"在平凡单调中包括了世态万象。这些题目大都不是对某一事件或人物的特指,而是一种高远的概括,是超越了具体事件的一种意境、一种引人深思的精神、一种普遍的人生境遇。在这些题目下面,作者展现的是平凡人物的日常生活,艰辛劳作,心理上的重负与狭小封闭的活动场景,我们感受到的是作者不动声色的描述中内心情绪的抒发和人生哲理的披露。张一弓总是安排情节上戏剧性的陡转,让人物感情发生碰撞,心灵进行交流(如《死吻》的结束),而何士光则让情节弱化或淡化。《草青青》中,最后孙孟陶寂寞的生活中突然又出现了小萍的形象,何士光却让人物采取了躲避的方式,没有让他们相见,引起情节上的突变或人物命运的转折。因此张一弓的作品大都有一种戏剧性的效果,而何士光的作品总给人一种悠长的深思。

　　由于张一弓所写的是英雄人物,因而他的作品就带有了某种通俗性、传奇性的特点。情节上的大幅度变化,感情的跌宕多姿,加之语言上的幽默调侃都使爱好英雄传奇的读者有一种熟悉感和亲近感,有一种与之相遇的阅读渴望,并从中得到一种心理上的满足和审美享受,这就使张一弓的作品在严肃小说失去读者的情况下,几乎每一篇都有所轰动,能够赢得广大读者。因此,我们说张一弓的创作在深刻严峻的主题中融合了传统的通俗的大众化的审美趣向。而何士光虽然写的是普通人平凡事,却有着超凡脱俗的艺术追求。他带着知识分子的达观超脱去写普通人的生活,普通人却未必能从中体验出生命的情趣;他以抑郁的心境、抒情的格调写普通人的生活,普通人也未必有耐心去品尝作品中那无尽的愁绪和诸多艰辛;他以知识分子的犀利目光去批判朱老大们的生活态度和人性劣质,普通人也未必能感受到朱老大们的精神贫乏愚昧落后。总之他把深邃的思想与优美凝练的文字熔于一炉,形成了一种经典性的风格,他进行的是纯粹知识分子的审美创造,只能供上层文化圈内的读者去品评和思考。

张一弓的博大雄浑与何士光的凝重精巧不仅表现了他们自己审美趣向上的不同追求,同时也反映出整个当代文学创作中两股齐头并进的审美主潮,我们的时代既需要阳刚之气,也需要阴柔之情,我们既希望看到更多的具有阳刚之美的作品,也希望看到更多具有阴柔之美的作品。希望我们中华民族精神中的这种阳刚与阴柔源远流长,大放光芒。

原载《文学评论》1990 年第 6 期

用激情和理性浇铸当代英雄
——兼论张一弓对主流文学的意义

曹增渝

等待着"文革"后主流文学作家的,并非一条铺满鲜花的大道通衢。随着时代的前进和历史的转折,他们将不得不面对探索文学和通俗文学的双重挑战,不得不在革命传统和历史失误、文学创新和流行时尚、大众需求和审美惰性之间作出审慎的分辨和艰难的选择。

张一弓所遇到的,正是这样的局面。尽管他曾经因《犯人李铜钟的故事》一鸣惊人,尽管他在全国中短篇小说评奖中曾经四次获奖,尽管他的作品曾多次引起轰动效应并且频频被转载、改编,然而,热闹过后是寂寞。多年来,他不能不在寂寞中独自探索、前进。他不属于新潮,但又不尽合于某些人所理解的传统。他想尽力"在一条不那么好走的道路上走得较好一些"①,又不能不时时感到自己"如同一个胎位不正的产妇",正经历着"难产的折腾"②。就这样,在新潮和传统之间那片广袤的旷野上,他留下了自己执拗前行的脚印……

一

在1984年发表的一篇创作谈中,张一弓曾经直截了当地说过:"生活是至高无上的权威。如果一定要对文学从属于什么的问题作出毫不含糊的回答。那么,我会毫不迟疑地说,文学从属于生活。这儿所说的生活,是人民群众创造历史的社会实践。"③在这种地道的主流——大众文学主场中包含着两个值得注意的基本点:一是他对文学的社会价值关注超过对其审美价值的关注,二是他对表现社会生活和群体命运的兴趣超过对于表现个体心灵的兴趣。我们虽然不能说十余年来张一弓在这两个问题上的态度毫无变化,但是其基本立场

---

① 张一弓:《听从时代的召唤》,《文学评论》1983年3月。
② 张一弓:《猎人在捕猎沉重的人生》,《中篇小说选刊》1988年1月。
③ 张一弓:《听命于生活的权威》,《文艺报》1984年6月。

的始终如一大约是可以肯定的。

张一弓属于五六十年代成长起来,而后又经受了"文革"严酷锻炼和教育的那一代知识分子。民族文化传统和当代社会生活所造就的这一类人大多有一种强烈的社会责任感和高度的政治热情。在他们心目中,个人价值的实现归根结底体现在阶级、民族和人民的共同事业之中。所以,一方面他们把自己看得很轻,有如一根轻飘飘的"毛",一心一意附着在人民大众这张"皮"上。"皮之不存,毛将焉附"这句老话经由领袖的教诲而成为他们处理个人和大众关系时的共识;另一方面,他们又把自己看得很重,认为自己对天下、国家、民众的命运都负有不可推卸的责任,因而"家事国事天下事事事关心"。特别是张一弓,在这代人的共同特点之上又多了一重记者的特殊身份和少年得志的优越感。这使他长期以来习惯于"指点江山,激扬文字"的生涯,习惯于从社会政治的角度去观察生活、认识生活。"文革"的沉重打击和惨痛教训启迪了他对历史的反思,却没有动摇他的价值理想,没有熄灭他对社会生活的热情,反而从另一个方面加深了他同普通民众的情感联系,强化了他对大众命运的关注。

正因为如此,张一弓才不同于那些为艺术而艺术的小说家,不同于那些为消遣而写作的小说家。他继承的是中国古典文学中积极入世忧国忧民的传统,"五四"新文学中关心普通民众命运的人道主义传统,40 年代以来大众文学讴歌大众业绩赞美大众心灵的传统,以及 50 年代中期"重放的鲜花"一类作品和苏联社会主义文学中敢于揭露矛盾张扬英雄主义和斗争精神的传统。对于张一弓和他所崇仰的文学前辈来说,文学不只是一种审美创造,而且是参与社会生活的一种方式,是他们的社会政治热情通过另一个突破口的宣泄和迸发。所以,张一弓常常"心甘情愿地写一些可能'速朽'的文学",甚至宁可把自己的一些作品称作"一个驻队干部在八十年代初期的文学记录"①。当然,准确地说,我们毋宁将其看作生活感受、政治激情和人生淤积经过充分搅拌发酵之后的"井喷",是他面对现实斗争的一种积极的投入和不能自已的"发言"。

他笔下的那个既是犯人又是英雄的李铜钟,在反思文学的热潮中率先揭开了当代史上曾经讳莫如深的一页,把一幕充满了饥饿和死亡更充满了沉痛教训的历史悲剧展示在读者面前;还是这个李铜钟,在撕破对历史的伪饰、痛斥不顾人民死活的浮夸作风和极"左"路线的同时,以其壮烈的献身之举,树起了一尊真正的共产党员的雕像,一座"高尚的圣者和殉道者"的丰碑。对于 70 年代末 80 年代初社会政治生活中方兴未艾的"拨乱反正"、"正本清源"的大辩论来说,这显然是一种极有说服力和感染力、极有原则性和分寸感的黄钟大吕之音。

----

① 张一弓:《听从时代的召唤》,《文学评论》1983 年 3 月。

更多的"发言"是围绕着农民的现实利益和农村现行政策展开的。诸如《牺牲》、《赵镢头的遗嘱》、《黑娃照相》、《瓜园里的风波》、《智慧的痛苦》、《寻找》、《张铁匠的罗曼史》等,都可以作如是观。特别是《赵镢头的遗嘱》,从结构到语言,都溢满了论辩的激情。林慧和龚大平这两位决策人物几乎是一见面就以唇枪舌剑相交锋自不必说,其中的主人公赵镢头更是用整个生命来参加关于联产承包责任制的辩论的。有的论者曾以为赵镢头的自杀缺乏生活的必然性,"很难经得起读者的真实感的考验"。其实,正如佛斯特所说:"小说人物的真不真,只能依照小说法则去衡量。"①张一弓的这些小说,原本就不是生活自然流程的客观写实,而是对现实矛盾的高度浓缩、集中和强化。为这种小说法则所规定的赵镢头,显然是一种类型化的人物。他的全部价值和意义就在于他在创造和捍卫联产承包责任制这一点上代表了80年代初期中国农民的心声,正如黑娃代表了实行责任制以后农民的喜悦和赢得新生活的信心(《黑娃照相》),马套代表了刚刚尝到责任制甜头的农民对多变的政策的疑虑一样(《寻找》)。正因为如此,赵镢头才不能不以整个的生命作奋力的一掷,从而为社会主义农业的发展道路、为八亿农民的切身利益交出一份掷地作金石声的申诉状和辩护词。

当然,文学并不能等同于政治,哪怕是形象的政治。张一弓的一些早期作品也确实不同程度地存在着理念大于形象、共性大于个性的毛病。由于急于通过作品反映现实中存在的某些问题,因而人物形象的生动性、丰富性,特别是人物内心世界挖掘的深刻性上都有不少欠缺。即使是《犯人李铜钟的故事》这样的佳作,对人物行为及其社会意蕴的描绘达到了相当高的水准,但对其内在的心路历程的揭示却依然较为薄弱。就一般的大众文学作品而言,这似乎是一种较为普遍的倾向。然而对于希望不断提高作品的文学品位,力求实现社会效应和审美价值的统一、即时效应和恒久价值的统一的作家来说,这却不能不是一个必须正视的问题。

在新时期的第一个文学浪潮中,张一弓显然是一帆风顺的。他按照自己的创造思路不断推出新作,对现实的关注由农村政策和农民的物质利益的层面逐渐进入农民的精神需求和人格发展的层面,但作品似乎一直未能拓出一个新的境界。当第二个文学浪潮——"八五"文学新潮到来的时候,翩然而至的文学新秀们曾一度把张一弓这样的作家挤出文坛中心。这肯定挫伤了张一弓的文学自信,但另一方面,也促使他对自己的文学观念进行某种反思并作出相应的调整。他这一阶段的作品数量明显减少,然而却留下了从不同方向寻求突破的

---

① 〔英〕E.福斯特:《小说面面观》,花城出版社,1981年。

探索足迹。

　　一个方向是改变自己对生活的单色调选择，要求自己严格地再现生活的多色调和复杂性。正因为如此，他才花了半年时间煞费苦心地写了一篇自称是"莫名其糊涂"的《流星在寻找失去的轨迹》，塑造了一个"一忽儿凝聚为铁，一忽儿熔解为水"，"不干不净地大把抓钱，却又急头怪脑地用金钱赎回自己"，"灵性里掺杂着野性和邪性"的，令人摸不透的农民企业家宋福旺。另一个方向是题材的改变。步入文坛以来，除了一篇未引起多大反响的短篇《考验》之外，张一弓一直耕耘在农村题材领域。在这段时间里，他显然有意拓宽题材领域，把他自以为更加熟悉、库存更加雄厚的知识分子生活纳入笔下。于是就有了《死吻》以及后来陆续发表的《都市里的牧羊人》、《都市里的野美人》等。前一个方向融入了作家对社会全活、对主客体关系的新思考，显示了文学新潮对张一弓创作思想的影响。但这种变化要求作家对自己的创作个性作出较大幅度的调整，这种昂贵的代价也许正是作者后来未能在这个方向上坚持下去的原因。后一个方向，由于作家仍然偏于走"外"的写作套路和单一向度的主题开掘，故而也未能在高手如林的知识分子题材创作中独树一帜，产生大的影响。

　　然而张一弓的以上努力并非徒然耗费心血。两年以后，他终于找到了既有利于张扬个性又能充分展示新的审美品格的一条新路。这里指的是他于1987年间发表的《孤猎》、《夜惊》、《黑蝴蝶》等几篇近于寓言体的小说。张一弓经过漫长而艰苦的探索之后，第一次偏离了近距离写实的手法，把他对社会生活、对民族历史和民族精神的思索隐入比较遥远、比较模糊的时空背景，置入具有象征和隐喻意味的故事框架，从而拓展出一片新的艺术天地，"获得了一种从琐细的现实中挣脱出来而又重新俯视着现实的如梦似烟的感觉"①，更加集中更加鲜明地体现了作家对历史和人生的感喟。这无疑是张一弓小说创作中的一次重大突破。它使人们不能不对张一弓刮目相看，不能不引发出对其小说创作的新的期待。

二

　　张一弓的小说创作确实是以对现实生活的关注和投入为特色的。然而，如果仅仅停留在这个层面，张一弓恐怕还算不上优秀的文学家，而只能算是"驻队干部"或新闻记者中一位出色的"笔杆子"。人们可以在翻阅他的"报道"、倾

---

①张一弓:《猎人在捕猎沉重的人生》,《中篇小说选刊》1988年第1期。

听他的"发言"的时候,被深深地吸引和打动,甚至在对现实生活和有关社会问题作出判断和决策的时候,受到他的影响,吸收他的意见。然而,时过境迁之后,只怕很少有人会对那些报道和发言保持长久的兴趣。

张一弓为我们提供的,当然不只是这些"报道"和"发言"。这是一个充满了强烈的情感、跃动着生命的活力、显示着人生的庄严和神圣的精神天地,是一个一旦进入便不能不被打上精神烙印的文学世界。它不但影响到人们对社会生活的评价和态度,更影响到人们对人生价值和生命方式的选择,影响到人们的精神品位和生活质量,从而成为人生的一种重要的精神能源。

张一弓笔下的许多人物都有一种鲜明的英雄品格和强者气质。他们身上凝聚了张一弓的人格理想,体现了张一弓所企望的人格发展方向。而这一理想,又是同他对社会生活、民族命运的思考紧密联系在一起的。过去时代的所谓英雄,虽然有各种不同的理解,但大都看重个人的功业和影响,与普通民众是不相干的。曹操煮酒论英雄,指的是那种胸有文韬武略足以安邦定国割据称雄的一类人物。卡莱尔把英雄视为伟人的同义语,热情地赞美神灵英雄、先知英雄、诗人英雄、教士英雄、文人英雄和君王英雄,却根本不屑涉及平民百姓。张一弓笔下的英雄,则体现了当代社会主义中国的特定文化内涵。它更多地反映了人民的愿望和要求,反映了英雄精神与平民意识的一种融合。这里既有对40年代以来大众文学有关传统的继承,又有张一弓在新的时代氛围和精神气候中对生活的深刻感悟和大胆创造。

把张一弓作品中的李铜钟、赵镢头、郭亮等人同"十七年文学"中的梁生宝、肖长春作一番比较,也许是不无兴味的。在这两类英雄人物之间,有不少共同点。例如作为优秀的农村基层干部,他们都热爱党、热爱社会主义,同人民群众都有着血肉相连的密切关系。他们无私无畏,都能够为党的事业和人民的利益作出必要的牺牲。然而,梁生宝、肖长春们主要体现为一种先进的政治力量的代表。在他们的人格结构中,居于支配地位的是一种政治觉悟。他们是自觉地代表党、代表党在农村工作中的路线和政策而发挥作用、产生影响的。李铜钟、赵镢头、郭亮他们却更多的是广大人民群众的代表。在他们的人格结构中,居于中心位置的是同人民群众的血肉联系,是为人民利益而献身的赤诚和热忱。他们的使命在于反映人民的呼声,保护人民的利益。从理论上讲,二者是一致的。然而,在实际生活中,这两种不同的出发点有时却会导致对现实的不同态度,甚至会给人物带来迥然不同的命运。较之梁生宝等人,李铜钟们所面对的显然是更为复杂、更令人困惑的客观情势,因而需要承受的也就必然是更大的精神压力和更多的内心痛苦。由此也带来了人物性格基调的差异:梁生宝们较为单纯明朗,李铜钟们则更为深沉凝重;梁生宝们具有较多的正剧意味,而李铜钟们则体现出浓厚的悲剧色彩。我们当然不能因李铜钟们的出现而否定梁生宝们的价值，然而李铜钟这一类英雄形象在文学作品中的诞生则毫无疑问标志着社会主义文学已经进入了一个更加成熟、更加广阔的发展阶段。

然而张一弓和柳青、浩然们在英雄人物塑造上的差异似乎还不止于此。张一弓笔下的李铜钟们不仅是对社会生活社会矛盾的一种典型概括，而且凝结着张一弓的一种独特的心理气质，体现着张一弓内心深处缠绵郁结的一种不甘沉沦、不甘凡庸、渴望献身的英雄情结。如果说，在张一弓早期的创作中，这一点表现得还不够集中的话，那么，随着他创作个性的日益成熟，对英雄主义的讴歌和呼唤越来越成为他晚近创作的鲜明特色。

大体上看，张一弓早期的作品倾向于对普通人身上的英雄气质的发现和歌颂。不仅仅是被论者誉为"高尚的圣者和殉道者"的李铜钟及赵镢头，也不仅仅是带领群众走上了共同富裕道路的郭亮和学会开汽车告别了蚂蚱驴的春妞儿。即使卑微如张铁匠，面对权势压头和噩运罩顶也仍然是宁折不弯从不低头的一条硬汉（《张铁匠的罗曼史》）。即使穷困如黑娃，也敢于用卖兔毛所得的将近半数照一张乡下人叹为观止的穿西服打领带的彩照，敢于充满信心地望着中岳庙会上那鳞次栉比的货棚饭铺大声喊叫："你们——统统地——给俺留着！"（《黑娃照相》）至于李麦收、宋福旺这几位财大气粗的主儿，在开始新的精神追求时所表现的那种风度那种气势就更不必说了（《流泪的红蜡烛》、《流星在寻找失去的轨迹》）。应当指出的是，张一弓创作这些作品的时候，正是中国的改革开放事业顺利前进的时期，也是张一弓个人的文学事业和文学声誉处于巅峰状态的时期。作品中明显地洋溢着一种压抑不住的乐观自信。这既是时代情绪的一种反映，也是作者个人情绪和心态对作品的一种渗透。二者的协调一致和同步发展，有利于触及时代生活和社会心理的敏感点，有利于回应广大群众的要求和心声，从而引起广泛的共鸣。至于对生活的感应和理解的某种表面化和简单化的缺憾，似乎也是在所难免的。

在《孤猎》等近作中，张一弓笔下的英雄主题开始出现一种沉郁顿挫的悲怆意味。这显然源于一种与前几年迥然有别的生活感受。这些年来，随着社会政治经济生活的一系列变动，以往封闭停滞的生存方式中形成的愚昧自私平庸短视的历史沉渣，和商品经济大潮中逐渐泛滥起来的讲求实惠的世俗化生活态度交相汇流，形成了精神文化领域里的一股具有极大腐蚀性的浊流。这对张一弓所尊奉的理想主义和英雄主义不能不构成严重的挑战，从而使他心中潜伏已久的一种意识——关于英雄与凡庸对立的意识——日益明朗化，并终于在面对文学新潮，"不声不响地倾听各种主义和观念的喧哗，捕捉那些使自己的艺术感觉变得丰富而灵动起来的声音"①的过程中,找到了一种恰当的表达方式。

英雄和凡庸,在张一弓晚近的作品中,主要意味着两种不同的人生态度和精神品位。前者积极进取主动热情敢于承担责任作出牺牲,后者则萎靡不振得过且过畏首畏尾患得患失。在张一弓的一些早期作品里,这种精神品位区分和对立,虽然已露端倪,但基本上还隐蔽在具体的社会行为的背后,未能抽象出来。到了《春妞儿和她的小嘎斯》,就开始有了变化。在这部小说里,春妞儿追求自主、自尊、自立的主体人格与二小子那个"圆眼兔娃子"的软弱无能以及李柱哥的畏葸游移构成了鲜明的对比。后者对前者的反衬事实上已经化入作品的基础构架,揭示着作品的基本主题。只是由于春妞儿这个形象本身缺乏足够的力度,因而妨碍了这一主题的表达。

在《孤猎》里,张一弓终于为这种英雄主义、为英雄和凡庸的对立找到了一个气势恢宏且极富象征意义的载体,那位不知名姓的猎人,他的勇敢,他的强悍,他的博大,他的孤独,他的悲剧性的献身,都使其成为显示英雄品格的最佳人选。在这篇作品中,英雄与凡庸的关系已经由潜在的对比发展为明显的对立和对抗。猎人所面对的敌手,已不只是猛兽的凶残,而且是他所全力保护的人类中的愚庸。在作品所描绘的情境里,后者甚至比前者更可怕,更令人触目惊心。以这种方式揭示矛盾,对于日益沉溺于物欲之中、熄灭了英雄主义冲动的当代读者来说,无疑有振聋发聩的功效。

《夜惊》和《黑蝴蝶》在不无荒诞意味的故事框架中,同样成功地表达了对于英雄精神失落的深沉忧思。《黑蝴蝶》里的喜娃很容易让我们联想起中岳庙会上的黑娃——不仅是由于他们年龄和身份的相似,更是由于他们精神状态的迥然相异。在突然降临的机会和财富面前,喜娃表现得如此惊慌失措、惶惑不安,以至于完全没有应付的能力。这和当年那个乐观自信充满活力的黑娃构成了何其鲜明的对比!然而这正是生活的另一面,是历史的步伐所以沉重迟滞的一个重要原因。一位18世纪的法国学者曾精辟地指出:"一般说来,对于心灵最有害的,莫过于老是处在那种懒洋洋的毫无生气的状态里了,它会毁掉一切热情和事业。"②在《夜惊》里,张一弓向我们讲述的正是这样一个凡庸"毁掉"英雄的故事。尽管这里被毁掉的只是一个大禹抱子送禾的石雕,一个祖宗留下来的"人样",一个英雄的象征,然而,它却更加凸现了两种生命方式的对立、两种精神状态的对立,使我们更加沉重地感觉到作者刻骨铭心的悲哀。当然,悲

---

① 张一弓:《猎人在捕猎沉重的人生》,《中篇小说选刊》1988年第1期。
② [英]大卫·休谟:《人性的高贵与卑劣——休谟散文集》,杨适译,生活·读书·新知三联书店,1988年。

哀并不等于绝望。小说结尾时，村民们终于惊怖地发现了自己所犯的巨大过错，决定找回老石匠，重新雕塑这个"石头汉子"。最后，是一段十分精彩的文字：

> 黄土山梁上开始了春播。兰妮望见，星星一样的谷粒从"狼尾巴"谷穗上撒落下来，钻进了湿漉漉的泥土。山梁上腾起了吉祥的紫雾。一个永不衰老的石头汉子正在山梁上沉重地迈步行走。黄河跟着他发出呼啸，拴娃和村民们也都跟着他挺起了脊梁。一个泼壮的婴儿正在他怀抱里大声啼叫，那是一支悠远而嘹亮的儿歌。

这幅庄严神圣的图景，是兰妮的期望，也是作者的期望，更是时代的期望。我们这个时代不是比以往任何时候都更需要挺起"老祖先的脊梁骨"，需要大禹式的重整河山造福民众的英雄气概，需要那种为民族的生存和发展而奋发有力的壮志豪情吗？这里，张一弓以一种能充分体现其个性的独特方式，又一次成功地表达了个人心声和时代呼唤的共鸣共振，创造了一个给读者以深刻启迪和强烈震撼的精神空间与艺术空间。

三

张一弓的文学世界，是一个充满激情的世界。这位"多血质"的作家，似乎从来不会也从不愿意掩饰自己的爱憎。他对作品中故事和人物的描述，无不渗透着鲜明的感情色彩和理性判断。也就是说，他不仅要用故事和人物本身所隐含的倾向性来引起读者的情感反应，而且要以作者的情感浸渗整个叙事过程，直接作用于读者的审美接受，影响读者的价值判断。借用王国维的说法，这便是地道的"以我观物"和"有我之境"。这种叙事态度在大众文学创作中相当有代表性，只是在张一弓这里，表现得更典型、更明显。其中自然有利有弊。就"利"而言，它能够帮助读者迅速地进入某种情感状态，在特定的氛围中对读者的接受过程构成某种制约和引导，从而达到预期的艺术效果。就"弊"而言，它也许不利于充分显现或暗示对象所隐含的多重意旨和复杂结构。在不少现实主义作家日益追求客观化的 80 年代中期，张一弓曾经遗憾地注意到，自己"常常按照个人的过于强烈也过于直露的爱憎"，对复杂的生活作出简单的选择[①]

[①] 张一弓:《莫名其糊涂》,《中篇小说选刊》1985 年第 5 期。

并且试图在创作实践中为改变这种思维定势作出努力。这种探索对于丰富发展作家的创作个性当然是有益的。但是，从另一方面看，随着时间的推移，人们毕竟不难发现：在现实主义的广阔道路上，客观化和主观化的不同倾向，完全可以并存；努力再现客观世界的复杂性和刻意对生活作出独新的简化处理，同样可以完成有价值的审美创造。这里，关键在于具有不同创作倾向的作家能不能扬长避短，创造出尽可能丰富多彩的艺术世界。

张一弓小说中的激情和主观化倾向除了体现为英雄形象的塑造和对英雄主义的呼唤以外，主要表现在以下两个方面：一是他笔下所展示美丑对立且彼此消长的世界图式，二是他独具特色的叙述语言。

张一弓是带着革命者的激情来观照这个世界的。为了以自己的作品推动社会和整个人类的进步，他强调的不是从局部从微观上对生活加以细腻的体察和品味，而是从整体从客观上把握社会矛盾和社会心理的发展变化。他从辩证唯物主义的观点出发，认为应该"让人们看到现实生活中两种'现实'的存在"："一种也许是在某一个历史阶段上或某一个局部环境中占据优势的黑暗势力，但它在总的趋势上却在消亡着，正在失去它的必然性和现实性；而与之矛盾冲突着的对立面——也许在某一个历史阶段上或某一个局部的环境中居于劣势的进步力量，却在斗争中成长着，正在愈来愈惹人注目地表现着它的现实性和生命力。"[1]这种对生活的理解在作品中很自然地转化为一种美丑对立消长的图式。特别是在前期的一些容量较大的中篇作品中，对立的双方往往具体地表现为在政治路线、思想作风和道德品质上尖锐对立的两组不同的人物形象，并通过他们之间的矛盾冲突展开情节演绎主题。这种鲜明显豁的社会生活画面自然有利于帮助读者认清社会发展的主流，鼓舞人们积极投入现实斗争。不过由于作者的笔墨较多地集中在正面人物的塑造上，对立面人物着墨甚少，有时甚至被简化为一种政治符号或者漫画形象，因而二者之间难以展开多层次多侧面的思想交锋和性格交锋。这就使得情节的发展缺少某种内在的动因，矛盾冲突容易趋向表面化，以致减损了作品的分量。在张一弓后来的作品中，美与丑的对立逐渐由外在化具象化向内在化象征化发展，从而更加贴近现代人的生活感受，并把想象的联想的空间更多地留给读者，这种情感化的世界图式由此也获得了较大的容量和新的活力。

充满激情的叙述语言在张一弓的作品中是十分引人注目的。汪曾祺说："语言体现小说作者对生活的基本态度。"我们或者可以补充一句：语言体现小说作者对文学传统的基本态度。张一弓注重口语化的人物语言，从大体上看，

---

[1] 张一弓：《听从时代的召唤》，《文学评论》1983年第3期。

与上一代大众文学作家并无大的不同。然而其独具特色的叙述语言却与这些文学前辈有显著区别。这是一种在描绘生活画面的同时更注重表达自己的情感、智慧和才思的叙述语言。这种语言不仅以强烈的感情色彩传达出作者对生活的评价，同时，通过农民口语与非农民的书面用语、官方辞令、科学名词乃至欧化句式的混杂运用，有力地暗示出作者既了解农民又不同于农民的特殊身份，从而在作品描绘的对象世界之外，显示出一种可以与之参照的更加广阔的文化视野和时代氛围。这与赵树理等前辈作家刻意隐去自己的知识者身份，力求完全融入农民文化的语言风格相比，显然是一种很有意思的变化。它所表明的，不仅是作者个性的差异，而且是一种时代的进步，是日益开放的社会文化环境和日益提高的大众文化素质在文学语言中的反映。

张一弓的叙述语言中还经常流露出一种夸饰的色彩。在对农村风情、农家琐事和农民心理的转述中，他往往喜欢用夸张的语调，将农家生活的普通经验用一种反差很大的书面语言、理论语言、行政语言表达出来。这种语言的错位，有时是作者的才情和幽默感的下意识流露，更多的时候则是有意为之，起到了从现象中凸出特定意蕴的效果。比如《黑娃照相》中称黑娃为他那个"三口之家的财务大臣"，把他们家母鸡下蛋后的啼叫说成是"向全世界发布它们的生产公报"，把卖兔毛得了八元四角钱称之为"黑娃家的一个具有历史意义的伟大事件"等，看似游戏笔墨，实际上却用一种喜剧式的口吻引人注目地传达了农村开始由穷变富的重要信息，为故事的展开提供了一个极其关键的背景。又如《挂匾》里，当劳动致富的杨树根被县长扶上骅骝马，"夸富游行"来到"那条原名叫城隍庙街，后来数易其名为合作路、跃进路、红卫路，最近又更名为致富路的县城中心大道"时，作者却是这样描写他的思绪的："他想起，每当这条街道改名的时候，几乎都要在这里热闹一阵子的。他无幸成为历史学家，看不见这条街道上写着一部沉重的历史。但他不止一次地听到过历史老人在这条街道上的大叫大嚷。眼下，他心里正在振荡着遥远而沉闷的回声。"我们不必认真地追问这种表述是否合乎那位农民的心理真实。因为作者正是要通过这种夸张的语言，从被日常生活磨损殆尽的感受中分辨出某种特异的色彩，抽象出不寻常的意义，并放大、强化为清晰可辨的语义信息，进而交织成作品中的理性网络和阐释结构。

总之，张一弓的叙述语言是一种富于激情和理性色彩的语言。它善于渲染气氛，善于进行类比和抽象。它那种粗大浓重的笔触和对比鲜明的色块用以表现重大的社会矛盾和普遍的社会心理，塑造英雄人物，很容易造成宏大的气势和较强的感染力。这是构成张一弓艺术个性的一个重要因素。

当然，对于作家来说，更高的目标应该不止是保持创作个性和鲜明生动，而是持续不断地使其得到丰富和发展。应该多有几副笔墨以更好地反映令人目眩神迷的现代生活。应当编织出更加富于弹性和张力的语言之网以捕捉当代人微妙复杂的生活感受。应当塑造出更有时代感更具心灵深度的英雄形象以振奋人们的精神激励人们的斗志。

很可能,这正是张一弓为自己规定的目标。

原载《小说评论》1992年第4期

不忍远去成绝响
——张长弓、张一弓父子的"开封书写"

陈平原

曾为七朝古都的开封,进入20世纪,因政治、经济以及交通等因素,已不再是在全国举足轻重的区域性中心城市了①。而我关心的是,在古城残破且孤寂、不被世人看好的年代,有哪些文人学者,在精神上不即不离,用自己的专业学养,默默地呵护着它。

本文以原河南大学中文系教授张长弓出版于1948年的学术著作《鼓子曲言》,及其儿子张一弓刊行于2002年的长篇小说《远去的驿站》为中心,借助二者的互文关系,讨论这场跨越半个世纪的精神对话,探究古城、大学与战火,如何成就了张氏父子以声音为中心的"开封书写"。

一、战火中弦歌不辍

对于学者张长弓来说,八年抗战,是其著述的"关键时刻"。就以《鼓子曲言》为例,1948年正中书局版的《题记》称:"民国三十四年六月脱稿于宝鸡石羊庙,又二年二月改定于开封。"此文有曰:"三十三年嵩潭失陷,明年宛西战役,皆在极艰苦中,强力携出曲稿。"②《张长弓曲论集》收录的《鼓子曲言》修订本,则是:"一九四五年六月脱稿于宝鸡,一九四七年二月改于开封,一九五〇年三月再改于开封。"③《鼓子曲言》第一章"历史与源流"曾以《南阳俗曲之历史与源

---

① 刘春迎称:"明代的开封,不仅是河南省的省城,也是明朝初年的陪都,还是周王的封地。……然而,明朝末年一场特大洪水,不仅将开封城全城覆没,也使开封在千百年来所积蕴的王气在转瞬之间化为乌有,标志着开封皇城时代的彻底终结。"见《揭秘开封城下城》第200页,北京科学出版社,2009年。另,清代及民国年间,开封作为河南省的省会,在全国政治格局中仍有其重要性。1954年10月,河南省会由开封迁往郑州,此后,开封的地位一落千丈。
② 张长弓:《鼓子曲言》,正中书局,1948年,第145、143页。
③ 张长弓:《张长弓曲论集》,黄河文艺出版社,1986年,第134页。

流》为题单独发表，文后注："一九四五年二月在荆关。"①这里的"荆关"，即《鼓子曲言·题记》中提及的位于豫、鄂、陕三省交界，濒临丹江的荆紫关；而后者提及的"嵩潭"，乃豫西深山区的嵩县潭头（现归栾川县管辖）。此"嵩潭"，在《鼓子曲存·序》中也有涉及："回想一九四一年春，敌人侵犯偃漯，本人远在北京。妻孟华三置箱筐不顾，携儿女稿包逃难下乡。一九四四年夏，敌人陷我嵩潭，衣物损失罄尽，带着负稿出山。今日整理旧稿付印，真是感怀不绝。"②

嵩县潭头、淅川荆紫关、宝鸡石羊庙、河南省会开封，这四个地名，不仅关系《鼓子曲言》一书的写作状态，更牵涉一所著名大学的命运——八年抗战，河南大学多次迁徙，先迁豫南鸡公山，1939 年 5 月转豫西的嵩县潭头。1944 年 5 月日军奔袭，师生逃避不及，多有牺牲（被杀 16 名，失踪 25 名）。河南大学师生攀援于崇山峻岭之间，转移到淅川县荆紫关落脚，继续办学；第二年又因日寇逼近，师生及家眷"经商南，越秦岭，过蓝田，步行 800 里，于 4 月中旬抵达西安"。不久又奉部令迁往宝鸡附近的石羊庙继续办学，一直坚持到抗战胜利，才返回原址开封古城③。

张一弓长篇小说《远去的驿站》中关于 H 大学抗战中四处迁徙、辗转办学的经历，基本属于写实；至于"父亲"在炮火连天中坚持治学，寻访古曲《劈破玉》的经历，可与张长弓的著作相印证。只是在小说中，河大遇袭以及从潭头转移到荆紫关这一段，以张长弓为原型的"父亲"更像是孤胆英雄④。就像张一弓在《远去的驿站·后记》中说的，这部小说以父亲、大舅、姨父三个家族的故事为主体，而第一人称"我"的位置，"好像只是'冰糖葫芦'和'羊肉串'中的那根棍儿"，其作用是"把三个家族内外的各种人物串联起来"⑤。作为贯穿线索与观察角度的"我"，主要关注的是作为 H 大学教授的"父亲"如何冒着炮火寻访古曲《劈破玉》。卷首篇"胡同里的开封"以及第四卷"琴弦上的父亲"，固然是以父亲的故事为中心；第一卷的卷外篇"浪漫的薛姨"、第二卷第九节"绝唱"，以及第二卷的卷外篇"倒推船"，也都是寻访鼓子曲的故事。擅长经营中篇而非长篇的张一弓，其《远去的驿站》对抗战中大学生活的精彩描写，本可与鹿桥的《未央歌》，宗璞的《南渡记》《东藏记》《西征记》比肩，可惜作家贪多求快，将"原要分为三部长篇来写"的故事，用"经济实惠"的结构，硬塞进一部仅二十多万字

---

① 张长弓：《南阳俗曲之历史与源流》，《文艺先锋》1945 年 12 月。
② 张长弓：《〈鼓子曲存〉序》，《张长弓曲论集》，黄河文艺出版社，1986 年，第 210 页。
③ 河南大学校史编写组：《河南大学校史》，河南大学出版社，2002 年，第 83～85、第 174～179 页。
④ 张一弓：《远去的驿站》，长江文艺出版社，2002 年，第 316～317 页。
⑤ 张一弓：《远去的驿站》，长江文艺出版社，2002 年，第 363～364 页。

的小说里①，明显分散了笔墨。但有一点，将小说中关于河南大学的迁徙以及张长弓教授的撰述，与相关史料相印证，发现大都属实——除了爱情这条主线外。

我曾提及："抗日战争中，于颠簸流离中弦歌不辍的，不仅是西南联大。可后人谈论'大学精神'，或者抗战中的学术文化建设，都会以西南联大为例证。……战火纷飞中，中国大学顽强地生存、抗争、发展，其中蕴涵着某种让后人肃然起敬的精神。"②应该表彰的众多随战事转移而四处迁徙、弦歌不辍的中国大学，当然包括当时的国立大学，其水准不庸置疑③。所谓河大于离乱艰辛中"弦歌不辍"，既包括校方如何殚精竭虑，严格教学管理；也包括学生热心求学，教授勤奋著述④。此外，还有兼及写实与象征的大山深处之舞台演出。《远去的驿站》第四卷"琴弦上的父亲"的第一节"劈破玉"，讲述"父亲"如何暂时搁置《劈破玉》的寻找，担任 H 大学剧社艺术顾问：

  一九四三年，H 大学女生为庆祝"三八"节演出《红楼梦》，就是父亲提供的曲稿，把乡间村头和市井茶肆里演唱的鼓子曲，搬上了关帝庙对面原本为关云长唱戏的戏台。

"那是 H 大学师生流亡山区以来的第一次艺术享受。我望见父亲眼含泪水，呆坐在广场中央的小板凳上。"此后，"父亲"的艺术宗旨发生了变化，"开始推出了一个个属于'先锋派'的'大腕儿'明星"。所谓"先锋派"，就是在古装戏中穿插时事，甚至夹杂英语。"村民们都望着戏台发愣，知识阶层却轰然大笑，热烈鼓掌。父亲也欢畅大笑。我只会在树上跟着傻笑，奋勇鼓掌。"⑤

关于河大抗战中的戏剧演出，张一弓 1997 年发表的散文《小镇戏台上》，已

---

①张一弓：《远去的驿站·后记》，《远去的驿站》，长江文艺出版社，2002 年，第 363 页。
②陈平原：《永远的"茹吹弦诵"——关于西南联大的历史、追忆及阐释》，《政大中文学报》2011 年第 16 期。
③"经多方努力，1942 年 3 月 10 日国民政府行政院通过了将省立河南大学改为国立河南大学的决议"；"1944 年，经国民政府教育部综合评估，河南大学以教学、科研及学生学籍管理的优异成绩，被评为全国国立大学第六名"（见河南大学校史编写组《河南大学校史》，第 173 页）。
④参见河南大学校史编写组《河南大学校史》第 200～209 页；书中提及教授之"著书立说"："张长弓先生 1942 年春到校任文学院副教授。教学之余，他着意搜集河南地方戏的有关资料、素材，长期进行研究"（第 207 页）。另，读《任访秋先生生平著述系年》（任亮直编），感叹任先生从 1940 年起任教河南大学文学院，潭头、荆紫关、石羊庙，同样一路著述不辍，着实让人感动。参见沈卫威编《任访秋先生纪念集》，河南大学出版社，2004 年，第 240～248 页。
⑤张一弓：《远去的驿站》，长江文艺出版社，2002 年，第 310～313 页。

经有所追忆①。五年后出版长篇小说,更是不会放过此等精彩细节。有趣的是,那些生活在台湾的河大老学生,多年后回想起大山深处的求学生涯,也都对学校组织的戏剧及曲艺演出赞不绝口:"每逢纪念节日,京戏、话剧、梆子、越调、坠子、相声全部上演,总要热闹好几天。"②对此,周恒的《河南大学概述》有比较全面的叙述:"山村别无娱乐,学校利用课余之暇,提倡劳动服务,同学亦争以习劳为乐。自总办公处与图书馆出入小径,讲演台及各教室通各村道路,皆由同学课余修筑而成,且助民修堤、筑桥、栽种树木、插植花草,以美化环境。劳动之余,复组织剧团,资以调剂。因之京剧、话剧、梆子、坠子、越调、南阳调等,色色俱全,偶尔亦邀请外角来潭助演。每逢双十国庆、国父诞辰、校庆、领袖生日、过年、过节,往往数剧杂陈,连演数日,为山村居民等,带来无限欢乐。"③

这些为河大师生及山村居民"带来无限快乐"的演出,到底多大程度归功于文学教授张长弓的顾问与指导,这很难说。因为,抗战中,娱乐设施极为缺乏,各大学师生在颠沛流离中,都曾举行类似演出,也都大获赞许。当然,河大之选择由鼓子曲变化而来的高台曲,且添加了布景,这确实与地方文化特色以及张教授的学术趣味有关。在《鼓子曲言》第十八章"鼓子曲与高台曲"中,作者特地岔开去,讲述1943年为河大女生编排《红楼梦》时如何引进布景这一新尝试:

> 由于布景烘托曲情,自下午七时演至深夜二时,全校师生以及潭头寨内观众,空巷前往,无不交口称道,誉为在文学上别辟蹊径,价值甚高。④

据说,此后凡学校纪念演出,必有高台曲;凡演高台曲,必增加布景。而且,这种风气很快流播民间。

值得注意的是,张长弓抗战中指导河大学生演出,不仅仅是个人爱好,更与其鼓子曲的研究息息相关。《鼓子曲言》中有这么一段:

> (民国)三十二年暑假,本人横断五百里伏牛山脉,经宿合岭、车村,皆

---

① "我对地方戏最早的记忆,是在我八九岁的时候。那是抗日战争末期,在河南大学任教的父亲随校流亡到嵩县潭头(现属栾川县),我们一家也都到了潭头。……只有一个残破的戏台面对着一座古庙,据说逢年过节都要给神仙唱戏的。古庙变成河南大学校本部以后,河大的学生剧社就在这个戏台上不断推出自己的'大腕'明星,上演一些带有'先锋派'特征的豫剧、曲剧。"见张一弓《飘逝的岁月》,长江文艺出版社,2001年,第287页。
② 李守孔:《往事忆犹新——民国三十二年至三十六年河南大学生活琐记》,《学府纪闻·国立河南大学》,南京出版有限公司,1981年,第256页。
③ 周恒:《河南大学概述》,《学府纪闻·国立河南大学》,南京出版有限公司,1981年,第13页。
④ 张长弓:《鼓子曲言》,正中书局,1948年,第138页。

深山小镇。不意夜阑人静,坠子与歌声同奏,殊令余惊讶曲子流行之广,传布之速,以及势力之大。①

战火纷飞之际,作者为何"横断五百里伏牛山脉"?那是为了寻访失落在民间的鼓子曲,尤其是《劈破玉》——这正是长篇小说《远去的驿站》中着力描写,也最为精彩的部分②。正是这一年,张长弓在南阳的报纸上公布自己收藏的曲目,征求所无曲子,"由于远近同好协助,前后收到百首以上"③,这对作者日后刊行《鼓子曲存》第一集和《鼓子曲谱》大有助益④。

接下来要叩问的是,烽火连天中,河大文学教授张长弓怎样奋力撰写平生最得意的著作《鼓子曲言》,以及此书战后出版时,作者又做了哪些重要修订;而这一撰述与修订背后,如何蕴含着"开封"、"声音"、"文学史"等关键因素?

二、为何只能是"开封"

《鼓子曲言》1945 年 6 月脱稿于宝鸡,1947 年 2 月改定于开封,我关心的是,从"脱稿"到"改定"的这一年半中,恰好是抗战胜利,作者随河大返回开封古城,这一经历是否影响其论述姿态?此书原稿没有保留下来,但幸运的是,在全书出版前,作者曾于 1945 年刊行的《文艺先锋》7 卷 6 期上⑤,发表《南阳俗曲之历史与源流》(附"牌子与调子")。此文正是《鼓子曲言》第一、二章⑥。略作

---

① 张长弓:《鼓子曲言》,正中书局,1948 年,第 139 页。
② "父亲着魔了。每当学校放假,他都要挎着一把装在伞套里的雨伞,手执一根长着天然花纹的手杖——H 大学的教授们几乎都从卖柴人的柴捆里找到了来自伏牛山中的花纹各异的手杖,农民说那是可以防范山鬼、驱除狼虫的'降魔杖'。父亲用手杖荷着一个黑色的皮包,冒着山野上的风雪或是顶着晴空的骄阳,翻山越岭、餐风宿露,去伏牛山南边、桐柏山北边的大地皱褶里苦苦寻找,那里是'劈破玉'深藏不露的地方。"见张一弓《远去的驿站》,第 308~309 页。
③ 张长弓:《鼓子曲言》,正中书局,1948 年,第 143 页。
④ 张长弓编《鼓子曲存》第一集和《鼓子曲谱》,1947 年在开封以"听香室"名义自费印行,分赠友好。设想中的《鼓子曲存》第二集、第三集最终未能刊行,但拟收曲目见第一集附录。
⑤《文艺先锋》,月刊,1942 年 10 月在重庆发刊,署文艺先锋社印行。1946 年移至南京出版,自 9 卷 2 期起,署中央文化运动委员会编辑印行;1948 年 9 月出至第 13 卷 3 期终刊。
⑥ 这期《文艺先锋》的《编后记》称:"《南阳俗曲之历史与源流》的作者张长弓先生为国立河南大学教授,张教授研究通俗文学有素。此篇即为其对南阳俗曲研究之一部。将来尚有《南阳俗曲四讲》陆续在本刊发表。"很可惜,预告的《南阳俗曲四讲》未见刊出,无法做进一步的比较。

比较,马上发现一个问题:作者改定时,将立足点从"南阳"转移到"开封"。原本是:"南阳曲一名鼓子曲,近年为别于高台曲,又名曰南阳大调曲,亦称曲子戏。"改定本则曰:"鼓子曲一名南阳曲,近年为别于高台曲,又名曰南阳大调曲,亦称曲子戏。"①二者都承认"南阳曲",与"鼓子曲"渊源极深,问题在于以谁为主,是为南阳曲溯源呢,还是描述鼓子曲的辐射型影响?若是前者,着重点在作者的家乡南阳;若是后者,则更多牵涉作者当下居住的古城开封。

《鼓子曲言·题记》有曰:"余世居新野,与南阳比邻,在儿童时代,已习闻鼓子俗曲之歌调。农忙后,每在柳荫月下,或雪夜围炉,瞎谋娃,一个盲乐师,抱着三弦,到处弹唱,听众乐而忘倦。本人沉醉于此种场合下,不知凡几。"日后作者到开封念书、谋生,"如谋娃之弹唱,先后数见不鲜,方知此种俗曲,已不翼而飞,遍及各地"②。阅读郑振铎编刊的《白雪遗音选》,明白这些俗曲大有来头,而着手研究的机缘则是:

  民国二十六年冬,回到南阳,则卖茶肆、教育馆,每日三弦琵琶,弹唱不辍,乐声飞扬,游人心醉。俗曲既一名"南阳曲",在南阳听俗曲,自无足怪。蒐集曲子之机会已来。③

既然少年记忆以及工作契机都是南阳,为何非要选择"鼓子曲"为书题? 理由很简单,就因为传说此盛行于南阳的"俗曲",发源自古城开封。

在《南阳俗曲之历史与源流》中,张长弓称:"开封自古七代建都,人文荟萃,杂耍游艺,往来自四方,明代俗曲唱于汴梁大为文人赏识,业已见诸载籍。迄于清初或明季传来南阳,颇有可能。以禹县而论,明清以后为河南药材出口最大商埠,由水道东南行可通至长江下游扬州一带。则禹县自东南各省输出俗曲,辗转传到南阳,亦有可能。以上两说,孰是孰非,不易证明,然亦无须证明。"④作者乃燕京大学研究生毕业,撰写过文学史著作,当明白"无征不信"的道理。所谓今天流传中原大地的南阳大调,就是文献中提及的明代开封之"俗曲",这样的考证是不太能服人的。其实,一直到今天,起源于开封的鼓子曲是如何传播到南阳的,学界仍没有定论,就因相关史料太少,不足以支撑任何一说。

《鼓子曲言》之所以言之凿凿,称"鼓子曲最初自何地而来,不见记载;据口耳相传,鼓子曲初见于开封"⑤,是跟下面这一更大的假设紧密相关的:

---

① 张长弓:《鼓子曲言》,正中书局,1948年,第1页。
② 张长弓:《鼓子曲言》,正中书局,1948年,第141页。
③ 张长弓:《鼓子曲言》,正中书局,1948年,第142页。
④ 张长弓:《南阳俗曲之历史与源流》,《文艺先锋》1945年12月。
⑤ 张长弓:《鼓子曲言》,正中书局,1948年,第2页。

俗曲最早唱奏于开封,自属于北曲。未几,江淮间相继兴起,当为受北曲影响之南方俗曲,所以乐器仍沿用北曲特用之乐器三弦。嗣后北曲渗入南曲,亦南亦北之俗曲产生,自可断言。①

要想论证世人所谈的南曲、北曲,均源于明代开封的俗曲,虽说也有很多困难,但多少还是有一点影子的。可要说南曲、北曲全都起源于南阳,那是谁也不相信。关键在于,"开封自古七代建都,人文荟萃,杂耍游艺,往来自四方"——这句话,在《鼓子曲言》中被保存下来,只是将"往来自"改为"往往来自"②。或许,在作者看来,只有像开封这样具有深厚历史积淀的古城,才可能催生出鼓子曲这样的艺术奇葩。

上述"俗曲最早唱奏于开封"这一段,1950 年 3 月改订本中被整段删去。大概是作者也感到心虚,毕竟证据不足,怕引起其他地方研究者的"抗议"。不过,刚刚凯旋的河大教授张长弓,在开封古城撰《〈鼓子曲存〉序》时,强调"河南鼓子曲,便是集五百年来南北俗曲的大成"③;或在改定《鼓子曲言》时,一定要说河南"即不能说是四百五十年来中国俗曲之大成;亦可以说是南北曲衰歇后唯一的曲子戏"④,其维护乡土荣誉的心情完全可以理解。

考辨某种艺术形式的起源,当然是个十分严肃的学术问题;但落实到具体学者,为何从事这一研究,背后往往是有情怀的。你可以说其中包含着争夺正统与正宗、知识与权力的意味,但也只有真正热爱,才可能在炮火连天中不畏艰难,苦苦撑持。这里的乡土情怀,值得体贴与同情。

长期任教河南大学、抗战期间出任文学院长的史学教授张邃青,战前就开设了"中州文化史"这门中国文学、史学系学生必修的课程。此课程"系张邃青教授历数十年之时间,搜集各县县志,配合考古发掘资料,整理成为有系统之文化发展报告,足以代表中原文化之特征,亦为中国文化之主流"⑤。而 1946 年 12 月至 1948 年 5 月出任河南大学校长的姚从吾,据弟子李守孔追忆,即便校务繁忙,依旧讲授"历史方法论"课程,"也带领文史系历史组同学在开封城内外调

---

① 张长弓:《鼓子曲言》,正中书局,1948 年,第 9 页。
② 张长弓:《鼓子曲言》,正中书局,1948 年,第 2 页。
③ 张长弓:《〈鼓子曲存〉序》,《张长弓曲论集》,黄河文艺出版社,1986 年,第 207 页。
④ 张长弓:《鼓子曲言》,正中书局,1948 年,第 9~10 页。
⑤ 周恒:《记河大的学术研究》,《学府纪闻·国立河南大学》,南京出版有限公司,1981 年,第 264 页。

查过古迹"①。姚从吾乃河南襄城人,早年治学兴趣在地理学,北大研究所国学门卒业,考取赴德深造的机会,1922年11月返里向家人辞行时曾上书师长张相文,称自己来到开封:"欲从事访查挑筋教史迹,并寻觅大梁回教碑及各项史迹,辑之成篇,上陈师览,兼就正于陈圆庵先生。余暇当遍访大梁古迹,汇成游记,刊著杂志。"半个月后再次致信师长,辨正陈垣《开封一赐乐业教考》第七章关于开封市街清真寺一段的描写,大概就是这次实地探访的成果②。河南籍的学者,尤其是在河大教书的文史教授,理所当然地,有责任探访、发掘、宣扬开封这座"千年古城"。

表彰乡土,为何一定要选"开封"(而不可能是"南阳")?当然有"口耳相传"鼓子曲起于汴梁的缘故,但也不排除这一考证背后蕴含着某种文化心理——只有"七朝古都"开封才能让此俗曲名扬(乃至影响)天下。南阳乃国务院批准的第二批历史文化名城,也是历史悠久、人杰地灵,但从来不是古都;即便经济实力早已超越开封,文化知名度还是远远不及。那么多学者殚精竭虑,就是说不清南阳大调是如何从开封传播而来的;但所有人都承认,这鼓子曲一定源于"汴梁小曲"。因为,汴梁聚集了当时中国最有才华的文人学士以及落魄的乡村读书人,还有部分手工业者、小商小贩等,他们吸取了宋元诸种曲艺形式在民间的遗留,与明清俗曲结合后就形成了鼓子曲③。我不是曲艺方面的专家,无从判断此类推论是否准确;但我注意到张凌怡等著《河南曲艺史》对鼓子曲形成时间及传播途径的论述,与张著《鼓子曲言》有不小的差异。只是在鼓子曲形成于开封这一点上,各家没有分歧。

没有分歧不是因为论据十足,板上钉钉,而是实在"无典籍可稽"。在这种情况下,认定其起源于开封有个明显的好处:"从其体制、曲牌来源和连套方式等特征中,可看到河南古代多种乐曲体伎艺的身影。"④照张凌怡等《河南曲艺史》的说法:

---

① 李守孔:《往事忆犹新》,《学府纪闻·国立河南大学》,南京出版有限公司,1981年,第264页。
② 姚从吾致张相文信,原刊《地学杂志》第14年1、2期合刊(1923),转引自王德毅编著《姚从吾先生年谱》,台北新文丰出版公司,2000年,第11、12页。
③ 参见姜书华《南阳大调曲起源试探》(《东方艺术》2005年12期)、李海萌《大调曲子传入南阳时间考辨》(《南阳师范学院学报》2006年7期)、冯彬彬《河南大调曲子的源流与艺术特征》(《美与时代》2006年7期)、王铮《试论邓州大调曲子的传承现状》(《大众文艺》2011年5期)等。
④ 张凌怡等:《河南曲艺史》,河南人民出版社,2007年,第173页。另,关于鼓子曲的历史及传承,参见此书,第173~180页。

自唐代"遍布河洛"的曲子词,至宋金汴梁的鼓子词、小唱、缠令、缠达、诸宫调和元明的散曲、"汴省时曲"(即汴梁小曲)等,呈现出河南古代乐曲体说唱艺术的丰富多彩。它们其中的多数都具有全国性,有着光辉灿烂的历史,对我国的宋词、元曲以及古代的戏曲等都有着深远的影响。因而,它们在我国的文学史、戏曲史和曲艺史中都占据着重要地位。清代,全国各地(包括河南)的小曲(即清曲)、琴曲和曲牌连套体的说唱技艺,也大都是在它们的影响下而先后形成的。①

要想描述某种曲艺的"全国性"影响,起源于古都开封是十分有利的因素。《鼓子曲言》中有十章专门谈论音乐曲体的问题,经常溯源至宋元说唱或戏曲。而这,很容易让人联想到孟元老《东京梦华录》里的"京瓦伎艺"②。到了明代,"天下藩封数汴中",南北艺人纷纷涌入开封,娱乐业依旧十分兴盛。这方面,有诗人李梦阳《汴中元夕》为证:"中山孺子倚新妆,郑女燕姬独擅场。齐唱宪王新乐府,金梁桥外月如霜。"而纪"汴梁鼎盛之时也"的《如梦录》③,其"街市纪第六"提及大相国寺中各种建筑及娱乐活动:"每日有说书、算卦、相面,百艺逞能,亦有卖吃食等项,僧人专下过往官员,及大商、茶店、清客等众人往还,摆酒接妓,歌舞追欢。"④明末李自成攻城,官军掘河,洪水入城,"居人溺死者十有八、九,救援不及一二,叫苦连天,呼救满河,如鱼之游于沸鼎之中,可怜数十万无辜生灵,尽葬鱼腹之内"⑤。此等惨状,也没有完全断绝开封之"乐府新词",只是多了几分"寂寞"与"悲凉"⑥。

清人在相国寺废墟上数次建置与重修,依旧保留其交易与游乐的功能:"关于曲艺杂耍方面,二殿前后有鼓书、坠子、土梆子、说书、相声、双簧,又有所谓'十二能',所说概属淫词秽语。"⑦而 1927 年冯玉祥主政,逐寺僧,毁佛像,先改造成中山市场,后又移入河南省立民众教育馆。据张履谦编著"相国寺特种调查之二"的《民众娱乐调查》(1936),中山市场内供应民众娱乐的,有梆子戏、京

---

① 张凌怡等:《河南曲艺史》,河南人民出版社,2007 年,第 172 页。
② 参见孟元老撰、伊永文笺注《东京梦华录》,中华书局,2009 年,第 461~478 页;周宝珠《宋代东京研究》,河南大学出版社,1992 年,第 424~461 页。
③ 参见《如梦录》著者原序以及孔宪易《〈如梦录〉前言》,中州古籍出版社,1984 年,第 51 页。
④ 孔宪易校注:《如梦录》,中州古籍出版社,1984 年,第 14 页。
⑤ 孔宪易校注:《如梦录》,中州古籍出版社,1984 年。
⑥ 清初周在延《登大梁城楼》:"乐府新词声寂寞,西亭残卷事悲凉。《梦华录》续肠堪断,依旧金梁月似霜。"
⑦ 熊伯履:《相国寺考》,中州古籍出版社,1985 年,第 130~138 页、第 154 页。

剧、说书、道情、相声、大鼓书、西洋镜等①。从明代小说《说岳全传》的"大相国寺闲听说书",到张长弓《河南坠子书》的"以开封来说,相国寺内,及南关闹市,合计有七八百个茶棚是以唱坠子书来招揽听众的"②,不必专门学者,一般人也都会认定开封人特别擅长或欣赏"说说唱唱"。正因此,在缺乏文献,无法证明鼓子曲不是起源于开封的情况下,张长弓当然有理由选择这一"口耳相传"的故事。

三、倾听古都的"声音"

既然认准鼓子曲起源于开封,作者又居住于此古城,照理说,应该多有对于古城风貌的描述。可无论是《鼓子曲言》、《河南坠子书》,还是张长弓的其他文学史著,都看不出作者对这座城市有何偏爱——即便是与论题相关的相国寺,也都一笔带过③。唯一像样的笔墨,是介绍"茶棚下的坠子书":

> 在许多座位前,有一张方桌,桌上放着直径八寸大小的皮鼓,还有一块小小的醒木。桌后坐着一个或两个盲乐师,手中拉着坠子,足下踏着脚打板,"点生意"后,桌前出现三个或两个女艺人,她们左手握着一副檀木剪板,右手执着一支筷子。一声响来,众乐齐奏。两把坠子拉着同一的快板,艺人手中的剪板哒哒地叫,桌上的皮鼓咚咚地响,与弦子的乐调配合着,奏出统一的和谐的旋律。这一个闹台,会闹得群众耳热心痒,不觉要挤进茶棚来坐下。④

如此热闹的演艺场面,河南哪个城镇都有,不一定非开封不可。真是"有其父必有其子",张一弓《远去的驿站》卷首篇"胡同里的开封",讲述的故事发生在开封,可古城的身影同样淡到几乎看不见。抗战胜利了,"父亲"随H大学回到开封古城,小说第四卷中,略为涉及城市空间的,一是"父亲"与宛儿姨在龙亭公园柳荫下聊天,再就是"我"和"父亲"外出时遇学生游行:"我们被游行队伍挤在路边的人墙里左冲右突,好不容易在东司门与游行队伍分离,来到了书店

---

① 熊伯履:《相国寺考》,中州古籍出版社,1985年,第157~163页。
② 张长弓:《张长弓曲论集》,黄河文艺出版社,1986年,第140页。
③《河南坠子书》提及1927年以后的那两年,河南坠子生意最好:"以开封相国寺来说,坠子书茶棚排列了六七个之多。"参见张长弓《河南坠子书》,北京三联书店,1951年,第5页。
④ 张长弓:《河南坠子书》,北京三联书店,1951年,第7页。

街北口,却看到中山路那边的新街口上,齐刷刷站着一排持枪军警";"父亲又领着我穿过书店街,准备绕道行宫角,再到女师。谁知到了相国寺后街,又正好碰上游行队伍。"①只是列举地名,没有任何描述,如此看来,作为学者或作为作家的张氏父子,对这座古城的街头巷尾、亭台楼阁乃至名胜古迹,实在缺乏兴趣。

有古都情结,但对眼下的景物不太关心,这其实是与开封城的特殊命运有关。近年的考古发掘,证实了开封的民间谚语:"开封城,城摞城,地下埋有几座城。"今天我们所见到的古城墙,既不是宋,也不是明,连清初都谈不上,而是道光二十二年(1842)清政府再次对开封城墙进行加高修葺的结果。② 在开封城,文人怀古,很难找到可供凭吊的遗迹。同样是古都,在这个问题上,开封与长安的差异实在太大了。因此,生活在很少"古物"的开封,从"声音"的角度或许更容易"思接千古"。而这正是张氏父子的特异之处——对产生于开封并仍在此古城荡漾不已的鼓子曲情有独钟。

张长弓之关注市井的"声音",既受郑振铎等人的影响,又有自己的拓展。在学术视野及理论方法上,曾求学燕大的张长弓,无疑受周作人、顾颉刚、郑振铎等人提倡俗文学研究的影响。而李家瑞的《北平俗曲略》(1933)、陈汝衡的《说书小史》(1936)以及郑振铎的《中国俗文学史》(1938),都是张必须努力超越的重要成果。据李家瑞转述:"刘半农师说过,研究俗曲,可从四方面进行:一,文学方面,二,风俗方面,三,语言方面,四,音乐方面。"而刘半农为《北平俗曲略》写序,提及自己虽看了此书的文辞及材料,却没能审读乐谱;并提醒读者,因传抄翻刻,乐谱中可能有好多错误,"演奏起来未必能和歌词配合得上"。刘半农于是感叹:"在这上面,将来还大有继续研究的余地";"在这一个范围之内的探求校订的工作,最好交给天华去做,可惜天华死了。"③

对照刘半农的提示,很容易明白张长弓《鼓子曲言》的好处。1945 年刊《南阳俗曲之历史与源流》有一"后记":

> 余从事整理南阳俗曲,拜师求友,走访函询,索谱采曲,瞬经十载。拟成《南阳曲谱》、《南阳曲选》、《南阳曲言》三稿。曲谱已请音乐家李柏芝先生主稿,并约曲界耆宿党震藩、王省吾……诸先生分别开谱,清末号称曲子圣人之汤印侯老曲友,亦欣然赞助,现已积谱百余种,内有稀世珍品为社会不传之秘稿。曲选由于远近同好,惠示佳章,现已积得曲子约五十万言。

---

① 张一弓:《远去的驿站》,长江文艺出版社,2002 年,第 347 页、第 353~354 页。
② 刘春迎:《揭秘开封城下城》,科学出版社,2009 年,第 5~6 页。
③ 刘半农:《〈北平俗曲略〉序》及李家瑞《北平俗曲略·序目》,均见李家瑞《北平俗曲略》,上海文艺出版社,1990 年。

曲言已脱稿者除上两章外,又……南阳曲与高台曲等十六章。南阳俗曲,此系初论,疏略挂漏,自所难免,尚盼时贤,不吝教益,予以提正。①

作者对自家蒐集的曲谱格外沾沾自喜,所谓"内有稀世珍品为社会不传之秘稿",大概指的是日后收录在《鼓子曲言》中的《劈破玉》吧?

1948年正中书局刊行的《鼓子曲言》,附有署"王省吾传、李柏芝校"的《劈破玉》曲谱。除了注明此曲系《林冲夜奔》,作者还郑重其事地添上一句:"本曲谱久为曲坛不传之秘稿,经七年努力,方始到手;嗣后学习此谱者,请声明系王君所传。"②很可惜,这个曲谱,在1986年黄河文艺出版社刊行的《张长弓曲论集》中被删去了。据张一弓等为此论集所撰序言,删去附录的曲谱,是作者本人1950年3月修订此书时决定的。此改定本保留了1948年刊本的大框架,没有伤筋动骨,只是根据新中国成立后的政治形势,做了些自卫性质的修订(如增加一点政治思想分析,将"俗文学"改为"民间文学"等)。让我百思不得其解的是,张长弓为何删去原本特别得意的《劈破玉》曲谱?

原刊本的"题记"中特别强调,在访求曲谱《劈破玉》的过程中,起关键作用的是曲子行家唐河李柏芝。而在修订本中,"1944年盛暑,战事频繁,我冒着危险去唐河走访李柏芝"后面,加了个括号,添上一句:"见面时知道他吸鸦片,过着破落地主的剥削生活。解放后又听说他有反革命行为,已被人民政府法办。"说到张松亭、华清臣曾在洛阳为河南保安处长罗东峰的夫人教曲,括号中改为"国民党反动政府的河南省保安处长";提及"曲子圣人"汤印侯时,只保留抗战中"老河口卖茶,以弹唱为生",删去原有的"昔年以能曲曾任张伯英将军之二十路军指挥部书记官"③。正是这些因应时事所做的调整,隐约透露出作者的焦虑,可以帮助我们理解作者为何违心地删去《劈破玉》。

1948年刊本《鼓子曲言》的"题记"中,作者讲述访求《劈破玉》曲谱的艰难时,十分动情,且明确主张将音乐置于文辞之上:

> 有曲子无曲谱则不能唱奏,有曲谱无曲子则可以创造,是曲谱比曲子之价值为大,其创制亦比曲子为难。④

如此看重曲谱,尤其是最为难得的《劈破玉》,绝无主动删去之理,只能理解为政治风气变化,作者感受到巨大的精神压力。

---

① 张长弓:《南阳俗曲之历史与源流》,《文艺先锋》1945年12月。
② 张长弓:《鼓子曲言》,正中书局,1948年,第168页。
③ 参见张长弓《鼓子曲言》,第144~145页,以及《张长弓曲论集》,第132~133页。
④ 张长弓:《鼓子曲言》,正中书局,1948年,第143~144页。

在1950年改定本《鼓子曲言》中,作者增加了12条治曲经验,其中:"(5)采集曲谱最难,必须经多次弹唱,反复校音,写下来才能正确";"(9)鼓子曲的曲调,甲地乙地的名目相同,唱法拍子却大有出入";"(12)鼓子曲谱尚缺少通乐理的同志,加以研究,加以提高。"①这三条经验,都指向曲艺的"音乐性"。而《河南坠子书》的第十章"总结"部分,也专门提及"研究说唱文艺,必须通晓音乐,方能了解得透彻"②。作者曾在开封师范音乐科当过插班生,即便不擅长弹奏,对音乐的功能及意义也颇有了解。

关于"采集曲谱最难",在《鼓子曲言》的"题记"中有所说明:"开曲谱是苦工。非如弹唱之轻快,必须一人弹奏,一人笔记;然后反复合弦,校对音度,方成定稿。既然难开如此,非邀约同好共同努力不可。"③正是这开谱的艰难以及合作的需要,成就了《远去的驿站》中凄婉欲绝的爱情故事。

知父莫如子,张一弓构思《远去的驿站》时,始终抓住寻访《劈破玉》作为主线。关键是音乐,而后才是文辞,这就决定了"父亲"的主要工作不是翻查史料,而是翻山越岭访求曲友。无典籍可供实证,因而需要驰想天外;田野调查充满惊险,因而更适合于展开小说创作。至于宛儿姨在战火中为柳二胡琴记谱那一段描写,实在精彩,值得大段引录:

> 宛儿姨说,她刚刚回到南阳找到柳二胡琴,南阳外围战就打响了。她跟她的父亲和柳二胡琴一起逃到内乡县乡下,一边躲避战火,一边听琴记谱。柳二胡琴已年过八旬,不识乐谱,全凭记忆,每次授曲记谱前都要说:"叫我吸一口,只吸一口!"他只要吸了大烟,不管炮声震耳,房屋动摇,仍能调筝抚弦,情痴心醉,如入桃源仙境,一次能坚持半晌,就这样记下了《劈破玉》的古筝曲谱。柳二胡琴对此事十分认真,还要把《劈破玉》合成演奏中其它乐器的曲谱一一摹拟口授出来,但他体弱声细,更需要吸大烟提劲。那边又打起了拉锯战,整日炮火连天,找不到大烟吸了。柳二胡琴哭泣说:"我一辈子也没有摸过大烟灯,眼下是要用大烟把我剩下的寿命提到这两个月里烧干用尽,才能把《劈破玉》留给知音啊!"宛儿姨的老父要宛儿携《劈破玉》古筝曲谱逃离战火,留下自己照料柳二胡琴,相机记录其它乐器的余稿。但他只会用"工尺谱"记录,日后还要由宛儿姨再译为简谱和五线谱。④

---

① 张长弓:《张长弓曲论集》,黄河文艺出版社,1986年,第134页。
② 张长弓:《河南坠子书》,生活·读书·新知三联书店,1951年,第86页。
③ 张长弓:《鼓子曲言》,正中书局,1948年,第144页。
④ 张一弓:《远去的驿站》,长江文艺出版社,2002年,第340~341页。

比起小说中另外一段更为夸张的记谱——国共两军争夺开封的炮火中,"父亲"和"我"躲在长条书桌下面,用手电筒照着宛儿姨手抄的《劈破玉》弹奏曲,哼唱曲谱并记录节拍①,我以为柳二胡琴的故事更真实,也更动人。《鼓子曲言》的"题记"中,谈到好几位帮助蒐集曲谱以及开谱的曲友,其中并没有"柳二胡琴"的名字。小说家很可能是捏合了"题记"中提及的"年已七十,体弱声细,一手好筝,能唱出不能开下,会曲谱虽多惜不能记下"的郝吾斋,传《劈破玉》曲谱的名师王二胡琴的长孙王省吾,以及协助寻访到此曲谱的关键人物李柏芝②,而创造出来的。1944年冬,张长弓经李柏芝获得王省吾转来的曲谱,稿末有言:"此谱系数十年来不传之秘稿,今开赠先生,幸勿等闲视之。"张教授在《鼓子曲言·题记》中记下这段话,然后添上八个字:"余得此谱,如获至宝。"③小说中柳二胡琴开谱的故事,正好与张长弓的自述相呼应,凸显学者的执着以及曲友的深情。

四、鼓子曲、高台曲与坠子书

河南有丰富多彩的曲艺形式,不说唐宋的盛极一时,清代以来存在的曲种就有50多个④。作为俗文学研究专家,张长弓深知:"民间文艺是息息相通的。道情书、铁板书、大鼓书、鼓子曲等,与坠子书都有血缘关系,可以相互帮助了解。"⑤可张教授真正着力研究的,只是鼓子曲、高台曲以及坠子书。在初刊1950年8月《河南文艺》一卷四期的《河南的三大曲艺——鼓子曲、高台曲、坠子书》中,有这么一段提纲挈领的话:

> 河南曲艺中,历史最久的是鼓子曲,驰名南北的是坠子书,高台曲历史很短,名声不大,是自民间新发展出来的艺术形式,通俗生动,最受工农大众的欢迎。在河南来说,这是民间较大的三种曲艺。⑥

---

① 张一弓:《远去的驿站》,长江文艺出版社,2002年,第356~357页。
② 参见张长弓《鼓子曲言》,第141~145页。另,1950年改定本《鼓子曲言》称李柏芝吸食鸦片。
③ 张长弓:《鼓子曲言》,正中书局,1948年,第144页。
④ 张凌怡等:《河南曲艺史》,河南人民出版社,2007年,第11页。
⑤ 张长弓:《河南坠子书》,生活·读书·新知三联书店,1951年,第85页。
⑥ 张长弓:《河南的三大曲艺——鼓子曲、高台曲、坠子书》,《张长弓曲论集》,黄河文艺出版社,1986年,第198页。

高台曲是"从鼓子曲、高跷故事、地方戏相结合而发展出来的新形式",20世纪20年代在南阳一带出现,很快便蔓延开去,到张长弓撰写《鼓子曲言》时,已经是"现在中原地带,不问男女老幼,都醉心于高台曲"了。① 因高台曲的曲调及唱词很多本于鼓子曲,故张长弓没有专门论述,只是在《鼓子曲言》中设一章"鼓子曲与高台曲",讨论二者的渊源及差别。至于坠子书,以主要乐器是坠子而得名。"这种民间曲艺形成,从本世纪初叶产生到现在,才不过几十年的历史。它最初是由'莺歌柳书'和'道情书'结合而发展出来的。"在与鼓子曲的竞争中,相对通俗、勇于创新、容易适应新时代需要的坠子书,很快占据了上风。② 我关注的是,张长弓研究河南曲艺的两本专著,出版于1948年的《鼓子曲言》与刊行于1951年的《河南坠子书》,为何存在着不小的差异?

借助"五四"新文化的东风,北大歌谣研究会1922年创办了《歌谣周刊》,此迅速崛起的俗文学研究,其基本立场是平民趣味、民间崇拜以及乡土情怀。搜集并研究歌谣等俗文学,除了《〈歌谣周刊〉发刊词》所标榜的"学术的"以及"文艺的"这两个角度,还应该有第三条路,那就是"音乐的"。③ 具体到不同学者,因研究对象差异以及自身条件限制,完全可以各显神通。张长弓关注广泛流传于中原大地的鼓子曲等,自在情理之中;而他著述的最大特色,在于兼及文学分析与音乐描述。《河南坠子书》除掉头尾的溯源与总结,讨论音乐的有"唱出时候的情形"和"坠子音乐",其余的都属于文学教授的本色当行:"句式"、"韵脚"、"语汇"、"唱词上的几种特色"、"结构"、"内容的批判"。而《鼓子曲言》则大不一样,"读音"、"取材范围与体别"、"题材来源考"、"体制与内容"放在后面,占主导地位的是"牌子与杂调"、"牌子杂调组织法"、"牌子杂调唱奏时之变化"、"过门"、"乐器"、"鼓子曲与八角鼓牌子杂调比较观"等。如此强调田野调查,注重"声音",兼及"音乐"的文学研究,在中文系教授中并不多见。

对于鼓子曲、高台曲以及坠子书的评价,新中国成立前后,张长弓有很大的变化。1948年版《鼓子曲言》中,比较过鼓子曲与高台曲在乐器、篇章、曲调、唱法、宾白的区别后,作者下了这么一个结论:

总之,鼓子曲如平剧,高台曲如梆子;鼓子曲如青衣,高台曲如花旦;鼓子曲如闺秀,高台曲如歌妓。身份不同,情韵自别。一雅一俗,雅乐能赏者少,俗乐所好者众。今日之中原,高台曲为社会上下层时尚之娱乐。④

---

① 张长弓:《张长弓曲论集》,黄河文艺出版社,1986年,第198、125页。
② 张长弓:《河南坠子书》,生活·读书·新知三联书店,1951年,第1~6页。
③ 参见《〈歌谣周刊〉发刊词》,《歌谣周刊》第1期,1922年12月17日。
④ 张长弓:《鼓子曲言》,正中书局,1948年,第139页。

这段相当精彩,很能见出作者趣味的话,在1950年改定本中作了修订:除了将"平剧"改为"京剧","社会上下层"改为"社会上人民大众",最关键的,是删去"政治不正确"的"鼓子曲如闺秀,高台曲如歌妓"①。在"人民大众"当家做主的新时代,主流意识形态对"高雅"的艺术趣味保持警惕,强调"与民同乐",不欣赏美学意义上的"鹤立鸡群"。

面对如此时代思潮,张长弓一改旧作的姿态,开始抑鼓子曲,扬高台曲和坠子书。1950年2月,张长弓在《长江文艺》2卷1期上发表《鼓子曲的价值和应有的改进》,除了强调"批判旧内容",再就是指出鼓子曲的缺点:"它是让演唱者安静地坐着,既不化装,也不表演,一直清唱到底。这种方式,显然仅仅适合场面简单的乡村或小市镇。如果鼓子曲要搬到大城市,要扩大观众范围,便存在很大缺陷。"为了舞台效果,作者希望"闺秀"向"歌妓"看齐,将"有简单的化装,有适当的布景,有动作,有表演"的高台曲,作为今后努力的"新的方向"②。半年后,作者又在《河南文艺》上发表《河南的三大曲艺——鼓子曲、高台曲、坠子书》,重提这个设想:"把这两种曲艺比较来说,鼓子曲由于曲谱的限制,斯斯文文地坐着清唱,不加表演,所以不能很生动地唱出。坠子书曲调简单,双口站着唱的时候,可以加入适当的表演。"③

进入新时代,必须尽快适应新的意识形态,张长弓因而努力调整自家的美学立场。具体说来,就是在曲艺研究中强调"舞台性"。鼓子曲之所以广泛流传,很大程度缘于民众的自娱自乐,作者对这一点很清楚:

> 鼓子曲主要的乐器是一把三弦。农村的艺人往往抱着三弦弹着走着,树荫下,草坪上,大门外,麦场中,遇着生意,就自弹自唱。男女老少很快地围成一个圈子。其时间多是在黄昏以后。④

这是多么美好的场景,为什么一定要用"舞台"来限制或改造呢⑤?强调"表演性",目的自然是希望"充分利用这种群众喜闻乐见的艺术形式,可以更好

---

① 张长弓:《张长弓曲论集》,黄河文艺出版社,1986年,第127页。
② 张长弓:《鼓子曲的价值和应有的改进》,《张长弓曲论集》,黄河文艺出版社,1986年,第216页。
③ 张长弓:《河南的三大曲艺——鼓子曲、高台曲、坠子书》,《张长弓曲论集》,黄河文艺出版社,1986年,第205~206页。
④ 张长弓:《河南的三大曲艺——鼓子曲、高台曲、坠子书》,《张长弓曲论集》,黄河文艺出版社,1986年,第200页。
⑤ 我在粤东山村插队八年,目睹每当皓月当空,村民自发集合,三五成群,唱奏潮州弦诗。那小巷里四处飘荡的悠扬乐声,纯属村民的自我娱乐。此情此景,使我深信,"舞台性"并非民间曲艺流传的主要动力。

地发挥文艺的宣传教育作用"。作者甚至以身作则,用民间唱词(鼓儿词、道情书、坠子书)形式撰写了《金家滩》和《张佩先》①。在我看来,这种努力并不可取。许多本以自娱为主的民间器乐及曲艺,一旦变成了舞台表演,演员摇头晃脑,听众正襟危坐,整个氛围及韵味大为改变。

抗战中张长弓之所以历尽艰辛,四处寻访鼓子曲,除了个人爱好,更重要的是文化传承的责任感。"曲子与曲谱,同为五百年来无名作者不断创造与修改的结晶",是中华文化瑰宝,不能任其在战火中陨落。《鼓子曲言》的"题记"中提及为何拼命追寻《劈破玉》,就因为担心其一如嵇康的《广陵散》,永远消失于人间②。作者以个人之力,搜集并刊印《鼓子曲存》,也是担心这些珍贵的俗曲湮没无闻:

> 河南鼓子曲之所以可贵,不仅是它保存有明清以来的名贵牌子,而且它还吸收了四方杂调。不论是秦陇樵夫牧儿的西调,不论是江南歌女的小曲,一一唱奏在鼓子曲中。假如"文人"病俗曲为太俗,实在是不知俗曲。譬如《劈破玉》、《码头》两个牌子,重沓复奏至四五百板,简直是古代伟大的交响乐。《倒推船》用三句二十一字,须哼到一百零八板。其难能比诸文人雅曲,有过之而无不及。③

不同于历代文人之看不起俗曲,张长弓在撰于1947年6月的《〈鼓子曲存〉序》中,称自家"整理原稿所抱的态度"是"斟酌轻重"、"改正错误",对于内容则"不敢妄加更动"④。这种尊重古人(即便是民间流传的文本)的态度,属于历史学者,而不是新时代的文人作家。换句话说,同是学者张长弓,解放前的工作重点在"存古",解放后则努力"开今"。正是这一学术趣味的转移,导致了《鼓子曲言》和《河南坠子书》在论述风格上的巨大差异。

抗战中抢救《劈破玉》,既是发思古之幽情,也有保存民族文化的苦心孤诣⑤,实在令人钦佩;新中国建立以后,作者努力追赶时代脚步,为工农大众服

---

① 张长弓:《〈张佩先〉序》,《张长弓曲论集》,黄河文艺出版社,1986年,第221~223页。
② 张长弓:《鼓子曲言》,正中书局,1948年,第143~144页。
③ 张长弓:《〈鼓子曲存〉序》,《张长弓曲论集》,黄河文艺出版社,1986年,第208页。
④ 张长弓:《〈鼓子曲存〉序》,《张长弓曲论集》,黄河文艺出版社,1986年,第209页。
⑤ 张一弓《远去的驿站》卷外篇"浪漫的薛姨":父亲正走火入魔地出入于茶坊酒肆,结识艺人和曲友,只喝清茶而从不饮酒,寻访比较俗的《小黑妞》和《偷石榴》、比较雅的《古城会》和《黛玉悲秋》。薛姨斜睨着我父亲来去匆匆的身影,洋腔洋调地说:"密司特张,山河破碎,国难当头,你还有如此高涨的雅兴?"父亲说:"密司薛,你是教英文的,你该懂得,我正在寻找南阳民间的小莎士比亚,搜集他们的'十四行诗',这是对民间文化的拯救。"(第94~95页)

务。但就学术质量而言,《鼓子曲言》明显高于《河南坠子书》。除了前者撰述过程十分艰辛,论证相对严密,更因其中蕴含某种情怀——作为人文学者的道德操守以及对于民族文化遗产的敬重。三种曲艺形式中,作者最重鼓子曲;鼓子曲中尤其挂念"最难的牌子"《劈破玉》①——不是好不好听,也无关其能不能广泛传播,关键在于乐曲的"难度"以及"濒危"。因此,作者论述态度很虔诚,不像《河南坠子书》侧重思想内容,需要不时"分析出唱词中的革命性、进步性,而批判它的落后性和反人民性"②。

借用"古代伟大的交响乐"来描述《劈破玉》,以及强调"其难能比诸文人雅曲,有过之而无不及",隐约透露出作者根深蒂固的文人趣味。作为文学史家,张长弓其实并不满足于"乡野之音",骨子里依旧是在追求某种"俗中之雅"。而作为小说家,张一弓对父亲的这一趣味心领神会,《远去的驿站》中没有河南坠子的位子,只有鼓子曲——尤其是"鼓子曲中的'娘娘'",《劈破玉》。借助"父亲"与宛儿姨的对话,"我"终于明白了这"已有四百五十年以上的历史"的古曲如何珍贵,以及父亲为何"从燕大归来后,就把寻找《劈破玉》作为他教学之余的第一要务了"③。学者张长弓的考证是否精确,暂且不论;小说家张一弓却凭借此话题,驰骋想象,扶摇直上,展开了一系列惊心动魄的故事:"在潭头,在此后我们被迫逃亡的每一个驿站上,我都听见父亲向隐士和学士、向盲琴师和女艺人、向天上的流云和地下的流萤、向窗外的月光和窗内的油灯发出同样的低语:劈破玉,劈破玉……好像是在呼叫一个神秘的女巫或是在破译一个美丽的谜语、追寻一个神奇的梦境或是叹惜一块破碎的璞玉。"④

五、文学史家的视野

王省吾传、李柏芝校《劈破玉》曲谱,收录在1948年正中书局版《鼓子曲言》中。流传四五百年的俗曲,没有步《广陵散》后尘,自然是好消息。至于曲谱是怎么传下来的,请看小说家言:"柳二胡琴强撑着老弱残躯,口授了最后一段旋律,就在连天炮火溘然长逝。宛姑娘的父亲也在病床上苦苦等待女儿的归来,

---

① 张长弓《鼓子曲言》第二章"牌子与杂调"称:"曲界常言:'《劈破玉》为君,《马头》为臣,其余则为庶民百姓。'言其余皆不足贵,唯《劈破玉》、《马头》最难哼,亦最高雅。"(第11页)
② 张长弓:《河南坠子书》,生活·读书·新知三联书店,1951年,第75页。
③ 张一弓:《远去的驿站》,长江文艺出版社,2002年,第315~316页。
④ 张一弓:《远去的驿站》,长江文艺出版社,2002年,第308页。

把他记录的'工尺谱'交给女儿,也撒手人寰,乘鹤归天了。"①回到了开封古城的宛儿姨,强忍悲痛,抓紧译完曲谱,又忙着张罗《劈破玉》的合成演奏。至于"父亲"则自费刊行了《鼓子曲存》,且正抓紧修订《鼓子曲言》。小说接下来的叙述,大大出人意料:在1948年夏国共两军争夺开封城的战火中,父亲倒下去了——先是被无知的解放军小战士抓走,回家路上又成了国军飞机的攻击目标。"父亲仅仅被一场将他排除在外的战争蹭了一下,就像一只被割破喉管的绵羊,生命在瞬间消失。"②

张一弓小说《远去的驿站》中的"父亲",是以自己的父亲、河南大学教授张长弓为原型的;其中"父亲"的学术经历与著述,与张长弓若合符节。既然如此,为何要将1954年12月方才病逝的"父亲",提前六年结束生命?"父亲终年四十三岁,治学仅得二十年光阴,还有八年以上的光阴被笼罩在战火硝烟里。包括他离世后由南京正中书局出版的《鼓子曲言》在内,一生著述仅得二百余万字。"③为渲染"父亲"治学的艰难,非要让他在战火中结束生命不可?你可以说,这是小说,这么写方能"催人泪下"。可我怀疑还有更深沉的因素,决定了"父亲"必须倒在1948年。

《远去的驿站》中描写父亲去世这一节,题为"火蝴蝶"。"火蝴蝶"未见"古典",似乎是来自香港电影的"新典":相传美丽的火蝴蝶是一种会扑火的昆虫,它们不甘平凡,向往在火中绚丽灿烂的一刻,因此不惜以身扑火。小说家以此为题,意在强调"父亲"这一辈子,是为学术而献身——寻访《劈破玉》以及撰写《鼓子曲言》,只是其中最为华丽的一章。在小说的不同章节,作家不断提醒我们,"父亲"写过什么什么书。让父亲张长弓编撰的各种著作,变着法子在《远去的驿站》中露面——卷首篇"胡同里的开封"有小说集《名号的安慰》和《中国文学史新编》、《先民浩气诗选注》,第二卷"桑树上的月亮"结尾提及《文学新论》,第四卷第四节"劈不破的玉"中则是《鼓子曲存》④,至于"父亲"撰写《鼓子曲言》,因是故事主线,自然多处涉及。为了防止"穿帮",张长弓50年代撰写的《河南坠子书》及《唐宋传奇作者暨其时代》,没有在《远去的驿站》中出现。

张长弓最早出版的学术著作,其实不是1935年上海开明书店版《中国文学史新编》,而是《远去的驿站》中遗漏的《中国僧伽之诗生活》。前者虽有导师郭绍虞的序言,也曾多次印刷,但属于中学讲义,乃综合各家之说,没有多少创新

---

①张一弓:《远去的驿站》,长江文艺出版社,2002年,第347页。
②张一弓:《远去的驿站》,长江文艺出版社,2002年,第357~361页。
③张一弓:《远去的驿站》,长江文艺出版社,2002年,第361页。
④张一弓:《远去的驿站》,长江文艺出版社,2002年,第8~10、188、344页。

之处①。作者本人也承认:"这部稿子,是为的安阳高中、开封师范等校应用而编撰的。执笔时候,对于编制方法,曾经考虑过,所以在课室内讲授,学者去自修,或较于其他文学史本为适用些。"为了便于读者参阅,此书用"附录"形式开列书目,先列36种中国文学史,次列14种中国文学分史,再列12种中国文学断代史,最后10种含有中国文学史性质的书,殿后的正是作者本人的《中国僧伽之诗生活》。②

1933年北平著者书店刊行的《中国僧伽之诗生活》,当属作者自费印刷,因其中穿插不少自家尚未完成的著作广告。作者1933年6月6日撰于汴垣的《弁言》称,全书"拔取中国历代僧伽中之能诗者约一百六十人,考察其诗作并阐明僧诗的特质","每人至多取诗三四首,有一人止取一首者"。我最感兴趣的是第八节"晚清诸诗僧"、第九节"一个殿后的诗僧曼殊"③,还有就是作者如何见缝插针,在书中给自己大做广告:扉页上"本书著者其他著译两种"——《古诗论述》、《中古诗人著述考》;第一章结束,添上"本书著者其他著译之三"《魏晋南北朝诗话集》;第四章结束时,穿插著译之四《谢灵运》;第五章结束,又有著译之五《中国文学论著》,据说是"译述日本诸文士关于中国文学的论著约二十余篇";全书结束,还剩半页纸,于是有了著译之六《中国文学史论》。这最后一种,作者自称"在编著中",而撰述的缘起是对国人已出二十余种文学史"不能说不满意","不过作者想,文学史这种东西,不是点鬼簿,不是指南一览一类的东西,是要探索一些前代之人生的。这部稿子,就是从这里着笔。"④作者时年只有28岁,竟如此勇猛著书,让人惊叹不已。只是这里预告的六书,除了《中国文学史论》两年后以《中国文学史新编》面世,其余全都落空。

1936年,南京正中书局刊行张长弓编著的《先民浩气诗选注》,此书日后多次印刷,起码有1947年南京版,1959年台北版。在该书《自序》中,作者称:"六七年来,滥竽师范高中大学国文讲席的经验,使我怀疑国文教学的无用,不免减

---

① 郭绍虞《〈中国文学史新编〉序》称:"最近张常工先生寄示他所编著的《中国文学史》。他说,这是他历年在各高中讲授时的讲稿,或者可作高中用的教本。这虽是张君的谦辞,然而这样坦白地说明他自己著作的分量,不说过分夸大的话,那也是值得称许的。"郭称此书编制匀称,论断平允,"不求有功,先求无过,则此书之长亦正在适合高中的教本,不必以作者之谦辞,误贬此书之价值也"。郭序载张长弓著《中国文学史新编》,上海开明书店,1935年。
② 参见张长弓《中国文学史新编》自序以及《中国文学史新编》,第250~255页。
③ 参见《中国僧伽之诗生活》弁言以及《中国僧伽之诗生活》,第213~224页,北平著者书店,1933年。
④ 张长弓:《中国僧伽之诗生活》,北平著者书店,1933年,第19、127、177、224页。

却国文讲授的兴趣与勇气。……我以为国文教学最重要的一点,是灌输青年以向上的思想与焕发的精神。像那走进古董铺内玩赏古董的知识,与习得一些运笔的技术,在目前青年似不是亟亟需要的呢。"此次选诗,"以思想意识为前题,作品艺术为次要",因此"自《毛诗》至最近作古之诗人,凡有国家民族意识的,有服务君主精神的,有博大胸怀的,有向上志愿的,总之有人生积极态度的篇什,都合于我选取的标准"。书中入选各诗,只有极为简要的注释;书后所附"作者介绍",也都十分平常。一句话,这是一部以道德教诲为主旨的诗歌读本。集中选入的最后一位诗人是梁启超,所选三诗中,《读陆放翁集》最能显示编者的情怀:"诗界千年靡靡风,兵魂销尽国魂空。集中什九从军乐,亘古男儿一放翁";"辜负胸中十万兵,百无聊赖以诗鸣。谁怜爱国千行泪,说到胡尘意不平。"①

1942—1943 年撰成于群山之中潭头镇的《文学新论》,抗战胜利后由上海世界书局刊行。全书 13 章,原题《文学导言》,从"文学的定义"说到"文学与人生",多引古代文论,也间述译介进来的西洋论著。作者称坊间的"文学概论",一类是纯中国的,一类是纯西洋的,而自己"这本《导言》,却是不中不西"。我关心的是此书的写作过程:"最后要说明的,本稿起讲于三十一年二月。时太平洋战事爆发,燕京大学猝被敌人封闭,余乔装南来,间关渡河,旋即承乏河南大学。当时因片纸只字未能携带,到校后重新编著各种讲义,《导言》即是其中之一。讲着、写着,迄于三十二年六月,全稿讲授两遍,大致已就。"②

上述四书,有一定的学术水准,但原创性不强。张长弓的著作,在学术史上能站得住的,只有《鼓子曲言》。撰成于抗战烽火中的《鼓子曲言》,之所以值得后学认真对待,除了上面提及的文化情怀,还有其独特的研究思路——将社会调查与音乐视野带入文学史研究。而这一点,参照其单独刊行的论文,可以看得更清楚。

在撰于"河南大学听香室"的《中古游牧民族的音乐与诗歌》中,张长弓强调游牧民族的马上音乐,主张关注诗歌、音乐与乐器关系,并将其追溯到游牧民族的生活方式③;而在《论"吴歌""西曲"产生时的社会基础》中,作者认定"文学音乐的情调多本于社会生活",因而倾向于从地理及经济角度谈文学,且格外关注商业发达对于吴歌的影响。接下来的这段插话,很能显示作者治学的特

---

① 参见张长弓《先民浩气诗选注》自序以及《先民浩气诗选注》,正中书局,1936 年,第 165 页。
② 张长弓:《文学新论》序,《文学新论》,世界书局,1946 年。
③ 张长弓:《中古游牧民族的音乐与诗歌》,《国文月刊》1948 年 6 月。

点:"我在岭南时,曾搜集很多某某寮的小曲。其内容多是唱的别情离绪,因为闽、广人经商于南洋群岛的多,旷夫怨女遍于社会,所以产生出这种情调的小曲很多。当我见到某某寮时,想到'西曲';现在讲到'西曲',又想到闽、广的某某寮。可知'西曲'情调的形成,本于繁华的商业社会,是无疑的。"①

作为文学史家,张长弓并不满足于引经证史,而是侧重社会调查,强调古今对话、雅俗互证。这一治学特点,在1946年的《释"乱"》中,有很好的体现。针对郭沫若《屈原研究》中将《离骚》之"乱"认定为"辞"字之误,李嘉言撰文反驳,以为"乱曰"之"乱",有"曲终"的意义②。张长弓进一步辨析,称:(1)乱字本身就是杂乱,代表合乐的内容,乃第一意义;(2)因为合乐是四部曲的末一部,所以又含有曲终意义,因之《楚辞》、汉赋在篇末有"乱曰",故曲终系引申之第二意义;(3)由曲终又引申为"终始"之终,此系第三意义。接下来的这段引申发挥,最值得关注:

> 此种"乱曰"体制,含有"乱"的意义,在今日俗文学中还可以见到。大河南北流行之南阳曲中,保存不少实例。南阳曲之每一出戏,系由多少不定的牌子组成,每个牌子有谱有词。很多牌子的"曲终"是众声俱作。……南阳曲所用乐器,简单的是一把三弦,复杂的还配上琵琶、秦筝、八角鼓之类。一人主唱,唱至最后一句,所有乐器加紧拍节,在场人士不论男女老幼,齐声合唱,此颇近于"乱"之意义,若然,"礼失求诸野",于此得之。③

此文虽短,却显示作者学术视野之开阔。这是一个希望贯通古今,调和雅俗,兼及文辞与音乐的文学史家。作者的这一学术抱负,可惜没能充分实现;而此种著述风采,仅在《鼓子曲言》中有所展露。

这就回到我的困惑:《远去的驿站》让"父亲"在解放军攻打开封的战火中丧生,是为了表彰他治学勤勉,乃至为学问而殉职,还是另有隐情——比如像我一样认定张长弓学术上的高峰是《鼓子曲言》,解放后接受思想改造,紧跟形势,其著述乏善可陈?起码穿上军装的堂舅劝慰母亲的那番话,我不觉得是作家的主旨:"他们的父亲在黎明前离去,你要站起来迎接黎明。"④这里不想强作解人,多费心思去猜测作家的"原意",我只谈阅读印象:这是一位以《鼓子曲言》为学术生命,与开封城的毁灭与新生有着密切联系的文学史家。

---

① 张长弓:《论"吴歌""西曲"产生时的社会基础》,《国文月刊》1949年1月。
② 李嘉言:《关于〈楚辞〉之"乱"——与郭沫若先生书》,《李嘉言古典文学论文集》,上海古籍出版社,1987年,第111页~113页。
③ 张长弓:《释"乱"》,《国文月刊》1946年9月。
④ 张一弓:《远去的驿站》,长江文艺出版社,2002年,第361页。

六、草色遥看近却无

在张一弓等《〈张长弓曲论集〉序言》中,有对于《鼓子曲言》和《河南坠子书》写作经过的描述:

> 长弓先生研究河南坠子书的意愿,亦萌生于二十年代中期在开封当教员的时候。那时去南关、相国寺茶棚听坠子,是他的最重要的业余娱乐。对坠子书进行搜集、整理和理论探讨,基本是在 1947~1950 年间做的。整理研究的方法与鼓子曲相同。但"采风"基本是在开封各处茶棚,不像鼓子曲"采风"之跑遍豫西南各县,结交的坠子朋友也不像鼓子曲友那样多而且广。①

照此说来,张长弓之研究《河南坠子》,主要得益于古城开封;而撰写《鼓子曲言》,其经验及灵感主要来自于乡野。我却反过来,认定《鼓子曲言》更能代表张长弓潜在的"开封书写"。

撰写《鼓子曲言》的大部分时间,张长弓随河南大学四处迁徙;只是在完成初稿后,才回到开封古城。可在我看来,"距离"不构成作者体味的障碍或思考的断裂,即便在偏僻的嵩县潭头或遥远的宝鸡石羊庙,训练有素的文学史家,很容易凭借"声音",超越千山万水,与曾经的"七朝古都"对话。这里的"开封",不一定落实为具体的相国寺或龙亭公园,而是带有某种象征意味。这一文化符号,是作者寻访鼓子曲所深入的南阳、沁阳、唐河或某个豫西小镇所无法获得的。

在我看来,鼓子曲与开封城的关系,正如韩愈《早春》诗所描述的:"天街小雨润如酥,草色遥看近却无。"借助张长弓的《鼓子曲言》与张一弓的《远去的驿站》,我们看到了两代文人隔着半个世纪风云所做的对话,看到了学术著作与长篇小说之间曲折回环的互文,看到了文辞与声音的隔阂以及并非遥不可及的转化,而理解这一切,均离不开那个模糊而又坚定的古城背景。不忍远去成绝响的,不仅仅是《劈破玉》那样的古曲,也包括开封的古都风韵——即便因为黄河泛滥,城摞城的开封绝少可以直接触摸的唐宋遗存,但凭借众多悠扬的乐曲,召唤古老的灵魂,无论学者还是作家,均能迸发出巨大的激情与想象力。

原载《文学评论》2012 年第 2 期

---

① 张一弓等:《〈张长弓曲论集〉序言》,《张长弓曲论集》,黄河文艺出版社,1986 年。

告别与寻找
——关于张一弓小说的话语转变

李遇春

提起"文革"后享誉文坛的一代"右派"小说家,人们很少能想到张一弓。实际上,张一弓早在 20 世纪 50 年代中后期就已经初涉文坛,后因其母被打成了"右派",连带他的《母亲》等短篇小说作品也受到了批判,由此张一弓中断了早期的文学写作。直到 1980 年发表著名中篇小说《犯人李铜钟的故事》,张一弓才重返文坛,此后更是成为所谓"伤痕—反思—改革"小说潮流中的代表作家之一。然而,从 80 年代中后期开始,张一弓的小说创作陷入了失语的困境。曾经在 80 年代的各种当代文学史中风光无限的张一弓甚至被 90 年代末的诸多当代文学史所忽视或遗忘。从辉煌到黯淡,张一弓的内心失落可想而知。值得庆幸的是,就在即将被人们所遗忘的时候,张一弓创作了他平生的第一部长篇小说《远去的驿站》(长江文艺出版社 2002 年版),从中我们又看到了张一弓重新走进当代文学史的希望。

我这里无意于就事论事地解读张一弓的长篇新作。我关注的是张一弓小说创作的话语转变问题,也就是说,从《犯人李铜钟的故事》到《远去的驿站》,张一弓究竟在小说的话语形态或话语范型上做过哪些艺术求索?因为在我看来,探讨一个作家的话语范型转换问题有助于准确地判定其在文学史上的位置。

一

一部近二十年来的中国小说史,在很大程度上,它可以被视为中国小说家逐步摆脱以往话语模式的束缚,进而不断地开创新的小说话语范型的过程。"文革"后最先出现的小说话语范型是启蒙主义话语。张一弓有幸直接参与了对这一新的小说话语范型的建构。这种新启蒙话语因其强烈的时代性,准确地说,应该是政治色彩,而与经典的"五四"启蒙话语区别了开来。它们的共性在于"人性论"是其共有的理论预设,呼唤人性、人道主义是其共同的精神旨趣,因此,"人的文学"①可谓其共通的文学性质。然而,与鲁迅先生所开创的经典启蒙主义文学话语范型不同,在80年代的新启蒙话语范型中,虽然也有从文化的视角解剖国民性的叙述话语("文化—国民性"叙述),但更多的则是从政治的视角透视人性的历史处境的叙述话语("政治—人性"叙述),以及从更宽泛的社会(经济)视角观照中国人的现实境遇的叙述话语("社会—人"叙述)。惟其如此,在一定程度上,人们更愿意把"文革"后的"政治—人性"和"社会—人"叙述话语看成是当代小说家最终回归"五四"经典启蒙话语范型("文化—国民性"叙述)的某种过渡性的文学形态。从张一弓80年代前半期的小说创作来看,他的小说写作基本上遵从的是"政治—人性"和"社会—人"的叙述话语。首先看"政治—人性"叙述,这方面的代表作有《犯人李铜钟的故事》、《赵镢头的遗嘱》、《张铁匠的罗曼史》、《山村诗人》、《智慧的痛苦》等。和同时代的王蒙、张贤亮、丛维熙等"右派"小说家相比较,张一弓关注的不是在那个泛政治化的历史境遇中中国知识分子或革命干部的命运,而是中国农民的命运。大体而言,张一弓笔下有关中国农民的"政治—人性"叙述话语有两种价值取向:或揭示外在的政治权力给主人公的人性所带来的心理创伤和精神扭曲,或展示人性在外在的政治权力的压抑下所表现出来的反抗精神和超越境界。前者从政治的角度透视人性的异化,后者从政治的视角观照人性的力量。实际上,在"文革"后的"伤痕—反思"小说大潮中大量流行的就是前一种叙述话语,具体到张一弓笔下,《张铁匠的罗曼史》即是这方面的代表作。这部中篇小说集中透视了从"大跃进"到"文革"时期,中国当时的极左政治力量给底层民众所带来的无尽灾难。这种灾难不仅是肉体上的伤害,它更是心灵上的摧折。人们痛心地看到,在解放初还青春焕发、激情满怀的张铁匠,经过起伏不定的政治波澜的冲击,到"文革"末期几乎已经变成了一个万念俱灰的木偶人。这种身心变化不啻《故乡》中从少年闰土到中年闰土的变迁。小说中张铁匠对发妻王腊月的冷漠与决绝恰恰流露了他内心深处无法排解的伤痛。然而张一弓笔下的张铁匠比鲁迅先生笔下的闰土似乎要幸运得多,他在"拨乱反正"的政治环境中重获生机,并且洗尽此前的晦气,最终与王腊月来了个大团圆。从这里我们不难发现中国当代"政治—人性"叙述话语的局限性。说到底,在这种叙述话语中,人性还不是起决定性的因素,它仅仅是为了回应一种新政治话语的召唤而去谴责另一种过时了的政治意识形态。所以其中真正起作用的还是政治话语,人性话语不过是新政治话语的附庸。但无论如何,曾经长期遭受压抑的人性话语在"伤痕—反思"小说中得以回归(虽然仅仅是有限度的回归)却也是不容轻易抹杀的

---

① 周作人:《人的文学》,《新青年》第5卷第6号,1918年12月15日。

事实。

当然，真正为张一弓在文坛树立声名的并不是这种提示政治对人性的异化，而是集中展示人性的反抗。这方面的著例首推《犯人李铜钟的故事》。在"大跃进"后接踵而至的民族灾难岁月里，面对被饥饿折磨得奄奄一息的众乡民，李铜钟，一位伤残的退伍军人，他没有遵从上级的要求用"化学食品"欺骗民众，而是选择了挺身而出、为民请命，与昔日的老战友一道开仓放粮、赈济灾民。然而，李铜钟的英雄义举在那个非常年代里直落得一腔悲愤、含冤屈死的凄凉结局。无独有偶，在"大跃进"的浮夸风潮中，民间说唱艺人李老怪(《山村诗人》)因为勇敢地选择了说真话而受到了一系列的误解和打击。在"文革"的"左"倾余毒尚未完全消退，而改革的浪潮尚未全面涌动的70年代末，赵镢头(《赵镢头的遗嘱》)因为率领大部分村民推行农村联产承包责任制而招致"左"倾官僚主义者的打击和流氓无产者的诬陷，最终他选择了自杀，并立下遗嘱坚定地捍卫民众的利益。记得鲁迅先生曾经说过："我们自古以来，就有埋头苦干的人，有拼命硬干的人，有为民请命的人，有舍身求法的人……虽是等于为帝王将相作家谱的所谓'正史'，也往往掩不住他们的光耀，这就是中国的脊梁。"① 显然，李铜钟等人正是鲁迅先生所称道的民族脊梁式的人物，在他们的身上体现了一个民族的希望，并且展示了人性中高贵的一面。

如果说张一弓笔下的"伤痕—反思小说"主要采用的是"政治—人性"叙述，那么他笔下的"改革小说"则更多地运用了"社会(经济)—人"叙述。比如《黑娃照相》、《寻找》、《流泪的红蜡烛》、《最后一票》、《春妞儿和她的小嘎斯》、《流星在寻找失去的轨迹》等中短篇小说主要关注的就是在经济变革的社会环境中中国农民的精神、心理和人格方面的变化。黑娃是一个18岁的农村青年，他通过搞副业——养长毛兔挣了八元四角钱的钞票。于是，围绕着如何使用这笔额外收入的问题，作家步步深入地考察了黑娃的心理需求轨迹。从买鞋、制衣等物质需求到看戏、照相的精神需求，黑娃的心理嬗变过程完全符合人类需要层次的基本规律。小说的高潮是黑娃照相的情节：由于受到城里人的歧视，黑娃为了捍卫自己的人格尊严，毅然选择了花费三元八角的照相。黑娃的行为在很大程度上意味着改革开放初期中国农民的独立人格意识的觉醒。然而，仅仅从经济的增长给人所带来的精神进步的角度来解读《黑娃照相》是不够的。应该说，作者在小说中已经有意无意地触及到了当代中国社会经济转型中的一个重要问题，即，人们对物质财富的追求如果僭越了一定的精神(心理)价值底线，那么，人将变成金钱的奴隶，而不是主人。张一弓在小说中对"暴发户"黑娃

---

① 鲁迅：《中国人失掉自信力了吗》，《鲁迅全集》第6卷，人民文学出版社，1981年，第118页。

的那种"人一阔,脸就变"的市侩气的隐约传达也许在当时并不为人所注意,尤其是当这一切发生在一个少不更事的青少年身上的时候,但我们从黑娃照相后离开城市时所发出的内心感叹中不难窥见另一个面目的黑娃来。当黑娃望着城市鳞次栉比的货棚饭铺大声喊叫"你们——统统地——给俺留着!"的时候,一个若干年后将到城市里疯狂攫取金钱、名誉和地位的中国于连(《红与黑》)的形象已经跃然纸上。那是一个为了寻求别人的尊重和自我价值的实现而最终在物欲中迷失了自我的市侩形象。

如果说在《黑娃照相》中张一弓只不过是朦胧地触及到了经济发展与精神进步之间的悖反问题,那么在《春妞儿和她的小嘎斯》中作家就已经明确地意识到了这种悖论的严重性。当春妞儿为了报复负心的恋人,或者说为了捍卫自己独立人格尊严而当上了女司机,不惜铤而走险、拼命挣钱的时候,她逐步意识到自己已经越来越远离了初衷,在物质追求和人格捍卫之间的南辕北辙使她的内心充满了无以言表且不为人所知的苦涩。只有到了《流星在寻找失去的轨迹》中的专业户宋疤拉的身上,主人公的这种心理隐衷才被张一弓第一次明确地摆上了台面。为了洗刷绰号长期笼罩在自己身上的耻辱,宋福旺不择手段地通过经济的方式来重新证明自己,然而也正是在这个过程中他一步步地失落了自己。于是他又想通过办私立幼儿园来拯救自己日渐沉沦的良知和灵魂,但他的"义举"已经无法挽回民众的信任,他只能痛苦地发现,那个童年的"旺娃永远找不回来了"。写作这篇小说的时间是1985年,正是"新时期文学"发生转折的关键年头。在某种意义上,我们与其说小说的主人公在寻找失去的轨迹,不如说是作者在寻找失去的轨迹。因为此时的张一弓已经明确地意识到了自己的话语危机,他在所谓的新启蒙话语范型中实在是浸淫得太久太深了,他必须告别过去,进而寻找到新的小说话语方式。

二

张一弓小说创作的第二个阶段是80年代后半期。然而和80年代前半期相比,张一弓这一时期在小说创作数量上锐减,仅发表了《死吻》、《都市里的牧羊人》、《夜惊》、《孤猎》、《黑蝴蝶》、《都市里的野美人》等为数不多的几部中短篇小说。这说明作家此时正处于艰难的话语转型的探索期、阵痛期。从整体的创作水准来看,张一弓这一阶段的小说创作并不是很成功(实际上,那一代作家中除王蒙、陈忠实等人外,在80年代中后期成功实现话语转型的并不多见),这使得他在进入90年代后几乎中止了小说创作,直到新世纪之初推出长篇小说处女作《远去的驿站》,张一弓才顺利地完成了多年未竟的艺术跨越。

虽然张一弓第二阶段的话语转型并不很成功,但如果没有他这一时期的艰难探求,我们也就看不到后来的《远去的驿站》。因此,剖析张一弓这一时期的话语转换的主要特质也就显得尤为必要。在我看来,张一弓这一时期的话语转换趋向是从启蒙主义话语走向生存主义话语。谈到启蒙话语和生存话语的区别,从表面上看,启蒙话语中的社会的、政治的、文化的背景在生存话语中很大程度上被淡化了、消解了。而实际上,二者之间区别的关键点有二。首先,从"文革"后中国小说的实际创作情形来看,启蒙话语存在着人性善的理论预设,而在生存话语中,与其说人性是善的,毋宁说恶更能反映人性的潜在本质。所以当代中国的"伤痕—反思—改革"小说喜欢把历史和现实中人的丑恶行径解释为善良的人性遭到政治和经济权力异化的结果。而中国的新潮和后新潮小说家们则纷纷把笔触深入到了人性的潜层,他们热衷于展览人性的丑陋和心灵的黑暗,艺术也因此由审美转向了审丑。其次,启蒙话语是一种理性主义话语,而生存话语是一种非理性话语。在"文革"后的中国新启蒙小说家那里,人是理性的动物,人的行为是可以解释的,因此,人的历史变动也是有其内在的逻辑进程的。而在生存主义小说家那里,人的行为常常是出于某种本能欲望的驱使,人的历史因此也是不可理喻的宿命。于是在众多信奉生存话语的小说家笔下,人物往往陷入情与理、灵与肉、感性与理性的强烈内心冲突中无法自拔。作家此时不再热衷于叙述宏大历史,而是竭力从个体生命存在体验的角度去还原历史和生活的真实,从而实现对历史的暗角和生活的盲区的"解蔽"。不难看出,生存话语其实是有意超越启蒙话语的外在叙述视角而直抵人的生命存在本相。因此在生存话语中,关于人的启蒙神话被解构了,人被还原为人本身,由此,生存话语也可以被视为一种"后启蒙话语"。

标志着张一弓走向生存话语的第一篇小说是《死吻》。这是一篇关于当代知识分子爱情生活题材的作品,但作者无意于把它叙述成一个浪漫主义的凄美爱情故事,而是着力探寻主人公朱赫来不为人知的爱情隐秘和心理隐衷,从而揭示了他一辈子为情所困的尴尬生命处境。朱赫来原本是为了反抗父母的封建包办婚姻而参加革命队伍的,但革命成功后的他居然无法主宰自己与"小白杨"之间的爱情归宿,因为他作为报社的总编必须在婚姻上起到模范表率作用。无奈之下他只能将"小白杨"调往远方,但内心深处的情结并没有因此而化解,相反愈发深重,只不过不为人知罢了。直至晚年,朱赫来都隐藏着对亡妻的愧疚和对情人的无法释怀的眷恋。小说的高潮发生在朱赫来退休之后,孤独的他居然在医院中与一位相貌和经历都酷似"小白杨"的女人产生了一场黄昏生死恋。显然,张一弓在这篇小说中已经放弃了从政治的角度反思革命年代的历史和人性,因为主人公的情感悲剧在很大程度上并非那个泛政治化的历史年代所造成的,毋宁说,作者在这篇时间跨度很大的中篇小说中关注的是主人公超越了时空的心理困境和生命窘境。因此,写作《死吻》时的张一弓实际上正处在他小说创作的话语转捩点上。

与《死吻》相仿,张一弓其他几篇城市题材的小说,如《都市里的牧羊人》和《都市里的野美人》也都关注的是人的永恒的生命存在体验,而无意于像前一时期那样聚焦于人物的外在的社会政治环境。在80年代前期的张一弓看来,中国农民的历史命运的变动"总是摆脱不了历史变革时期的政治对他们的重大影响,排除不了在农村现实变革中起着决定作用的政策的因素"①,因此张一弓第一阶段的小说创作也总是无法摆脱和排除政治视角的拘囿。而到了写《死吻》等小说的时候,张一弓已经开始试图从政治叙述的樊笼中突围出来。但他似乎对那几篇城市题材的小说"淡化政治"的艺术探索并不满足,而是进一步创作了《夜惊》、《孤猎》和《黑蝴蝶》等三篇几乎完全"远离政治"的寻根小说,而且不是那种以《棋王》和《小鲍庄》为代表的文化寻根小说,而是以《爸爸爸》和《红高粱》为代表的生命寻根小说。

张一弓在《夜惊》中叙述的是一个充满了神秘色彩的、发生在古老山村的蛮荒故事。年轻的拴娃与兰妮夫妇在挖窑洞的过程中挖出了一具身躯魁梧、抱子送禾的石头大汉雕像,这使得那个黄河岸边的偏僻小村顿时沸腾起来。在村头的权威谕示下,所有的村民均认为那个石头大汉是祖宗为后人确立的"人样",对他充满了敬畏。然而,当村里的女人纷纷在"人样"面前产生了或显或隐的性幻想时,尤其是当村里的男人很快意识到了自己是那个"人样"的生理退化产物之后,那具石头雕像随即便遭到了男人们无情的奚落与诅咒。尤其是拴娃,他为妻子多年未孕感到羞耻和恐惧,一怒之下砸碎了雕像。但村民们很快被告知,石头汉子原来是先祖大禹的神像,拴娃的行为由此构成了渎神弑父的罪孽。于是在一个漆黑的深夜,拴娃赤身裸体冲出了窑房,在旷野中嚎叫,而且一霎时带动了全体村民涌出户外,干嚎声响彻云霄。显然,拴娃和村民们陷入了一场歇斯底里的精神疯狂之中。通过叙述这个神秘的夜惊故事,张一弓把笔触伸入到了我们民族的集体无意识深处,并对我们民族的原始生命强力的严重衰退表达了深切的忧虑。与《死吻》相比,《夜惊》关注的不再是个体的生命困境,而是关于一个民族的群体生命境遇问题。

比《夜惊》写得出色的是中篇小说《孤猎》。《孤猎》的象征意味更深广,更具有对时空的超越性。如果说《夜惊》是一则民族寓言,那么《孤猎》就是一则

---

① 张一弓:《听从时代的召唤》,《文学评论》1983年第3期。

关于人类的寓言。小说叙述了一个孤独的猎人的传奇经历,尤其是透视了猎人的心灵秘史。那个猎人以猎豹为业,并在山民中确立了赫赫威名,他自己也习惯于以英雄自居,享受着属于英雄的无上荣光。然而有一天,鳏居多年的他在深山老林中与寡妇菊花相遇了,他们共同度过了一个激情澎湃的夜晚。这使得猎人事后产生了无尽的懊悔,他不断地为自己有损于英雄形象的行为而深深地自责。显然,在情与理、灵与肉、英雄面具与人之常情的内心冲突中,猎人陷入了痛苦的迷惘。虽然他随后理性地选择了带着英雄的面具远走他乡,但他内心深处却始终无法驱除情人的身影,直到有一天,当猎人得知由于自己的离去而导致该地豹狼肆虐时,他才找到了重新去见情人的理由。然而等他好不容易摆脱掉群兽的围劫,赶到山中那座爱的茅屋时,他痛苦地得知情人刚刚绝望地与一个以猎兔为生的平庸猎手永远地离去了。最后,孤独凄怆的猎人主动选择了与强大的豹群决斗,并在决斗中孤立无援地死去。可以说,张一弓笔下这个没有姓名的猎人是整个人类的艺术化身,他那永远无法摆脱的孤独困境实际上就是整个人类现世处境的凄凉隐喻。

虽然读者从《黑蝴蝶》中也能依稀地看到80年代农村改革开放的时代背影,但作者张一弓这回显然不再像80年代前期的"改革小说"那样去关注变革年代中国农民的命运,而是试图通过叙述主人公喜娃的尴尬人生遭际来思索现代人的生命存在境遇问题。正是在这一点上,《黑蝴蝶》和《孤猎》在精神旨趣上走到了一处。喜娃在一只巨大而神秘的黑蝴蝶的喻示下发现了一片古代金简,然而这片金简并没有像人们所期待的那样给喜娃带来巨大的财富和美好的前程。在经受了一系列充满了悲喜忧欢的命运播弄和心理折磨之后,喜娃只能无奈地接受那种鸡飞蛋打、兴尽悲来的尴尬结局。喜娃的人生充满了神秘莫测的宿命意味。小说中那只巨大的黑蝴蝶成了笼罩着主人公生存世界的一片无法挥去的阴影。

三

在近乎沉寂了十年之后,张一弓创作了他平生的第一部长篇小说《远去的驿站》。这部作品的出现预示着张一弓进入了他小说创作的新阶段。与前两个阶段相比,此时的张一弓不仅进一步张扬了第二阶段所探索的生存主义话语精神,而且在很大程度上还避免了第二阶段创作的非历史主义的寻根倾向,从而较为合理地实现了前两个阶段的艺术融合,即外在的社会政治历史话语与内在的个体生命存在话语的融合。

具体来说,张一弓在他的长篇新作中虽然也关注到了三大家族的主要人物与各自地域文化的精神联系[①],如杞国孟家忧国忧民的现实主义文化精神,楚邑张家率性任情的浪漫主义文化精神,伏牛山贺家啸聚山林、反抗压迫的"革命"("汤武革命,顺乎天而应乎人")文化精神,但就其核心的创作精神旨趣而言,我以为,作者关注的主要还是人与历史的关系,以及生命在历史中的境遇问题。因此,小说虽题名《远去的驿站》,其实是作者在为三大家族中一个个在历史的长河中一去不复返的生命而长歌当哭。正所谓"人生几回伤往事,山形依旧枕寒流",在张一弓这部长篇力作的字里行间充溢着一种生命的悲凉之气和无奈之感。人们常说"历史无情",这其实意味着,作为一种"不以人的意志为转移的客观社会规律","历史"实际上是一种外在于"人"的异己力量,它是一种以"理性"的面目而出现的"非理性"的"暴力"。因此,人在历史中恰如人在江湖,他被历史的浪潮所裹挟,身不由己是他无法逃遁的历史宿命。对于小说中的任何一个生命个体而言,无论他与历史之间构成了何种关系,或疏离,如张聪和孟诚;或顺应,如贺家父子;或悖逆,如贺石。他们都难以从历史的陷阱中挣脱出来,人生也由此注定了是一场永恒的历史误会。从这个意义上来看,《远去的驿站》是一部典型的新历史主义文本。

小说开篇便宣称:"我的记忆是一个奇迹。"这说明作者无意于再讲述那种集体本位的宏大革命历史叙事,而着意彰显的是叙述者"我"对记忆(历史)中的个体生命的理解和体验。最让"我"感怀不已的是两位历史的疏离者——大舅孟诚和父亲张聪。父亲和大舅在历史的暗角中寂寞地死去几乎成了"我"的记忆中抹不去的阴影。大舅孟诚原本是杞地一世家子弟,"杞人忧天倾"的民族忧患精神在他的血液中奔涌不息。然而,大舅的历史境遇十分尴尬:他既是一个"连国民党也不能给他套上笼头"的国民党员,又是一位与共产党保持一定距离的"同路人"。尽管他在抗日战场上敢于冲锋在前,尽管他和他的家族为杞地共产党人的生存与壮大作出了不可磨灭的贡献,大舅仍然难以摆脱被猜疑被压制的命运。正如三姥爷所说,大舅是"一匹劣性马,年轻气盛,难以驾驭",而且大舅也深知自己的"劣根性"——"我永远也学不会无条件服从"。于是我们看到桀骜不驯的大舅持枪撵得"麻雀"(一个阴险狡诈的革命投机者)屁滚尿流,看到他歇斯底里地怒斥黄团长(一位专以革命的名义镇压自己同志的"肃反委员")是"一个垄断了全部真理的革命大亨"。终于,大舅为自己的自由主义立场付出了代价,他在一个血色黄昏中被自己信任的"同志"悄然射杀于一片乱草丛中,死得无声无息、不明不白。历史对于大舅孟诚来说无异于一口陷阱,他的

[①] 张一弓:《远去的驿站》后记,长江文艺出版社,2002 年,第 364 页。

生命被无情地吞噬了。和大舅孟诚在历史的夹缝中苦斗相比,父亲张聪与当时的历史主潮更加疏远。大舅虽然死得窝囊,但他的一生毕竟活得壮怀激烈,充满了英雄侠气,因此身前身后都有无数的追随者和景仰者。而父亲的一生则要平淡得多,他是一个行走在当时的历史边缘的知识分子,他比大舅孟诚更像是一个历史的多余人,因此他内心深处的那份孤独也就更加深入骨髓、无法排解。父亲是一个孤独而脆弱的"异类",他没有大舅所具有的显赫家世和可以给他遮风避雨的庄园,父亲是一个侍弄桑树捏制桑杈的农民的儿子;他也没有自己的"同志"和同志们共有的"主义",父亲虽然早年闹过学潮、热爱过"普罗文学",但他却从历史的激流中退回了狭小的书斋,成了一个搞古典文学(音乐)研究的大学教授。因此,父亲的一生既没有赴汤蹈火的牺牲,也没有可供人炫耀的胜利,在上世纪那场属于全民族的战争中,父亲仿佛一个孤独的旅人在历史的地平线上踽踽独行,追随着属于自己的遥远的星辰。正如"我"的疯舅爷所预料的那样,父亲是一只鹰,飞是鹰的本性,鹰飞的目的是为了追逐天空中的太阳,而天是没有尽头的,太阳是无法接近的,所以化为一团烈火燃烧净尽是鹰无法逃遁的宿命。鹰的命运正是父亲的人生写照。父亲是一个典型的浪漫主义者和理想主义者。在那场几乎席卷全民族的战争中,父亲虽然颠沛流离、居无定所,但他仍然不惜以生命为代价,执着地搜寻流失在民间的古典乐曲,并撰写了相关的学术著作。父亲以自己独特的"文化救国"的方式参与了当时的"抗日救国",但父亲的孤独只有红颜知己婉儿姨能够理解,就在他浪迹天涯遍访名曲《劈破玉》的时候,却有人在报上公开谴责他是"商女不知亡国恨,隔江犹唱后庭花"!父亲最终在解放战争的硝烟中死去,"我的琴弦上的父亲"就这样化作一只"火蝴蝶"悄然飞去,他临死前自嘲的苦笑无人理会,他的尸骨寂寞地躺在一片"乱坟岗"的地下,他的生命就这样悄无声息地湮没于历史的尘埃中。

如果说父亲和大舅是以疏离姿态来应对当时的历史主潮的,那么"我"的姨父面对轰轰烈烈的革命大潮则主动选择了顺应姿态。然而,作为主流历史的顺应者的姨父最终也没能摆脱被历史圈套所围困的人生窘境。比较而言,父亲和大舅的人生是短暂而悲壮的,而姨父的漫长的人生却隐含了强烈的荒谬感。正如"我"的母亲在"文革"中所言,姨父贺胜的革命生涯充满了偶然性,他的生命是"用一个个偶然性组成的奇迹"!小说着重叙述过姨父三次与死神"失之交臂"的传奇经历。第一次是作为学生领袖游行示威被国民党政府逮捕,结果他居然从富有正义感的行刑军人的枪下死里逃生。第二次是更加惊险离奇的"雨夜逃亡",面对国民党特务的穷追不舍,孤立无援的姨父和妻儿在走投无路的情势下竟然化险为夷、绝处逢生。第三次是在豫西事变的白色恐怖中,姨父的两百多名战友惨遭杀害,而他却又一次与死神擦肩而过。然而,就是这样一位出生入死的职业革命者,姨父在革命成功后居然无法保护自己的父亲,也无法主宰自己的命运。虽然身为省政府秘书长,但姨父不得不眼睁睁地看着村民从自己家中把年迈的父亲带走,让一个于革命有功的老人去接受一场阶级斗争的洗礼。不仅如此,姨父万没想到的是,自己毕生追求革命到头来却成了"反革命走资派"! 这不能不让姨父惊诧莫名,他几乎本能地觉察到了历史的无情、人生的荒诞和命运的不可捉摸! 如果说在战争时期他无法自主沉浮还情有可原,那么在和平年代却遭此境遇,则肯定出乎他的意料之外,人生的初衷与历史的宿命就这样纠缠在了一处,成了姨父晚年爽朗的笑声背后不绝如缕的悲音。

与姨父贺胜相比,姨父的父亲贺爷心中的人生荒谬感有过之而无不及。贺爷原本是伏牛山区一位振臂一呼应者云集的英雄。他曾经不惮于顶撞县长意志,支持过民众的抗粮抗款行动;他也曾亲自指挥过一场漂亮的"红罂粟战役";更重要的是,他的存在为伏牛山区共产党人的革命活动提供了不可或缺的屏障。然而,在以职业革命者自居的儿子贺胜的心目中,贺爷居然只配称为一个"为旧时代修补窟窿的泥水匠",他的"进步"行为竟然被儿子斥责为"教育救国何时了,毒害知多少"! 在儿子的感召下,贺爷最终彻底顺应了当时的历史大势,他成了共产党的豫西行署专员和太岳行署谘议。但就在他的政治转折之际,贺爷人生的悖谬性也注定了要成为历史的必然。当贺爷在土改复查运动中被人强行带走时,人们不难体味他外表镇静下的内心酸楚。尤其是当他发现自己竟然被安排与反动军匪同台批斗时,贺爷甚至绝望地晕厥过去。贺爷就这样身不由己地撞入了历史的陷阱,他不知道非理性的历史正在以理性的名义将他放逐到主流历史之外。贺爷的人生隐含了"红色幽默",也凝聚了他被历史所拨弄的人生苦涩。贺爷最终在"文革"中孤独地死去,死前他一直在研读《社会发展史纲要》,他在苦苦思索着历史之谜,追索着人在历史中的境遇问题。正如他的遗言所云:"猴子还没有变成人,还得接着变。"然而,在漫长的历史变迁中,人究竟怎样才能活出自己的全部尊严来呢? 用马克思的话来说,人究竟怎样才能"占有自己的全面的本质"①呢?

应该说,姨父的堂兄贺石在小说中非常引人注目。贺石既不是历史主潮的顺应者,也不是疏离者,而是悖逆者。作为消逝在历史长河中的生命,如果说姨父和贺爷的历史困境是反讽的,大舅和父亲的历史困境是潜隐的,那么贺石的历史困境相对就比较显豁。表面上,贺石与历史之间的对抗是一种政治立场的对抗,而实际上是一种文化立场的对抗。贺石从小接受了正统的儒家政治伦理文化的教育,成年后毕业于黄埔军校的他固执地坚守着封建忠君思想,面对腐

---

① [德]卡尔·马克思:《1844 年经济学哲学手稿》,人民出版社,2000 年,第 85 页。

败无能、消极抗日的蒋介石政府,他居然说什么"国不可一日无主"、"一日为师,终身为父"。正是那种深层的传统文化立场决定他外在的政治立场。惟其如此,在淮海战役中被俘的他才置堂弟贺胜的劝诫和妻儿的亲情于不顾,只身逃往台湾。除"忠君"外,贺石的传统文化立场还表现在"守义"上。贺石不愧是忠义千秋的关公的信徒。当他在抗战期间以国民党上校军官的身份放走共产党人堂弟贺胜时,他想到了三国时期关羽义释曹操的故事。在他的心目中,自己就像当年的关羽一样陷入了忠与义、信仰与亲情的冲突。然而,毕竟沧海桑田,历史语境已经大不相同,关羽式的传统文化立场和价值观显然已经不再适合新的历史潮流的要求,所以一意孤行的贺石也就只能被无情的历史大潮所淹没,逃到台湾的他饱受漠视、猜忌、打击之苦,绝望中的他甚至选择了投海自尽。归根结底,贺石是一个执迷不悟的悖逆者,是一个被历史所遗弃的生命。在《远去的驿站》中,张一弓总共塑造了大大小小四十多个人物,以上重点分析到的五个人物就是他们中的代表。这些消逝在历史中的鲜活生命时时叩击着读者的心灵,作者也以此成功地超越了既往的政治视角,甚至是文化视角,而直接抵达了人类生命存在的本相。因此,这部长篇力作的出现标志着张一弓已经顺利地实现了80年代中期以来的小说话语转型。虽然这次转型的成功来得有些缓慢,也有些艰难,但我相信,诚如作者所希望的那样,这部书稿确实是对作者"年逾花甲之后的许多个不眠之夜的褒奖"①。

原载《文学评论》2004 年第 4 期

---

① 张一弓:《远去的驿站》后记,长江文艺出版社,2002 年,第 365 页。

理性之光与理性之累
——张一弓创作浮沉论

马治军

作为一位上世纪 50 年代成长起来并历经"文革"磨难的知识分子,张一弓创作中的忧思主题、悲凉基调和理性眼光,与中国现当代主流文学的突出特点是统一的。正由于此,从 80 年代初到 80 年代中期,重返文坛的张一弓创造出了骄人的创作业绩,并一度成为河南文坛的领军人物。但是,自 80 年代后期以来,在"文学豫军"突起的凯歌声中,张一弓却沉寂了太长的时间。一个具有丰富的生活基础、良好的文学素养、敏锐的思维触角、执着的文学追求、不懈的探索精神的中年作家,为什么会长时期沉寂于文坛?这实在是一个值得探讨的理论命题。文学批评需要追踪,也需要追溯,对于创作和文学发展来说,客观的回望和追溯也许更具建设意义。基于此,本文试图在对张一弓创作轨迹的追溯中,探析其创作得失,反思其沉寂原因。

一、历史与现实的理性沉思

一个时代有一个时代文学面临的问题和特点,每一个有思想、有追求的作家,总是在时代主潮中塑造出属于自己的文学形象,抒发出具有独特见解和思想的声音。从 80 年代初到 80 年代中期,我国文学大致经历了反思文学和改革文学两个并非十分明晰的阶段,这一时期的张一弓"听从时代的召唤","追随时代的步伐","坚持革命现实主义的批判精神与高昂理想的统一","为正在经历着深刻变革的我国农村作了一系列忠实的记录"[①],接连发表了《犯人李铜钟的故事》、《赵镢头的遗嘱》、《张铁匠的罗曼史》、《黑娃照相》、《春妞儿和她的小嘎斯》等小说,连夺全国短篇小说奖和第一、二、三届全国中篇小说奖。反观这一时期的创作,张一弓塑造的"高尚的圣者和殉道者"形象、敏锐和犀利的批判锋芒、关注社会生活的昂扬激情,展示了作者对历史与现实的理性沉思。这些作

---

① 张一弓:《听从时代的召唤》,《文学评论》1983 年第 3 期。

品在反思"左"倾历史和关注农村变革两个维度上奠定了张一弓的文学地位,不仅在文学反思的年代具有独特的价值,而且比起今天的无所承受的失重文学来,仍不失可资借鉴的意义。

在反思文学的范畴内,《犯人李铜钟的故事》占有一席之地。今天看来,"李铜钟"的意义,不仅在于作者在中国尚处于思想解放运动的前期,率先揭开了当代史上曾经讳莫如深的一页,向读者展示了一幕充满饥饿、死亡和沉痛教训的历史悲剧;而且在于,张一弓展示了一位普通共产党员的正义感、良知和不惜生命拯救饥民于水火的勇气。那在暴风雪中蠕动的饥饿的人群,那生命行将结束时祈求有一团棉絮填塞饥肠的哀求声,撕破了历史的伪饰,愤怒声讨了曾猖獗于中国大地上的"极左"路线、极"左"思潮和浮夸作风。同时,仅仅是一位大队党支部书记的李铜钟,在四百九十口人断粮七天的危急关头,拖着一条七斤半的假腿,"不自量力"地欲挽狂澜于既倒,其精神更烛照出晦暗的历史背景下一缕理想之光。这是中国的脊梁,这是中国的希望。

反思历史是为了匡正现实,作为一位现实责任感和参与意识相当强烈的主流作家,当中国历史由"拨乱"走向"反正"时,张一弓的文学笔触自然伸向了他最熟悉的变革着的农村,《赵镢头的遗嘱》、《流泪的红蜡烛》、《黑娃照相》、《春妞儿和她的小嘎斯》等堪称这一维度上的代表作。在这一领域,张一弓的反应是迅捷的。当农村联产承包责任制刚刚试行时,他就从正面反映了承包制诞生的过程及其伴随的矛盾和斗争;当"万元户"这一名词刚刚出现时,他就通过一幅富裕和愚昧掺杂一起的色彩极不协调的图画,反映了现实生活中物质富足化趋势和精神生活依然贫困的矛盾。同时,张一弓的笔触又是沉重的,除去《黑娃照相》这个即兴式的"人物速写",他更多地关注的是改革的艰难和人生的沉重。作为一位16岁就当娃娃记者、遭遇过批斗也遭遇过误会的有良知的少年布尔什维克,面对并非一帆风顺的农村变革,出于严肃的人生态度和强烈的使命意识,张一弓不可能唱出轻歌曼舞的颂歌。应当说,《赵镢头的遗嘱》、《流泪的红蜡烛》等作品体现出的沉重,与在《犯人李铜钟的故事》中的悲剧性反思是一脉相承的。阅读这些作品,读者会被作者激愤的心情所左右,但是,作者情感的激流只是在理性的堤坝中奔流,激昂的创作心理背后,有一个理性的内核,而沉重悲凉的基调又是其对历史与现实理性思考后的真实心态的表现。激昂地展示理性问题是张一弓创作之特色所在。正是这种理性沉思,显示了张一弓的知识分子良知和其作品的独特意义,"它不仅影响到人们对社会生活的评价和态度,更影响到人们对人生价值和生命方式的选择,影响到人们的精神品位和生活质量,从而成为人生的一种重要的精神能源"①。

二、沉重的精神救赎

　　1985年,新时期文学史上值得书写的一年。新时期文学发展到这时,伴随着拨乱反正任务的完成,文学与之相应的时代主题已渐趋弱化。其后,寻根文学、先锋文学、新写实小说等杂陈的文学新潮昭示着更有力的文学回归自身的呼声和实践。身居其中的张一弓,其创作轨迹也发生了明显的变化。《流星在寻找失去的轨迹》、《死吻》、《孤猎》、《都市里的野美人》等小说构成张一弓创作第二阶段的典型文本,也标志着其创作主题从对历史和政治的理性反思更明确地转为沉重的精神救赎。

　　在第一阶段,张一弓关于人的反思更多地淹没于历史反思和现实评价当中,显得时隐时现,悲壮的礼赞和苍凉的反思使接受者时时忽略作者对人的价值的关照。并且,出于匡正扭曲的历史的需要,在李铜钟等人身上,理想人格的光环淹没了人物应有的缤纷的色彩,性格的单一性成了那个时代文学共有的遗憾。而到了第二阶段,关于人的精神救赎超越了对历史的反思,文学的人学内涵得到了更显明的张扬,我们看到的是一个又一个复杂人格的展示。在这些作品里,人物不再是图解历史和生活的挂图,而是作家着意刻画的中心;不再是特定环境中的单一英雄,而是现实生活中的性格组合体;关于人的尊严、人的价值、人的生存意义等的拷问不再是历史反思的附属物,而成为作者通过故事和人物展示试图回答的终极问题。

　　《流星在寻找失去的轨迹》是张一弓创作发生变化的过渡性作品,它既是《寻找》、《流泪的红蜡烛》、《春妞儿和她的小嘎斯》等前期作品的延伸,又是张一弓直接对人的尊严、人的价值、人的生存意义等发出文学拷问的开始。在前期作品中,张一弓笔下的主人公多是与扭曲的政策和环境抗争的理想人物,虽然平凡但处处显示出超凡脱俗的英雄品格;而在《流星在寻找失去的轨迹》中,宋福旺虽然是最早富裕起来的农民企业家,但"宋疤拉"的绰号却记忆着他曾经有过的卑俗、耻辱、辛酸、痛苦和丧失尊严与人格的历史。正因为如此,这位"灵性中掺杂着野性和邪性"的优秀企业家才在得到物质满足之后那么急切地想用金钱赎回自己,祈望找回曾经偏离的人生轨迹。比起李铜钟、赵镢头、张铁匠来,张一弓在宋福旺身上减弱了理想的光环却增强了尘俗的光辉。宋福旺的人

---

① 曹增渝:《用激情和理性浇铸当代英雄》,《小说评论》1992年第4期。

生轨迹虽然也映照出"左"倾历史对人格的扭曲,但作者更多地关注的是主人公对自身生存价值的反思和现实中做出的自我精神救赎。

《孤猎》标志着张一弓第二阶段创作的新高度。在这部极富象征意义的作品中,张一弓彻底剥离了历史、政治、社会等外在附属物,一改近距离的写实手法,在模糊的时空背景上,在"一种从琐碎的现实中挣脱出来而又俯视着现实的如梦如烟的感觉"中,通过一位一生猎杀无数豺狼虎豹而最终为狼群撕裂的猎人的悲剧,"捕猎着沉重的人生"①。比起李铜钟、赵镢头等人物来,不知姓名的猎人同样堪称舍生取义、欲救民于水火的英雄,但是,作者在李铜钟等人身上表现的是"雄浑的呐喊声"中的悲壮,而在猎人身上表现的则是"沉重的喘息和呻吟"声里的悲凉与孤独。李铜钟的英雄行为得到的是村民的崇敬和历史的肯定,猎人的英雄行为得到的则是村民的惊恐和畏避,只有小石锁面对猎人的遗骸发出微弱的哭声在慰藉着英雄的孤魂。李铜钟悲剧的背后是特定历史时期的政治反思,猎人悲剧的背后则是对历史和人生的感喟,是对孤独的强者的声援和对愚昧、自私、麻木者的鞭笞。比起第一阶段的作品来,《孤猎》无疑显示了张一弓对生活更深的开掘和把握。

三、理性之累

从上述两个创作阶段的反观中,我们不难体会到张一弓渴望突破和超越自我的努力。但是,一个有意味的事实是:1988年后,探索中的张一弓从读者视野中消失了。对此,作家同行们往往从张一弓在90年代初担任省作协主席的角度寻找其无暇创作等外在原因。固然,这是一个显在的因素,但是,许多与张一弓有着类似经历的作家如陈世旭、陈国凯、叶文玲等为什么能保持旺盛的创作势头呢?所以,如果剖析一下张一弓的作品就可以看出,其沉寂的原因主要不在于外在的"无暇",而在于创作本身的矛盾。在对张一弓两个阶段作品的对比中可以看出,其后期创作存在着以下三方面的矛盾。

其一,面向市场与拒绝世俗的矛盾。80年代中后期,随着新潮文学、寻根文学、新写实小说等的迭次出现,中国文学逐步走向了多元,尽管有人惊呼"文学失去了轰动效应",但从理论上讲,失去轰动效应并不代表文学的退化,因为亿万人为一部小说而轰动决非正常的文学现象。在文学走向多元的过程中,伴随着文学的丰富与自觉,世俗化也成了一股不可阻挡的潮流,其代表便是新写实

---

① 张一弓:《猎人在捕捉沉重的人生》,《中篇小说选刊》1988年第1期。

的兴起和"王朔热"的出现。世俗化潮流的出现标志着精英文化的衰落和大众文化的勃兴,标志着社会转型期知识分子精英立场的退却,这是尚不健全的市场经济体制下知识分子边缘化的必然结果。处在这一阶段的张一弓,出现了创作上的两难境地,一方面,他不是一位固步自封的人,他往往能敏锐地捕捉到文学流变的潮头并自觉追随,《都市里的野美人》这一极富视觉冲击力的标题就可以看出张一弓自觉契合市场的创作努力;另一方面,从本质上看,张一弓操持的仍然是和世俗化格格不入的知识分子精英话语。作为一个在五六十年代成长起来并从事了几十年新闻工作的知识分子,强烈的忧患意识、社会责任感和敏锐的文学感知力使他不可能认同世俗化的文学观念,不可能做一个玩文学的小说家。在张一弓及其同时代许多作家看来,文学不仅是一种审美创造,而且应当在审美创造的同时,表达一定的社会理想、寄寓一定的忧患意识、承担一定的社会责任;文学不仅要给人以美的享受,而且要成为推动社会发展、促进人类进步的一种力量。而从美学精神上看,张一弓操持的充满普罗米修斯式的、慷慨悲凉的悲剧性话语,与大众文化戏仿神圣、笑谑庄严、颠覆价值的喜剧性话语是不可能融为一体的。《都市里的野美人》既透露出张一弓不拒绝市场但拒绝世俗的矛盾心境,也显示出在这种矛盾心境支配下期望寻求精英话语与大众文化文本结合的最终失败。所以,在创作的第二阶段,尽管其作品显示出了契合市场的努力,但支配创作的文学观念的理性内核并没有改变。《孤猎》、《都市里的野美人》等标志着张一弓从对政治、历史等的近距离观照和反思走向了对人乃至民族的更深的思考,这是喧闹的世俗化声浪里一声低沉的文学叹息。面对世俗化思潮的冲击,面对知识分子日益边缘化的趋势,努力恪守着反思批判精神、秉承着虔诚而沉重的文学观念的张一弓不得不无声地退却。这不是一个人的退却,而是代表着一批人、一个时代精神的集体退却。

其二,启蒙话语与苍白叙事的矛盾。虔诚而沉重的文学追求在创作心理上表现为强烈的启蒙和拯救意识。反思精神、启蒙努力和拯救意识是知识分子人格的集中体现,是中国现当代文学的沉重主题和特色所在,是目前文学界正缺失的东西,是中国文学的理性之光,是我们应当汲取的宝贵财富。但是,对于文学创作来说,知识分子的精英话语应当蕴含于现代性叙事策略和完美的艺术形式之中。而在张一弓的创作中,过于强烈的拯救意识,往往成为难以摆脱的"理念干预生活"的无意识。在这种无意识的支配下,张一弓往往按捺不住昂扬的激情,时时忍不住站出来发一些昭示主题、超出人物性格的议论和评价;往往为了某种理念的需要,自觉不自觉地斧凿自然而丰富的生活,构造强烈但不太真实的戏剧冲突。正是这种沉重的拯救意识和由此而来的单一的叙事模式及艺术上的不足,构成了张一弓作品的突出特点和缺陷。在第一阶段的作品中,由于思想上强大的冲击力和时代文学的局限，读者尚没有明显感觉到张一弓作品的不足；而到了第二阶段，尽管《孤猎》等作品也达到了相当的高度，但当作品所传达的思想意识不再具有足够的震撼力或世俗化思潮中的读者不再关注这种震撼力时，艺术上的不足便凸显出来。事情往往就是这样，一个人的优势有时可能会因环境的不同变成一个人的不足，张一弓在文学反思阶段发出的沉重的呐喊堪称黄钟大吕之音，而在文学回归自身的声浪里仍然抒发着显明而急切的议论则有慷慨激昂的唠叨之嫌。唯恐读者不知所云而做出的叙述和解释，不仅影响了作品本应存在的更丰富的内涵，而且成为"理念大于形象"的佐证，时代使然，文学发展的规律使然。所以，当我们把张一弓重返文坛的第一篇作品——《犯人李铜钟的故事》与沉寂前的最后一篇作品——《都市里的野美人》放在一起分析时，我们不得不说，前者因大胆撕破历史伪饰、深刻批判和反思极"左"路线、成功塑造了"高尚的圣者和殉道者"的丰碑至今仍值得称道，而后者虽然指向了人的情爱心灵这一更为深邃的文学世界，但由于文学观念的局限，只能说是一个关于精神孱弱者的文学寓言。高粱和丁冬冬作为作者爱情理念的体现者，由于表达理性结论的显在和急切，缺乏应有的光彩和现实合理性；封闭的结构和作者观念指向的单一，也使作品失去了本应更为深广的意蕴。80年代初写出《犯人李铜钟的故事》使张一弓在文学史上赢得一笔，而80年代末写出《都市里的野美人》则显示了他超越自身的艰难，理性之光变成了理性之累。

其三，渴望创新与模仿追随的矛盾。作为一位具有不懈的探索精神的作家，张一弓试图超越自身的努力并不仅仅表现在创作主题由社会反思走向关于人的拷问、由外在关照走向精神救赎的深化进程，而且表现在试图解决广阔庞杂的内容与比较窄狭拘谨的形式之间的矛盾的创作实践。《夜惊》、《黑蝴蝶》等并不引人注意的作品中表现出的明显的魔幻现实主义色彩，体现着张一弓在艺术形式上寻求超越的痕迹。然而，正如王蒙的意识流小说之与文学新秀们的现代派作品一样，张一弓的魔幻现实主义色彩比起莫言、韩少功等人的作品来，同样表现出借用的表层化，表达理性结论的急切掩盖了艺术上本应十分清晰的探索痕迹。王蒙的意识流是清醒的意识流，张一弓的魔幻现实主义是理性的魔幻现实主义，这是王蒙、张一弓这一代作家理性地坚守文学社会使命的必然结果。但是，王蒙的意识流小说因其在新时期文坛上所具有的开拓性意义而垂留史册，而张一弓具有魔幻现实主义色彩的作品则因艺术上的追随只能默默沉寂在喧嚣的文学大潮里。

基于上述矛盾，面对变化迅捷的文学潮流，张一弓既不愿在文学旷野上增添废墟，又无力奏出匡正失重文学的时代强音，郁结着英雄情结、坚守着精英文学立场的他不得不搁笔蓄势，《都市里的野美人》成了其第二个创作阶段的最后的守望。回顾张一弓的创作历程,应当说,其文学追求虔诚而沉重,其超越自身的步履坚实而又艰难。虔诚而沉重昭示着张一弓作品的理性之光,超越的艰难则印证着张一弓创作的理性之累。理性之光烛照出张一弓作品的特色和独特价值,理性之累则构成了张一弓自觉暂停收获而致力于播种和耕耘的文学内因。

当然,关注张一弓的人深知,张一弓的沉寂是暂时的蓄势待发。张一弓在1995年曾说:"在今后的十年中,我应该做出远远超出前些年的文学发现。"[①]大家期待着这位孤独的跋涉者登上更高的文学境界。

原载《河南师范大学学报》2002年第3期

[①] 李玉梅、蒋晔:《张一弓:孤独的跋涉者》,《河南经济日报》1995年9月29日。

诗情与历史文化相交融的家族叙事

何镇邦

河南作家张一弓在沉寂多年后,最近由长江文艺出版社推出他的长篇小说新作《远去的驿站》。这部作品用一种浓郁的抒情笔调讲述他的家族充满传奇和浪漫色彩的逝去的故事,个人命运与时代大潮相照应,浓浓的诗情与深厚的历史文化底蕴相交融。无论是胡同里的开封所发生的浪漫故事,还是杞地姥爷家在抗日烽火中演绎的英雄传奇,抑或是新野张庵桑园里充满浪漫色彩的田园牧歌,以及豫西姨父家在抗战前后发生的催肝裂胆的故事,都是那么动人,那么诱人。张一弓笔下的这种家族叙事不仅有别于他20世纪80年代初期或中期写出的那一组描述社会变革的中短篇小说(姑称之为"社会叙事"),也区别于20世纪90年代以来盛行的家族小说。应该说,《远去的驿站》更具有作家个人的情愫,也更强烈地表现出作家的艺术个性,使作品具有更高的审美价值和更强的艺术生命力。

家族叙事作为长篇小说的一种叙事类型,并非始于上世纪90年代,可以说古已有之。中国明清小说中的优秀者如《红楼梦》,即是典型的家族叙事,是借荣、宁二府这个封建大家族由盛而衰的故事写尽封建社会由兴盛到没落的世相,欧洲19世纪的现实主义文学经典中,相当多的作品也是采用家族叙事的家族小说,巴尔扎克的《人间喜剧》中的不少作品,哈代的《德伯家的苔丝》,等等,都是家族小说中的佼佼者。可见,家族叙事是作家们喜欢选择的一种叙事类型。因为在这种叙事里,作家可以向读者进一步敞开心扉,也可以表现出更多触及作家灵魂深处的东西。

张一弓在这部酝酿打磨近十年的长篇小说里采用家族叙事的方法,而且把父亲的故事、大舅的故事、爷爷的故事以及姨父的故事等四大板块,用张斑斑这个孩子作为叙述者把它们连缀起来,成为一个浓缩的艺术整体,这种家族叙事,这种几大板块连缀起来的浓缩型的家族叙事,究竟具有什么意义,这正是值得我们稍加议论的问题。

首先,从《远去的驿站》中可以看出,由于作家对其要表现的家族史大都有一种刻骨铭心的感受,因此只要能把家族的命运或人物的命运同民族或时代结合起来,以家族或人物的命运折射时代的侧影或民族的命运,对生活的开掘往往要比一般的社会叙事的作品深刻得多,人物形象也往往更具有典型意义,更加立体。这部小说的几个大板块,无论是写"我"的父亲张聪这个大学教授在战乱时代颠沛流离的生活遭际,在搜集鼓曲《劈破玉》之中同宛姑娘演绎的动人的爱情故事,还是讲述"我"的老姥爷、姥爷、大舅三代人在杞地那个名门望族中演绎的富于浪漫色彩的故事,尤其是大舅在抗日战争中的英雄传奇故事,都从不同的角度折射出那个时代的侧影,让我们从一个新的角度去认识那个逝去的时代和在那个逝去的时代中演出各种人生悲喜剧的各种人物,具有独特的认识价值和审美价值。作者在第二卷"桑树上的月亮"中所讲述的发生在新野张庵桑园里的故事,无论是张家的家族史和张家后人的寻根问祖的举措,还是"我"的爷爷和大脚奶奶的故事,似都具有更深厚的历史文化的内涵和更浓郁的浪漫色彩,爷爷和奶奶的形象也给人留下更深刻的印象。这一卷的叙事节奏似缓慢了些,但内容显得更充盈,意蕴也更深厚。小说的第三卷"关爷庙上的星星"讲述的是"我"的姨父家族的故事,尽管姨父贺胜、姨父的父亲贺爷贺雨顺以及姨父的堂兄贺石都有相当奇特的人生经历,他们的形象也有其独具的审美意义,但总的说来,这一卷在内容上同第一卷"姥爷家的杞国"有些重复,且笔墨有些分散,静态叙事较多,缺乏应有的变化,因此显得弱了些。小说中两段"卷外篇"的篇幅虽短,但无论是"浪漫的薛姨"中的牺牲于日寇炸弹下的豪爽浪漫的薛姨,还是"倒推船"中那位缠绵多情的宛儿姨,都给我们留下难以抹去的深刻的印象,她们也都从不同角度表现了动乱年代小人物的命运。

其次,从这部《远去的驿站》中还可以看出,由于在家族叙事中作家注入的主观的感情因素较多,因此作品的诗意往往比较充盈,也就更具艺术上的感染力。我们在读卷首篇"胡同里的开封"和第四卷"琴弦上的大蝴蝶"这两个章节时,读到"我"饱含感情在讲述父亲的故事时,尤其是读到父亲与母亲浪漫的婚礼,父亲在豫西流浪时还不忘多方寻找整理濒临失传的名曲《劈破玉》,读到父亲与宛儿姨那凄美的爱情故事,都能感受到作者跳动的脉搏和发烫的感情,感受到作品中浓浓的诗情。而当我们读到第二卷"桑树上的月亮"时,我们似乎感觉到作家久蓄的感情的闸门打开了,他那浓浓的乡情回荡在字里行间,因此我们是把这段桑园的故事当作充满诗意的田园牧歌来读的,也是当作一段充满民族文化意蕴的张家家族史来读的。因此,不仅能引起我们对那动人的爱国故事的共鸣,而且能激起我们对一个古老家族史和中华民族史的探求,其意义不可谓不大焉。

我以为,这就是张一弓在《远去的驿站》这部长篇小说中所采用的家族叙事所具有的最基本也是最重要的意义。

除此之外,还可以简要说说这部小说在结构艺术上所做的探求和得与失。作者在其《后记》中这样写道:"我从'冰糖葫芦'和'烤羊肉串'的'结构'方法上受到启发,用第一人称'我'的经历和视角,把三个家族的各种人物串联起来";"这种结构给我带来了一种自由……但我必须小心从事,当我在一个类似散文体的大结构中获得叙事的自由时,始终不敢怠慢了读者阅读小说的兴趣……"应该说,张一弓在这部小说的结构上是动了脑筋的,也取得了相当好的艺术效果。这种几大板块结构相串联的结构的确给他的叙事带来了自由,也取得了浓缩的艺术效果,第一人称的叙事也增强了作品的情感色彩。在几大板块的连缀上,他既用了"我"即张斑斑的视角加以串联,又用了两个"卷外篇"作为过渡,可谓煞费苦心。现在看来,几大板块之间既有内容和主旨上的照应,又有结构上外在的照应,大体上是和谐、统一和完整的。但也难免留下一些艺术上的遗憾,诸如有的部分叙事方法缺少应有的变化,大多流于描述性的平面叙事,几大板块之间还缺乏更多的穿插和照应等等,如能注意修补这些结构上的缺陷,那这部小说的结构艺术不仅具有独创性,而且会具有更完美和谐的艺术效应。

原载《群言》2002年第11期

历史的"张看"
——评张一弓《远去的驿站》

何向阳

借用"张看"这个题目,是想说不同于其他人看的历史,尽管当代以家族故事成就历史的新意在近年的长篇写作中已经占有一定比例,比如陈忠实的《白鹿原》,莫言的《红高粱》到《檀香刑》,李锐的《旧址》到《银城故事》,还有张炜由《古船》到《家族》的系列足印,都在一定结构上还原着一种与往日约定俗成的历史记述不同的文学观念,这样一种写作在消化历史的硬结的同时更加注重了人在历史中的作用——主动的,被动的,历史的文学与文学的历史在对历史本身记述的干瘪石化的缝隙皲裂里那些曾被压抑的光亮与丰满经由民间人物与底层社会的挖掘而得以证明了另一种真实存在的人的历史,它的鲜活,几乎是写不尽的,也几乎成为中国当代——20世纪末文学长篇成就的支撑。

《远去的驿站》的初衷似乎不在意观念的更迭,尽管这部21世纪初年写就的二十三万多字的长篇在观念上一方面可视作上述列举的新历史写作的某种意义的延续,但更重要的是作品中绝对大于观念的人物,四十多个出入于近一个世纪历史隧道的人物所组成的流动不息的生命跃出了历史事件所能框定的时空,而进入一个孩童忽实忽虚的个人化的情绪记忆里,并通过这种纯个人式的历史记忆而传达出出入于历史长河的人物与历史的纠葛关系以及历史本身的不确定性。不能不说,这种跳出一般长篇结构即每一个主人公都要贯穿终始都要有故事推进都要有命运交代的闭合式写法,而进入到一个真实的但确实是断片的时空,这个时空因为叙述的节制,更可能是因为记忆的不周而保持历史本身的暧昧与丰盈,好多时候,我们的经历只是那么一闪的过去,那些不及掌握的面影,那些远在沉默异乡的亲人,那些只在某本厚重的大书里夹着的一帧旧照,到了时光的水涨上来漫过去后,留给我们的只能是一些更加模糊不清的东西,这时物的实有已经不再重要,重要的是那些怅惘,浅浅地有一些抹不掉。所以历经沧桑之后,这样不结构的"随笔法"小说可能更接近于历史的开放性结构。老作家张一弓肯定于此找到了一种自由。对于他,是如何在自己创作中擅长记述历史横断面的如《犯人李铜钟的故事》、《张铁匠的罗曼史》、《春妞儿和她的小嘎斯》、《黑娃照相》一系列已被新时期定评为现实主义传统写作中跃出来，找到不同于历史剖面的长度，不同于历史直面言说的语言，不同于单一表现乡村某一时期历史苦难或时代转折的人物，亦即对于这位作家而言，他要面对的不仅是大家共同必须面对的历史为前行社会的叠变观念的突围以及艺术的跟进，他更要面对将自己于20世纪80年代已经习惯而且当时为他赢得极大声誉的写作手法与表现形式挥手告别，他必须面对已经变化了的世界交出一份新的答卷。有所创新，对于一个年届古稀的中国作家而言其难度可想而知。所以从某种程度上讲，作为张一弓本人第一部长篇小说的《远去的驿站》是作者找到了一种新的方式——"穿冰糖葫芦"——解构家族历史，不如说同时也是与过去——那渐行渐远的自己融入其间的历史以及传统历史写作的一种慨然告别。

  作者在后记中写到这种结构的"自由"："就是毋须在整体结构上煞费心机地编织一个完整的故事，而是每个家族及每个人物都有属于自己的故事。""我"成为那些人物"山里红"般穿起来的棍棒，可以随时出现也会随时消失的人物在写作中有了一层别的由于结构谨严而对人物过于负责的长篇所不具备的传奇性与神秘性，使得老作家的写作有了时间历练出来的民间感，却又与时下时髦于民间意识而直到了极端的渲染造出神魔氛围的小说不同，这位作家始终没有放弃人物，只是这时的人物展现已不同于以往驾轻就熟的对象，不是他者，那个多少有些社会学意义的承担者，而是家族血缘里面的亲人，是一个孩子的"我看"，人物出入于我成长的各个阶段的时空里，当然在这个个人生命的时空之外还罩着一个时代社会演进的大时空，活动于其中的，"多半是我过去的作品中很少涉及的城市和乡村三代知识阶层中的男性与女性。他们是由中国传统文化造就，而又较早地接受了外来文化的一批人，有清末的举人和接受'西学'的绅士，有早期的职业革命家和他们的同路人，有教授、'洋博士'和不那么循规蹈矩的私塾先生。还有'浪漫的薛姨'，温婉的宛儿姨和她不时扑闪着的'杏形的眼睛'"。作者于后记中的这段话大可作为作品的人物导读表。当然在以"我看"串接起来的父亲、大舅、主人公的三个家族的展开部分，我们也随之看到了由他们各个关系串联出的清末举人、留洋博士、开明士绅、私塾先生、军官、艺妓、牧师、难童、财主与长工和他们全部人组成的社会、历史。

  眼睛在这个小说中关键非凡。比眼睛更关键的是如何"看"。20世纪一百年的历史，整个中国现、当代的历史在家族的命运中穿梭，最终于人物的命运中又凝结为怎样的一种大命运，人的自然属性与社会角色之间，家族的亲情血脉与政治观念之间，以及男女夫妻爱人友人仇人之间的价格准则与社会矛盾的纠缠，无不要在这些"看"中得到凸显，诸多的分量考验着一个孩子的眼睛，这个视角又是不能变的，须用艺术的语言去完善。所以开关便是："我能清楚地记得，父亲是怎样把母亲娶回来的。"——这是斑斑我骑在胡同口一大石狮上看到的

"小布尔乔亚的暴动",这种与生俱来的神秘的"见证"能力一直贯穿全书,直到换算为两个同与父亲恩怨相缠的女人,妈妈和宛儿姨,那已是细雨纷落的墓地,对着乱坟岗举伞而立的那个脸色苍白的女子,并不知道——"我的母亲正在农人看管庄稼的小草庵里注视着她,没有妒嫉,只有含泪的悲悯"。——这最终一句是可作为可谓风卷云舒波澜壮阔的二十世纪的一种个人式的情感总结的。大约全书的意思也都可落在这最后的两个字:悲悯。

当然这种悲悯不是灰色阴翳或居高临下的,不是反思之后坠入的一无所有的废墟与瓦砾,而有金石之声响在里面,如丝纠缠,有着历史磨折不去的韧性。比如那在战争进行的炮火中仍在屋子桌下与"我"一起对角线坐着记述"劈破玉"曲谱的父亲,在"空中炸"的子弹爆炸声中——

  我大声说:"爸,我听不见你的声音!"
  父亲对着我的耳朵说:"我没有叫你听我的声音,你看着我打拍子的动作记数就对了!"

这时是谁在"看"呢?通过作家的眼睛,我想如果有的话,那是一个我们后来叫历史的"人"的注目礼。

经由这样的注视,由乡间知识分子组成的民族血脉原生的东西对我们这个时代许多自认为知识分子的人可能会有一个并不模糊的镜子。那里,不独见出烟云,不独只具温润,更多的,从开封到中原,再到民族内部,乡村与知识,情感与信念,主义与个人结合的庄严与华美加之同样华美与苍凉的语言而不会在时间里锈蚀。尽管那一个个驿站与载人的马车必将远去,但是有一些事物会留下来,在时间之外的处所里得以保存,并且会在静寂之时,以一种生息相关的缠绕模糊我们的视线。

这也是一份历史。尽管大多数时候它只写到个人。

2003 年 3 月 25 日
原载《文艺报》2003 年 5 月 20 日第 20 期

家族传奇的温情回眸
——评张一弓《远去的驿站》

叶永胜

曾因《犯人李铜钟的故事》、《张铁匠的罗曼史》、《春妞儿和她的小嘎斯》、《黑娃照相》等中短篇小说而成为中国当代文坛有影响人物的张一弓,又推出了经过十年精心打磨的长篇小说处女作《远去的驿站》。这是一部家族叙事小说,叙述的主要是20世纪前50年的历史,以三个家族的行为准则和生存状态,来反映社会变迁和民族的历史进程,表现他个人化的生命感悟和体验。

一、叙述视角和结构

这部小说设置了"我"这个第一人称叙述者,由"我"个人经历的视角,把各种人物、事件、场景、细节、故事穿在一起。叙述者斑斑是"我父亲"张聪的儿子,他见证了"我父亲"、"我母亲"和"三姨父"三个家族的历史。这让我们想起了莫言的"我爷爷"、"我奶奶"、"我父亲"的叙述方式,它找到了一条联结叙述者"我"与家族人物的纽带,"我"借亲属称谓进入了故事,一下子在感情上拉近了人物、叙述者和读者之间的距离。而且,"我父亲"、爷爷、姥爷等人的故事常常靠"我"的讲述和回忆而呈现出来,"我"作为线索人物和叙述人而出现。这样写的好处是便于营造一种散文笔法特有的纪实性和抒情性。

"我"的直接叙述跨度大约十年左右,从"我"在开封的胡同中出生开始,到1948年父亲被飞机炸死,这是大叙事框架。但为了交代清楚家族的历史和人物的结局,又向前追溯到清末,向后延伸到90年代,前后近百年时间。问题是,以后的事情可以看到,可是以前的历史却不能目睹,而且一个小孩子不可能理解当时所发生的事情。因此,"我"的叙述,在文本中有双重视角,一是儿童的视角,一是年届花甲的成人的视角。儿童视角,就是以儿童作为"所说"、"所看"的主体,以他的语言、思维方式,来营造出一种叙述语调和情感风貌。他作为观察者面向复杂的生活形态,似通非通、似懂非懂,因而对生活进行原生态的呈现,没有经过道德意识的判断和加工。"我"因为年幼,不了解父亲和宛儿姨之间的关系，正是这种儿童的眼光，才展现了他们之间凄婉的恋情，其人格和形象才自然地呈露出来。正因为"我"很小，不懂世事，所以对那场民族战争进行了虚化处理，重点突出家族中人们的精神世界和人格魅力，但儿童视角叙事策略在文本中的运用，总是显现出两套话语系统：儿童世界和成人世界的明暗交织，过去与现在的时间往复。儿童的声音在叙事中成为显性构成，浮在文本表面，但背后的成人叙述者的声音无法忽略。有论者说："回溯性叙事中再纯粹的儿童视角也无法彻底摒弃成人经验与判断的渗入。回溯的姿态本身已经先在地预示了成年世界超越审视的存在。"①成年人的叙事视角已先验地存在。叙述者时而是经验自我，时而是叙述自我，它具有多重复合的特点。这个叙述者是隐含作者设置的向导，隐含作者才是创作中的实际控制者。他和叙述者是分离的，他设计了属于文本虚构世界中的叙述者，决定叙述者的特性，建构叙事行程，主宰叙事文本的意识形态和价值标准，他是叙事主体。作者选用第一人称叙事，是因为它最适合基于回忆的叙述，真实感强，有亲切而强烈的主体抒发性，还容易建立与读者个人之间的关系，获得同情和认同，而且结构上开合自如，在对过去的叙述中随时可插入结局的交代。儿童视角充满了童趣，而成年人的视角，是带有理性审视的，具有浓重的沧桑之感，童年诗性与沧桑之感相交织，形成特有的情调氛围、审美韵致。

小说以魔幻手法开篇，写"我"骑在胡同口的石狮子头上，观看了父母亲的婚礼，于是，家族的故事就自然地铺开了。卷首《胡同里的开封》、卷二的"卷外篇"《倒推船》和卷四《琴弦上的父亲》是"我"的父亲、母亲和宛儿姨的故事；卷一《姥爷家的杞国》叙述母系孟氏家族三代人的生命历程；卷二《桑树上的月亮》写父系张氏家族的繁衍神话和传奇爱情；卷三《关爷庙上的星星》关注三姨父贺氏家族。小说运用"冰糖葫芦"和"烤羊肉串"的"经济实惠"的结构，由"我"这根"棍儿"，把三个家族内外的人物串联起来。这样的结构"给我带来了一种自由，就是毋须在整体结构上煞费心机地编织一个完整的故事，而是每个家族及每个人物都有属于自己的故事，只需'我'发挥一下'串联'的作用，人物就可以随时出现，也可以随时消失"②。叙述者就这样向读者展示了在"我"所经历的人生驿站上一个流动不息的人物长廊，描述了他们的"心灵秘史"、人生流程。

---

① 吴晓东、倪文尖、罗岗：《现代小说研究的诗学视域》，《中国现代文学研究丛刊》1999年第1期。
② 张一弓：《远去的驿站》后记，长江文艺出版社，2002年，第363页。

二、世纪知识分子群像

《远去的驿站》叙述了几个家族不同类型的知识分子的命运沉浮。这是一批由传统文化所造就,同时又较早地接受了外来文化的知识分子。这三代知识阶层的男性和女性,有清末的举人和接受"西学"的绅士,有留学的"洋博士"和私塾先生,有职业革命者和地方武装头领,有慷慨激昂的革命青年,也有搜集整理民间文化的教授。他们性格各异,命运不同,分别牵系着家族的历史和时代运动:异族入侵、国运兴衰、政党争斗、政权更迭。他们的身世和遭遇表现了一个世纪以来知识分子的命运。

《姥爷家的杞国》书写了书香门第三代知识分子的故事。老姥爷参加乡试,高中头名"解元",因不愿做官而拒绝参加"会试",在家乡办私塾,亲授弟子二百多人;列强入侵,深受刺激,送子入高等政法学校;民国后,引进西学,提倡教育和实业救国。他为国民革命和新民主主义革命培养了一大批人才。姥爷和二姥爷在杞地办"新式私塾",培养革命人才;三姥爷在家主事,暗中支持共产党人的活动。大舅虽是国民党员,却在家乡组建了一支抗日游击队,并和共产党游击队合并,加入红军队伍。但由于他的火爆脾气,与"左"倾分子冲突,被错误地杀害了。这个家族以他们的正直、激进、通达和爱国忧民的精神特质形成了特殊的故事群落。这样的家族在以往的叙述中常是作为反动、落后的力量出场,即使正面处理也只是家族中的叛逆者作为对立面出现。作者叙述这个世家的教育启蒙、传播先进思想、培养革命人才、奋起抗击外族入侵,是对近现代史上共产党之外的民主人士的概括。"杞人忧天"的典故点明了他们的精神特征。

与他们形成互补的是姨父贺氏家族。以贺爷的粗豪仗义、识大体,贺胜、贺石一对堂兄弟分处国共两党之中的曲折人生,以及他们之间的敌对与亲情关系的纠葛所组成的故事,更富于传奇色彩。贺爷因对国民革命军失望而回乡组建地方保安团,逼地主缴粮款,一枪打赢了"大烟保卫战",拆毁关帝庙办学,拉起"抗日自卫"队伍,只身化解与"白学"的冲突,建立四县联防会,接受八路军改编,参观太岳解放区,解放后被清查,划为右派分子。他的一生大开大阖,极富传奇色彩。他的曲折经历表现了一个开明士绅怎样随着时代前进的过程。贺胜和三姨是"五四"后接受新思想的革命青年,他们离开自己显赫的大家族,将一生献给了中国革命,"虽九死而犹未悔",即使受到不公正的待遇,也总是自我反省,严格要求,从来没有动摇过决心。这是现代革命史上具有坚强党性的知识分子的代表。贺石是另一种坚守自己革命信仰的知识分子,这位黄埔军校的毕业生,英勇正直,为抗击侵略日军而多处负伤;解放战争后逃脱关押,前往台湾,应该说这也是一个极具军人气质的形象。他们两兄弟政治观念上势不两立与割舍不断的亲情的矛盾,是历史的悲剧,也正在这纠葛之中,丰富了人物的精神世界。

  与前面这些以自己的历史主动性的英勇行为参与重大历史事件的知识者相比,父亲、母亲和宛儿姨显然是另一类知识分子的代表,他们是以往的革命叙事中被忽视的一群。前者被时代化、政治化,他们是历史中涌动的一面;后者是书斋型的,是历史中静穆的、日常的一面,他们的身影被战火硝烟所遮蔽,而在和平时期就显示出了久远的价值。父亲曾是一个闹过学潮被开除的文学青年,后来考上北平燕京大学国学研究所,成为一个学者、教授。"父亲是一个孤独而脆弱的'另类'。他没有显赫的家世和可以为他遮风避雨的庄园,没有自己的'同志'和同志们共同拥有的'主义',没有赴汤蹈火的牺牲,也没有可供炫耀的胜利。"但是他有"只属于自己的星辰"①,那就是在战乱中冒着生命危险搜集民间艺术——鼓子曲。父亲在教学之余,耗费了他毕生的精力去寻找已经失传了的《劈破玉》,这个明代留下来的,有着四百五十多年历史的南阳鼓曲风,被史书誉为"俗曲之首"。虽来自民间,却又不是小家碧玉,要由十多种管弦乐器配合演奏,已脱离曲词而成为独立存在的管弦乐曲,被父亲认为已经具备了交响乐的要素。为了《劈破玉》,父亲一次次深入民间,翻山越岭,风餐露宿,遭遇过刀客和狼的袭击。千方百计地打探线索,从隐士、盲琴师和女艺人处搜集记录曲谱。但父亲最终并未听到《劈破玉》的合成演奏,便死于炮火。父亲的喜怒哀乐,他的生命以及他与南阳著名的曲痴的女儿宛儿姨令人感叹的爱情,无不与《劈破玉》相关。他与宛儿姨因共同的爱好和人生追求而萌发的深切而纯洁的恋情,令人感动,为之深深叹惋。

  除此之外,还有"浪漫的薛姨"、职业革命者齐楚等。小说塑造了十几个个性特异、命运奇崛的人物,他们的命运沉浮,一是牵系着他们的家世、特定家族的历史,一是牵系着时代浪潮。他们都有着不同价值信念上的执着探求和最终舍弃一切而坚定维护的内在精神,他们每一个人物都成为某一人格类型的知识分子的典型代表。他们对知识分子的身份有着空前的自觉,有着不屈不挠地参与历史的热情,以自己的一生鸣奏着20世纪现代知识分子一曲低回婉转的挽歌。

---

① 张一弓:《远去的驿站》后记,长江文艺出版社,2002年,第307页。

三、民间传奇叙事

对于知识阶层的书写是 20 世纪文学的一个重要命题,以往的叙事大多从政治意识形态和精英意识角度切入,而《远去的驿站》对知识者艰难的生存史和精神追求历程的叙述是从民间立场出发,注重革命故事的传奇性,写得生动活泼、摇曳多姿。

而对父系张氏家族故事的讲述,更是采用了民间叙事的形式,融进了大量的历史传说和民间故事,充满了神奇的想象,写得灵动飞扬,亦真亦幻,是全书最精彩的章节。《桑树上的月亮》主要叙述了张庵桑园的衰败,由四个故事组成:"破锅张"家族起始、繁衍的故事,老爷爷和老奶奶的传奇爱情故事,爷爷的"鬼世界"的故事,舅爷"乔神经"迂阔的故事。"破锅张"弟兄三人分家、成家立业、子孙繁衍的故事,采用民间故事的讲述方法,因为祖先历史久远,没有确切记载,是一代一代的口承相传。故事突出族人发家的愿望,和对"烙馍"、"烧饼"的朴素期盼。老爷爷和老奶奶的故事,是"长工和小姐"的原型故事。老爷爷仪表堂堂,身高力大,年轻轻地就是个"把式",赢得了雇主家花容月貌的小姐的芳心,两人私奔回到张庵。老爷爷买下一亩桑园,成为有名的"桑权张"。可惜 50 岁时,天旱闹蝗,经不住饥饿的煎熬,在再一次显示神力之后,和老奶奶一起归天。他以保住"祖桑"和偷回一个地主家小姐的光辉业绩成为族人的骄傲。老爷爷的故事灵韵飞动,生命勃发,具有震撼人心的力的美,他的健康顽强的生命和自由纯净的精神,展现了民间的美好。爷爷"大头鬼"、"吊死鬼"的故事,均系民间传说,表现了人的聪慧,同时对"我"进行了人世的启蒙教育。"桑园与刘秀"、"桑园与刘关张"的故事则表现了民间对历史的理解以及民间价值观念。喝羊奶长大的舅爷,是另一种知识分子的形象,他的善良、迂阔在民间世界里却被认为是"发神经"。他读书入魔,有满腹经纶,却无人延请,在贫寒中度过一生。

这种民间叙事,有意回避了政治意识形态的思维定势,用民间的眼光来看待生活,更多地注意表达下层社会,尤其是农村宗法社会形态下的生活面貌。它拥有来自民间的伦理道德信仰审美等文化传统,有浓厚的自由色彩,而且带有强烈的自在的原始形态。民间视角和叙事立场,使它能比较真实地表达出民间社会生活的面貌和下层人民的情绪世界。在生命力受到压抑的文明社会,民间的形式能够自由自在地表现人类原始生命力对生活本身的紧紧拥抱,迸发出的对生活的爱和憎、对人生欲望的追求,这是任何道德说教都无法规范、约束的。

四、家族叙事的新趋向

自从《红楼梦》诞生以来,对大家族的批判就成为文学史上一支最繁茂、展示最充分的潜流。作家频频把目光投向溃败的豪门巨宅,批判其窒息人性的罪恶;描述"父亲的老屋",追寻栖身其间的旧梦。从民初言情小说、启蒙文学、叛逆文学、救亡文学、革命文学,到寻根文学、"新历史主义"小说、后现代主义先锋生态小说、新写实,几乎囊括了20世纪中国所有文学运动和思潮。尤其在世纪之交,出现了大量的家族叙事作品,众多作家热衷于追叙家族故事,或纪实或虚构,回视历史,"回归"祖先。小说出版,影视改编,一时家族为题的创作蔚为大观。

这时期的叙事明显地与三四十年代的有所不同,不只在叙述方式、语言等方面,在心态、价值立场上也大有不同。三四十年代以对家族的批判为鲜明特点,家族是作为禁锢人性的"牢笼"、封建礼教的"堡垒"的意象,而到了世纪末期,家族又成为人们精神上回复、情感上依恋的对象。虽然在客观上,叙事会暴露家族的腐朽没落,但主要还是追忆祖先创业立家的伟绩、参与历史推动历史的丰功大业以及坚忍顽强的人格精神,如《红高粱》、《白鹿原》、《最后一个匈奴》、《第二十幕》、"茶人三部曲"、《采桑子》、《大宅门》等等,这种写作姿态表明了作家内心深处对家或家族的眷恋。尤其是《远去的驿站》,家族故事的传奇性叙述,个性张扬、涌动着抗争命运的生命冲动的人物形象,鲜活的生命血脉填充的人生,这些内容与诗性的笔调,抒发着作家对人生童年驿站经历的珍视,对家族人物的赞叹和追慕。

为何在世纪之交家族叙事出现这种新趋向呢?笔者认为,有几个原因。首先,中国是农业国度,农业文明具有内趋机制,天然具有精神上回复和依恋过去的倾向。现在中国正处在现代性转型期,现代与传统的价值观念相冲突,人们感受到机械商业文明对人的异化,过分强调理性和效率所造成的冷漠无情和精神崩溃。在情感网络日渐稀疏时,不免发出怀念的回响。而且,新儒家思想等保守主义思潮的兴起和世纪末怀旧情绪,必然对人们有所影响。其次,家族性观念已成为中华民族的集体无意识。家族人之间存在着血缘关系,情感上有割舍不断的联系。作为体制意义上的家族,是腐朽专制、压抑人性的,但作为人伦意义上的家族,还是有温情脉脉的一面。中国人缺乏宗教信仰,家、家族是每个成员情感与精神的归宿,人们内心深处无法摆脱对家族那难以挣脱的身心依附。如果没有一个家族史,会产生无根的焦虑,新家族叙事是在寻找自我的生命之根和文化之根。此外,当下社会的主题是经济建设,新家族叙事契合了关于创业和资本神话涌动下的时代潜流意识。创业的艰辛、商场风云变幻是作品着意要展示的,如《第二十幕》、《银楼》、《大宅门》、"茶人三部曲"等,祖上的成功业绩是后人无上的光荣,记叙家族的光辉历史让人知晓是后辈的骄傲和责任。这种情感下对家族历史的讲述就必然会是另一副样子了。"……再现所凭依的是歪曲的再现,……再现永远不可能是完整的,所以一切再现活动都会产生一个边缘化的或者遭到排斥的'他者'。"①叙述不完全再现历史,而是修辞化了的历史。叙事中阶级矛盾淡化,暗合了当下的现实,而民族矛盾的突出则说明了在经济全球化的格局中,民族发展强大所面临的困境和内在的焦虑。而且,家族人物的成功业绩和伦理道德还结合起来,不仅是事业上的"成功人士",还是道德上的楷模,足以为后世景仰,因而"父子冲突"的理由不再成立。由于这些因素的影响,家族叙事的面貌当然就会发生极大的变化了。还有一个有趣的现象,三四十年代的家族叙事都是作家二十多岁时写就的,而世纪之交的家族叙事大多是作家四十多岁以后创作的,不同的年龄段对于家族和对家族中"父亲"的审视自是大不一样,这或许也是一个原因?

原载《艺术广角》2003年第5期

---

① 〔美〕布鲁克·托马斯:《新历史主义与其他过时话题》,《新历史主义与文学批评》,北京大学出版社,1993年,第70页。

《远去的驿站》:张一弓的历史沉思与生命咏叹

赵修广

20世纪80年代以来,从个人视角或新历史主义角度对20世纪中国社会生活、历史变迁进行反思的作品不断涌现,蔚为大观。王蒙的《活动变人形》(1984)、陈忠实的《白鹿原》(1993)、刘震云的《故乡天下黄花》(1991)是其中的佼佼者。他们另辟蹊径,不约而同采取家族历史叙述的形式,从个人的角度,以解剖个案入手,呈现、表达知识者对现代中国演变轨迹的思考。河南作家张一弓在上世纪80年代曾以名篇《犯人李铜钟的故事》而在"反思文学"思潮中占据重要一席,在上世纪90年代则长期息影文坛。2002年,年过花甲的他以长篇力作《远去的驿站》(长江文艺出版社2002年出版,以下简称《驿站》)再度出山,赢得赞誉一片。足见作家的艺术宝刀未老,且有精进。《驿站》将沉郁、灵动的笔触融为一体,哲思、诗意不绝如缕、绵绵流淌,以中原乃至全国百年时空的巨大跨度,展开对生命、世界、历史的思索,拓展出一派苍茫、寥廓的浪漫、传奇空间。《驿站》对现代史的反思,超越了《犯人李铜钟的故事》单纯的政治层面,意欲从自然境界、功利境界、道德境界直望宇宙境界。它对共产党历史中"左"倾祸患的直面审视、揭示与《白鹿原》有异曲同工之妙,然而,毋庸讳言,它对人祸密辛的挖掘显然浅尝辄止,它刻意回避对人物浩瀚深邃的内宇宙的阐释,或者压根儿就没有探索的兴味。在我看来,它的价值在于从个人的视角,一腔诗心、情致浓烈地展示了一个年逾花甲的中原作家对河南20世纪几代知识者前辈的心灵史浓墨重彩的追摹与寻根探源。

一、时光隧道中的唯美钩沉

自从软弱的大宋王朝南迁之后,华夏政治、经济、文化的重心便不再光顾中原,这片盛产骚人墨客的黄土地在近千年历史上风华不再。然而,它的文脉气运还在,现代文坛,同样不乏河南俊彦展露峥嵘。老作家张一弓也是其中一颗引人注目的行星,而不是流星。继方1987年在《风景》中别出心裁设计一个襁褓死婴叙述视角之后,此番张一弓也成功地以一个儿童、天使——"斑斑"的视角切入中原三个家族为代表的现代历史。这个儿童叙述者始终保持着赤子情怀,他不受地球自然时空的局限,可以倒溯生命河流,自由穿行时光隧道里无数个远去的生命驿站。他名为张斑,实有其人,但他的叙述却不受他的自然生命经历的制约,他能够以超光速驾驶时光之舟君临自己生身父母大逆不道的婚礼,而这婚礼却在他出生前的好几年。这乃是一个虚拟的上帝般无所不能的孩童视角。小张斑因而俨然一个小天使下凡。他无所不知,俯瞰尘世芸芸众生,充满深切的悲悯与洞穿红尘后的诗情。在这位小天使的眼中,青年时代的父母破釜沉舟大胆追寻现代文明,他们的西式婚礼无疑给落后守旧的中原黄土地带来如许的优雅与浪漫。然而,好景不长,只有几岁、懵懂无知的小张斑发现书中夹着的父亲情人的照片,"从此对人间有了疑问,心里蒙上了抹不掉的阴影"——这是天使初涉人世后的认知与感悟。稍后,他还见证了父亲与情人的甜蜜幽会、琴瑟和谐。但是作者以宽容、体谅、理解来对待、处理这一切。在他笔下,父亲张聪与宛儿姨的偷情断然不是狗男女间的苟且之事,而是志同道合,相互砥砺、激励,致力于发掘民间文艺宝藏的崇高历史使命。这便减轻乃至消除了张聪作为丈夫、父亲的道德亏负。然后,作者转而写到母亲对父亲出轨的怨怼、愤懑,但只是轻描淡写一笔带过。同为老中国的儿女,《活动变人形》中倪吾诚与妻子静珍之间的"战争"旷日持久,动辄陷入白热化。张聪与妻子之间则无"战事",有的只是"冷战"。妻子对丈夫的风流韵事虽时有愠怒,却并无深究的兴致,并且不依靠丈夫,凭一己之力养活自己与孩子,走的是知识女性自立立人的道路。作者显然无意于"审父"与"审母",不愿、不想将上辈人的生命历程当作悲剧来写。夫妻之情淡如水,这不正是老中国儿女的真实写照吗?王蒙写倪吾诚与静珍等人之间的性别之战,立意旨归是要写老中国社会形态、家庭结构的腐朽,表达决绝的革命意向。可是,显然,已过花甲之年的张一弓不愿以激烈凌厉的笔触痛陈百年中原大地上的人性浇漓与辛酸。在战乱、饥馑岁月里颠沛流离成长起来的斑斑自然养成了圆融的实用理性。他把父亲与宛儿姨的恋情理想化了。在与宛儿的交往中,父亲心中有"警察",故归根结底能做到坐怀不乱,发乎情止于礼义,作者显然过滤掉实存生活中许多不堪的场景画面。当然,作者也写到了令他抱恨终身的童年心灵重创。那是在流亡小学里的奇耻大辱,是作者"今生乃至于来世都不可以须臾忘记的奇耻大辱"。七岁的斑斑甫上小学,因家贫无力购置制服而在"双十节"集会检阅中被训导主任勒令裸体谢罪。即便是描写这不堪回首的经历,作者仍然用诗化语言优雅地表达母亲舐犊的痛心与愤怒。所谓的实用理性,是指斑斑没有门户之见以及道德、审美上的洁癖及严苛标准,而多的是宽容、理解与悲悯。从这宽容、理解与悲悯里生发出诗请、优雅与浪漫。

二、士绅革命传奇与美学凝滞

  在这部杂糅了三个家族历史传说、良莠混杂的长篇里,第二卷"姥爷家的杞国"或许是最具纪实色彩、最耐人回味的部分。书中不无炫耀地展示母亲家族作为高门巨户的煊赫、辉煌,不吝赞美之词塑造了老姥爷、姥爷三兄弟、大舅、齐楚(殿章)、留德王博士等古杞国土地上 20 世纪三代知识者的形象。姥爷家本是杞地上的名门望族,却与 20 世纪的中国革命结下了不解之缘。从老姥爷那一代兴办"新私塾"开始,就为中原黄土地引进四处游荡的共产主义"幽灵"。孟家三代知识者以及"新私塾"培养的同乡俊彦,成为改变中原命运、创造现代中原历史的关键力量。孟家几代人与时俱进,勇立社会变革的风口浪尖。老姥爷是晚清举人,却毫无冬烘气,民国后极力引进西学,提倡教育与实业救国;姥爷一代则三兄弟均攻读高等政法学堂,或在省城,或在杞地办学、行善,传播现代文明。唯一的白璧微瑕就是姥爷对父母结合的阻挠了。作为省城著名律师,却摆脱不了门户之见,"他可以对劳苦大众的疾苦表现居高临下的同情和悲悯,甚至在家乡杞地支持过农民暴动。但他绝对没有想过可以让女儿带回来一个出身寒微,'没有大家风范和高等学养'的女婿"。孟家几代人都是高风亮节、众望所归的开明士绅。长年设粥棚,不忘荒年赈灾,并慷慨解囊,资助、参加抗日武装队伍。书中把众所周知的国共斗争一笔带过,但对共产党内部的"左"倾关门主义、肃反扩大化悲剧有大量表现。大舅孟诚是叶挺式的共产党同路人,对八路军内部某些官员的不懂军事却好大喜功、蔑视人权、草菅人命深恶痛绝。他坦承:"我永远学不会无条件服从。"在坚持独立自我、个体怀疑精神、充满人道主义情怀这一点上,孟诚酷似苏俄小说《静静的顿河》中的俄罗斯硬汉葛利高里。不同的是,作者赋予这个投笔从戎的知识者飞扬灵动的文采与轩昂的书生意气。孟诚心怀坦荡,仗义执言,最终死于非命,成为疑神疑鬼的"肃反"狂黄一升的枪下冤魂,这些情节笔墨与《白鹿原》中白灵死于清党有异曲同工之妙。

  但是在人物性格的丰富复杂与可信性上,《驿站》做得远远不如《白鹿原》和《活动变人形》。书中角色几乎都是英国作家 E·M·福斯特所说的扁形人物。80 年代初期出现的李铜钟可谓一个极其高尚的道德完人,现在回头重读他毫无私欲如救苦救难耶稣般的英勇业绩,给人以经不起推敲、非尘世中人、不真实的阅读感受。但在 20 世纪 80 年代初,暴虐专制的"文革"刚结束,"伤痕"、"反思"文学思潮方兴未艾,人们欢呼李铜钟这一类人道主义者、"大写的人"的诞生,尚且无心无力审视其人物塑造的真实性。《犯人李铜钟的故事》等"反思文学"作品就这样在当时明朗、单纯、人心凝聚的时代氛围中产生极大的艺术感染力与极强的正面社会效果。著名评论家阎纲甚至将其与马克思赞美过的古代希腊神话中盗天火给人类的普罗米修斯相提并论,李铜钟也称得上"哲学的日历中最高尚的圣者和殉道者"①。如果说,将人物崇高化、圣洁化是时代局限所致,那么,时隔20余年的今天,作家仍然无意于让他的人物"还俗",无意于认同、采纳斑驳繁复的复合性格原色,这不能不说是缘于美学的凝滞与执迷。难怪触目皆是平面、单调、单薄乃至矫情、虚假、人为拔高之弊。时至21世纪,作家仍然羞于认同凡人皆有的私欲、畏葸、渺小、阴暗等相对于无私、勇敢、高大、光明等正面品质的人性弱点,坚持他落寞的审美主张。这首先有碍于丰满、真实、有人性魅力的人物性格塑造,其次不利于对错综复杂的历史真相的追摹和再现。再如"新私塾"的学生、杞地乡村医生之子、日后的河南省委书记齐楚的形象塑造同样失之简单、平面化。作为1959—1961"三年自然灾害"中惨绝人寰的河南浮夸风的始作俑者,齐楚所犯罪恶的深层原因与经过被轻轻绕过,骇人听闻的人间惨剧被语焉不详地一笔带过。以作者的身世经历背景,对书中齐楚这个20世纪中原"大跃进"期间主政者的心理探询本来是其得天独厚之处,遗憾的是,作者浅尝辄止。齐楚从武装革命时的勇猛机智义薄云天到新中国成立后不择手段追逐权力的人性蜕变,他在体制制约下的冷酷无情、野心勃勃均付诸阙如。小说恪守为尊者讳的所谓"中和之美"原则,回避探索人性的纵深隐秘,必然导致题旨、意蕴的陈旧与瘠薄。

三、放逐个人灵魂的民族寓言

"所有第三世界的本文均带有寓言性和特殊性:我们应该把这些本文当作民族寓言来阅读,特别当它们的形式是从占主导地位的西方表达形式的机制——例如小说——上发展起来的。可以用一种简单的方式来说明这种区别:资本主义文化的决定因素之一是西方现实主义的文化和现代主义的小说,它们在公与私之间、诗学与政治之间、性欲和潜意识领域与阶级、经济、世俗政治权力的公共世界之间产生严重的分裂。换句话说,弗罗伊德与马克思对阵。"②不

---

① 阎纲:《"高尚的圣者与殉道者"——读〈犯人李铜钟的故事〉》,《中华文学评论百年精华》,人民文学出版社,2004年,第449页。
② [美]弗雷德里克·詹姆森:《处于跨国资本主义时代中的第三世界文学》,《新历史主义与文学批评》,北京大学出版社,1993年,第234、235页。

同的是,"第三世界的本文,甚至那些看起来好像是关于个人和利比多趋力的本文,总是以民族寓言的形式来投射一种政治:关于个人命运的故事包含着第三世界的大众文化受到冲击的寓言"①,"基于自己的处境,第三世界的文化和物质条件不具备西方文化中的心理主义和主观投射。正是这点能够说明第三世界文化中的寓言性质,讲述关于一个人和个人经验的故事时最终包含了对整个集体本身的经验的艰难叙述"②。《驿站》书写20世纪旷日持久的国共两党恩怨情仇,在后半部以豫西大户贺氏堂兄弟俩贺石、贺胜各自追随国共两党的不同人生轨迹来探讨国族命运大问题。贺氏兄弟手足情深,互相体恤,患难与共。但却"各为其主",都是忠心耿耿,在理想、信念上坚贞不渝的模范党员。小说最动人心魄的描写是关于国共两党对各自党员的严加审查。共产党员贺胜为堂兄国民党员贺石从战俘营中逃往台湾而百口莫辩,在"文革"中被打断一根肋骨;贺石追随"委员长"到台湾后却不被信任,被疑为"共匪间谍"、打入另册,永世不得翻身。贺石、贺胜这堂兄弟俩的悲欢离合是国共两党的恩怨情仇的表征。与《白鹿原》中鹿兆鹏、鹿兆海亲兄弟俩的命运酷似。对共产党党史上"左"倾路线的反思,《驿站》坚持了新时期文学主流的精神指向,并且部分吸纳了八九十年代新历史主义小说颠覆权威意识形态的叙事因素。作者在处理这样的题材时显然经过小心翼翼的甄别提炼,我们不能指望、要求他像小伙子似的血脉贲张,"犯规"越雷池。可是,与权威意识形态贴得太紧,无意坚守知识分子独立不倚的精神立场,必然导致对历史与美学的肤浅认知与自得表现。《驿站》对现代历史的反思没有在以往新历史主义小说的基础上提供更加新颖和有价值的见解与艺术创造。孟诚、贺氏兄弟等主要人物无一例外是单向度的人,其壮怀激烈、驰骋疆场的快意人生外表掩饰不了内里的空虚。也就是说,人物在很大程度上被抽象化、概念化和美化了,没有丰富细腻的身心肌理与血肉,只能沦为作者表达某种宏大集体经验、理念的传声筒或工具。其失真、贫血、苍白的内在病症必然蛀空艺术感染力量。相形之下,《白鹿原》的作者虽偏爱主人公白嘉轩,但还是充分揭示了他作为封建卫道士对离经叛道的儿女、族人冷酷无情以及精神僵化的一面。《活动变人形》则全书都贯穿着峻切的"审父"情结,把20世纪早期知识者倪吾诚这个食洋不化、徘徊游移于中西文化之间无所适从的零余者刻画得淋漓尽致。《驿站》的作者面对祖辈、父辈的传奇经历,却只

---

① 〔美〕弗雷德里克·詹姆森:《处于跨国资本主义时代中的第三世界文学》,《新历史主义与文学批评》,北京大学出版社,1993年,第235页。
② 〔美〕弗雷德里克·詹姆森:《处于跨国资本主义时代中的第三世界文学》,《新历史主义与文学批评》,北京大学出版社,1993年,第251页。

采取仰视的角度,对这些鲜活的生命个体在剧烈社会动荡中所必有的凡俗心态与灵肉冲突不加丝毫审度与表现,显得虚假,文饰痕迹太重。小说作为民族的心灵秘史,需要作家不避艰难,勇敢进行心灵的探询与历险,忠实记录人心的变迁。可是,从《驿站》中我们看到的只是几代中原知识者传奇生涯最外在的部分,根本无从得知他们精神世界里"丰富的痛苦"。德国历史学家雅斯贝斯认为,人们之所以建构历史,是为了理解自己,历史是回忆。"这种回忆不仅是我们谙熟的,而且我们也是从那里生活过来的,倘若我们不想把我们自己消失在虚无迷惘之乡,而要为人性争得一席之地,那么这种对历史的回忆便是构成我们自身的一种基本成分。"对于雅斯贝斯来说,探究历史是展望未来、寻找自身的基础,不是预言,而是令人振奋的信念。雅斯贝斯反对为了维护权力或利益而编造历史谎言的做法,他指出:"把历史当作一个整体来探究的使命,实在是一种严肃的责任感。"①张一弓的历史回忆,显然将复杂的人性故事、诡异的社会风云变幻做了讨巧的简单化处理。

原载《淮北煤炭师范学院学报》2008 年第 6 期

---

① 〔德〕卡尔·雅斯贝斯:《历史的起源与目标》,《历史的话语》,广西师范大学出版社,2002 年,第 51 页。

历史小说的一种写法
——《黄鹭鸟仍在啼叫》阅读札记

刘 涛

《少林美佛陀》是著名作家张一弓刚完成的一部长篇小说。本期刊登的《黄鹭鸟仍在啼叫》属小说第四卷,为其最精彩部分。朱树诚先生读过小说后,有如下评价:"作者一改自己运用多年驾轻就熟的严谨的现实主义方法,使起浪漫主义的诸般法宝,以丰富奇妙的想象、生动幽默的语言,讲述了一个个美妙神奇色彩斑斓的故事,塑造了跋陀、道房、慧光、小六子、红衣童子等个性鲜明血肉丰满可亲可爱的艺术形象,即使着墨不多的几个过场人物,如太后、皇帝,乃至人格化的动物猴王太子、葵花鹦鹉、斑鸠、黑熊,也都性格鲜明。特别是主人公跋陀,完全称得上是一个光彩照人的有很高思想和艺术价值的艺术形象。"笔者完全认同这个评断。下面,笔者从人物形象、历史与小说之关系两方面,为朱树诚先生的以上评语,做点注释。

小说最成功之处,在塑造了众多个性鲜明的人物形象,如跋陀、胡太后、小六子、慧光、道房等。跋陀是小说中最主要人物,也是作者所着力塑造的一个形象。他是少林寺的创办者和第一代主持,所处时代几乎与达摩同时。但与达摩的闻名遐迩相比,跋陀却几乎被人们完全遗忘。不过,作者在有关跋陀的史书及民间传说、野史记载中,分明看到了一位可亲可敬而又不失天真童趣的老人形象。正是这点,成为促发作者创作这部小说的内在动因。与以往小说中出现的高僧形象不同,作者在塑造跋陀这个形象时,突出了他的智慧、天真、童趣、幽默、仁慈与凡俗。对于习见的高僧形象,这是一次颠覆与解构。作为一代高僧,跋陀并不着意掩饰自己的欲念,小说中有一细节:道房为胡太后吹笛,得到胡太后的赞赏。对于此事,跋陀心中却起了妒意。作为高僧,跋陀不但善解风情,且竟然与自己的徒弟议论"情歌怨曲",过后又后悔自己的胡说乱道。跋陀的所作所为,并不使人感到与高僧的德行有何违碍之处,反显其可爱与率真。跋陀的可爱与率真源于他具有本真之性,这种本真发展到极致,就以"老顽童"的形态呈现,这点体现在跋陀学鸟"咕咕咕咕"的啼叫上。在渲染了跋陀作为老顽童的率真、可爱外,小说又突出了跋陀作为高僧的智慧与仁慈。当胡太后要加害可怜的永泰公主时,跋陀挺身而出,对她尽力搭救,显示了仁慈的一面;为了搭救永泰,他先是布置百鸟歌会,后又通过做佛事对胡太后进行"心理治疗",终于使满含杀心的胡太后放下屠刀,这显示了他智慧的一面。总之,小说对跋陀形象的塑造是颇为成功的,他既是富有智慧与仁心的得道高僧,又是一个不是赤子之心的可爱、率真老顽童。这样的高僧形象,在以往的文学作品中很少出现过,是作者的独特创造。

跋陀之外,其他一些较为次要,甚至稍纵即逝的过场人物,作者也刻意经营,无丝毫懈怠。胡太后是北魏历史上的真实人物,她擅权专政,最后为保有自己权势,竟毒死亲生子。对于这样一个心狠手辣的女人,作者却能走进其内心深处,写出了作为太后与女人的她在善与恶、正与邪之间,复杂的纠缠与斗争。她最终为跋陀智慧所征服,善战胜了恶,放走永泰。为了揭示人性的复杂性,作者特意设计了胡太后幼年即还是"小阿华"时代放走笼中黄鹭鸟的情节,通过她的"小阿华"时代与成年时代的对比,深刻揭示了权力、欲望、政治对人性的腐蚀和异化。其他一些人物,如六公公的善良仗义而又谨小慎微、小太监麦囤的憨傻可爱、郑俨的阴险狠毒、慧明的大智若愚,都塑造得栩栩如生,给读者留下深刻印象。

《少林美佛陀》属于历史小说。在"历史"与"小说"两者关系的处理上,作品做到了既尊重历史而又能超越历史。它的成功,为当代历史小说创作,提供了一些有益启示。尊重历史,指故事的一些主要人物及其事迹基本来自历史、野史或民间传说。就小说第四卷《黄鹭鸟仍在啼叫》来说,发生在胡太后身上的一些事件,如高皇后对胡太妃的迫害,胡太妃被刘腾等人所保护,胡太后对高皇后的毒害,胡太后赐绢戏大臣,胡太后与几位情人杨白花、郑俨、元怿之间的淫乱,等等,在史书上确有记载。北魏时期,正是佛教大盛之时,胡太后本人同样信佛、佞佛,因此,虽然跋陀从胡太后手下解救出永泰公主,可能史无记载,但从胡太后对于佛教及僧人的尊崇来看,这样的事情也完全符合历史的逻辑。因此,小说做到了尊重历史。当然,历史小说要做到尊重历史还是远远不够的。《少林美佛陀》的成功,在于作者能超越历史。做到尊重历史,仅仅保证了小说的历史属性;而只有超越历史,才能使历史小说不至于成为历史事件的拼贴与注释;只有超越历史,才能真正复活历史,激活历史的真精神;只有超越历史,才能使小说从历史的附属之下独立出来,找回自己的艺术本性。那么,《少林美佛陀》对于历史的超越体现在哪些方面呢?

首先,把浪漫主义的自由想象引入历史。作者在尊重历史时,不为历史事实所拘,发挥浪漫主义的自由想象,使历史插上想象的翅膀,进入类似童话的理想境界。这种浪漫主义的奇诡想象,在小说第四卷"百鸟歌会"一节有精彩体现。为了唤回胡太后的赤子之心,跋陀突发奇想,让道房吹起木笛,模仿黄鹭鸟与百鸟歌声,引来了百鸟从远处飞来进行表演与歌唱。百鸟的天籁之音,感化了胡太后,使她回归本真之性,最终答应永泰公主入寺为尼。百鸟歌会,纯属子虚乌有,当属作者的大胆想象与创造,而正是这种无拘无束的自由想象与创造,使小说超越了低层次的历史复制。小说的本性在于想象与创造,历史小说的艺术性,应当体现在小说给历史添加未有的新解释新精神,而不在于为已有的历史事实作传作注。

其次,对本真人性的寻找,对人性复杂性的深度揭示。《少林美佛陀》对历史的超越,另一集中体现是人物形象的立体性、鲜明性与生动性,而这离不开作者对人性的关注与探究。历史只关注事实与教训,而文学则关注事件的主体即人,探究历史中的人性,这是两者之间的根本差异。跋陀作为小说贯穿性的主要人物,读者为这个人物所吸引,主要是因为他身上所体现出的人性的纯朴与本真。他的智慧来自仁慈,而仁慈则源于本真无邪的人性。真到极处,便是俗到极处,所以,作为得道高僧,跋陀并不掩饰其俗反而坦露其俗,显露其对于情色的不能决然忘情;真到极处,便道通自然,能与天地对话,与百鸟交流。跋陀这样一个率真可爱的老顽童形象,代表作者对理想本真人性的寻找、向往与宣扬。而胡太后、六公公等形象,则寄寓着作者对人性与权力、政治、欲望、阉割之间复杂关系的探究与思考,对人性异化悲剧的叹惋与悲悯。胡太后性情本自无邪纯真,但由于她被卷入政治斗争的险恶漩涡中,其纯真本性慢慢被侵蚀、被扭曲、被异化。虽然她被大自然的天籁所陶醉所警醒,被跋陀举办的消灾佛事所感化,最后动了善心,抵挡住了郑俨及其他大臣三番五次的催逼,放了永泰公主,但这不过是瞬间的顿悟而已。她自己也明白"阿华走远了",童年的纯真再也无法回来。这之后她被政治、权力、欲望的急浪所裹挟而不能自主,愈陷愈深,最后竟发展到亲手毒死自己儿子,同时也把自己推入万劫不复的深渊,成为水下幽魂。对于胡太后这个人物,作者没有简单把她处理成反面角色,而是塑造成悲剧性人物,通过挖掘她身上善的因子,探究了权力、政治与欲望对人性的异化与腐蚀。这种处理,来自作者对人性的深入思考。作者对六公公形象的塑造,同样贯穿着对人性的思考与探究。六公公14岁时落入人贩子之手,经受了人间最残酷的屈辱与折磨,"净身"入宫做了太监。他要活着,就必须学会自轻自贱,察言观色;学会插科打诨,或装傻充愣。他做过皇帝寝宫的当值太监,须守候在能听见龙床发出声音的地方,倾听那声音是否正常。但也正是龙床上发出的声音给他带来强烈心灵震撼,彻底摧毁了自己活在这个世上的合理性,"使他知道自己已经被这个世界打入了另册,被自己所属的人类列为异类,是被排斥于这个世界、仅仅为给皇家内宫提供安全服务而被迫取消了性别的一个残缺的生命"。为了找回内心中真正的自我,证明自己还是有血性的男人,他选择跳崖而死。这样一个善良而又可悲的太监形象,寄寓了作者对专制与权力阉割人性、扼杀天性的控诉与批判。

张一弓把这部小说称为自己"老年求变"的一个结晶。求新求变是他的一贯作风。他已尝试过多种题材与话语方式,并取得了一次次成功。现在奉献给读者的《少林美佛陀》,对于作者来说,又是一个全新领域,一次新的历险与尝试。对于作者这种求新求变的自我超越精神,笔者深深为之感动,并奉上自己最诚挚的敬意。

原载《东京文学》2012 年第 4 期

作品年表

张一弓作品年表

1956 年
《金宝和银宝》（短篇小说），河南人民出版社，1956 年。

1958 年
《稀少，他们造出了"跃进牌"拖拉机》（通讯特写），河南人民出版社，1958 年。

1959 年
《我的老伴》（短篇小说），《长江文艺》1959 年第 1 期。
《母亲》（短篇小说），《牡丹》1959 年第 3 期。
《打擂》（短篇小说），《长江文艺》1959 年第 7 期。
《九月干劲红似火》（散文），《奔流》1959 年第 10 期。

1960 年
《炉火熊熊》（短篇小说），《奔流》1960 年第 3 期。

1966 年
《陈永贵河南参观记》（特写），《人民文学》1966 年第 2 期。

1980 年
《犯人李铜钟的故事》（中篇小说），《收获》1980 年第 1 期。
《牺牲》（短篇小说），《收获》1980 年第 3 期。

1981 年
《赵镢头的遗嘱》（中篇小说），《收获》1981 年第 2 期。
《山村诗人》（中篇小说），《花城》1981 年第 3 期。
《黑娃照相》（短篇小说），《上海文学》1981 年第 7 期。
《瓜园里的风波》（短篇小说），《北京文学》1981 年第 8 期。
《寻找》（短篇小说），《北京文学》1981 年第 10 期。

《智慧的痛苦》（短篇小说），《奔流》1981年第12期。

《最后一票》（短篇小说），《文汇月刊》1981年第12期。

1982年

《张铁匠的罗曼史》（中篇小说），《十月》1982年第1期。

《黑娃的新闻》（短篇小说），《上海文学》1982年第3期。

《流泪的红蜡烛》（中篇小说），《收获》1982年第4期。

《考验》（短篇小说），《北京文学》1982年第10期。

《张铁匠的罗曼史》（中短篇小说集），百花文艺出版社，1982年。

1983年

《翠翠》（短篇小说），《中岳》1983年第1期。

《石匠魂》（短篇小说），《北京文学》1983年第6期。

《听从时代的召唤——我在习作中的思考》（创作谈），《文学评论》1983年第3期。

《偷窃声音的小伙儿》（短篇小说），《奔流》1983年第8期。

《山村理发店纪事》（中篇小说），《十月》1983年第4期。

《火神》（中篇小说），《小说家》1983年第10期。

《流泪的红蜡烛》（中篇小说集，"收获丛书"之一），四川人民出版社，1983年。

《流泪的红蜡烛》（中篇小说，"百花中篇小说丛书之一"），百花文艺出版社，1983年。

1984年

《理解了的东西才能更深刻地感觉它》（创作谈），《长江》1984年第2期。

《萦绕在秦岭秦川的记忆》（散文），《文学家》1984年第4期。

《春妞儿和她的小嘎斯》（中篇小说），《钟山》1984年第5期。

《现实感和历史感》（创作谈），《钟山》1984年第5期。

《挂匾》（短篇小说），《人民文学》1984年第10期。

《火神》（中篇小说），"百花中篇小说丛书"之一，百花文艺出版社，1984年。

1985年

《流星在寻找失去的轨迹》（中篇小说），《莽原》1985年第3期。

《莫名其糊涂》（创作谈），《中篇小说选刊》1985年第5期。

《死吻》(短篇小说),《奔流》1985 年第 10 期。

《火神》(中短篇小说集,"潮汐文丛"之一),花城出版社,1985 年。

1986 年

《死恋》(中篇小说),《当代作家》1986 年第 3 期。

《墨西哥小夜曲》(散文),《散文选刊》1986 年第 10 期。

《犯人李铜钟的故事》(中篇小说集),中原农民出版社,1986 年。

《新时期中篇小说名作丛书·张一弓集》,海峡文艺出版社,1986 年。

1987 年

《都市里的牧羊人》(中篇小说),《文汇月刊》1987 年第 4 期。

《夜惊》(短篇小说),《当代小说》1987 年第 6 期。

《孤猎》(中篇小说),《天津文学》1987 年第 9 期。

《黑蝴蝶》(中篇小说),《海燕》1987 年第 11 期。

1988 年

《猎人在捕捉沉重的人生》(创作谈),《中篇小说选刊》1988 年第 1 期。

《都市里的野美人》(中篇小说),《十月》1988 年第 4 期。

《死吻:张一弓获奖小说集》(中短篇小说集),长江文艺出版社,1988 年。

1989 年

《张一弓代表作》(中短篇小说集),河南人民出版社,1989 年。

《死恋》(中短篇小说集),上海文艺出版社,1989 年。

1990 年

《野美人与黑蝴蝶》(中篇小说集),中原农民出版社,1990 年。

1991 年

《他在悬崖上飞荡》(散文特写),《莽原》1991 年第 3 期。

1994 年

《东北情话》(散文),《作家》1994 年第 1 期。

《那个好月亮》(短篇小说),台湾《联合报》副刊 1994 年 4 月连载。

《我当了一次厨师的艺术体验》(散文),《北京文学》1994年第4期。
张一弓主编《最忆是西峡》,中原农民出版社,1994年。

1996年

《悠远的怀念——忆老社长翁少峰同志》(散文),《新闻爱好者》1996年第2期。

《跟我一起卖红薯》(散文),《女友》1996年第5期。

1997年

《神秘的脚印》(通讯特写),《公安月刊》1997年第1期。

《我所遇到的外国警察》(散文),《公安月刊》1997年第2期。

1998年

《悲壮的皮包》(散文),《青年博览》1998年第5期。

《张一弓小说自选集》(中短篇小说集,"南阳作家群丛书"之一),河南文艺出版社,1998年。

《正大集团创业史》(长篇报告文学),华龄出版社,1998年。

2000年

《时髦的折腾》(散文),《芳草》2000年第2期。

2001年

《浪漫的薛姨》(短篇小说),《作家》2001年第8期。

《异域纪事》(散文),《热风》2001年第12期。

《犯人李铜钟的故事》(中短篇小说集,"中国小说五十强"丛书之一),时代文艺出版社,2001年。

《飘逝的岁月》(散文集),长江文艺出版社,2001年。

2002年

《姥爷家的杞国》(中篇小说),《收获》2002年第1期。

《想念奥蒂》(散文),《中国老年》2002年第6期。

《我的"吉安特"》(散文),《中国老年》2002年第10期。

《快乐的眩晕》(散文),《中国老年》2002年第11期。

《远去的驿站》(长篇小说),长江文艺出版社,2002年。(人民文学出版社2007年将其纳入"中国当代名家长篇小说代表作"丛书重版。)

2004年

《在毛泽东的身影里——一个红色"特工"的人生记忆》(报告文学),《报告文学》2004年第6期。

《太阳正在落山》(诗歌),《时代文学》2004年第6期。

2005年

《阅读姨夫》(报告文学),河南大学出版社,2005年。

2006年

《一位特别的写作者》(散文),《作家》2006年第10期。

2009年

《八卦阵保毛泽东畅游长江》(报告文学),《幸福》2009年第11期。

2011年

《活力·风情·阳光之旅:新马泰》(散文),《老友》2011年第3期。

《孤独的火光》(长篇小说),《芙蓉》2011年第4期。(成书后即为《少林美佛陀》。)

2012年

《黄鹭鸟仍在啼叫》(小说),《东京文学》2012年第4期。

《来自"草根"的童话》(散文),《中华读书报》2012年9月26日。

《少林美佛陀》(长篇小说),河南文艺出版社,2012年。

《张一弓小说自选集》(中短篇小说集),河南人民出版社,2012年。

研究资料索引

研究资料索引

张一弓研究资料索引

报纸期刊文章

阎纲:《高尚的圣者和殉道者——读〈犯人李铜钟的故事〉》,《新文学论丛》1980年第3辑。

潘旭澜:《胆识和艺术创新——评中篇小说〈犯人李铜钟的故事〉》,《人民日报》1980年8月13日。

刘福林:《一幕给人以鼓舞力量的悲剧》,《文艺报》1981年第7期。

曾镇南:《并不轻松的喜剧——读张一弓的三篇小说》,《学习与研究》1982年第2期。

刘锡诚:《一条坚实的道路》,《莽原》1982年第4期。

高进贤:《描绘出新时期农民的新风貌:访全国短篇小说获奖者张一弓》,《中国现当代文学研究》1982年第8期。

张炯:《人民道德精神力量的礼赞——评张一弓的〈张铁匠的罗曼史〉》,《十月》1982年第5期。

叶鹏:《挽弓当挽强:从张一弓的小说创作谈起》,《文艺报》1983年第4期。

刘锡诚:《引人深思的人生旅程:评张一弓的〈考验〉》,《小说选刊》1983年第2期。

刘思谦:《在现实的发展中反映现实:张一弓小说漫谈》,《奔流》1983年第2期。

李春燕、冯为群:《深入开拓生活 塑造美的心灵》,《文学知识》1983年第3期。

刘蓓蓓、李树声:《读〈流泪的红蜡烛〉》,《光明日报》1983年3月17日。

曾文渊:《作家的时代感和历史感》,《人民日报》1983年4月26日。

耿恭让、庄众:《也谈谈〈流泪的红蜡烛〉》,《文艺通讯》1983年第2期。

庄众:《访张一弓》,《当代文学研究参考资料》1983年第5期。

刘思谦:《张一弓创作论》,《文学评论》1983年第3期。

青居:《多余的花手帕》,《当代文坛》1983年第3期。

高直:《他为什么出手不凡:访塑造农民新形象的小说家张一弓》,《当代文学研究参考资料》1983年第7期。

张守仁:《与张一弓一夕谈》,《新观察》1983 年第 7 期。

王冉:《张一弓小说新人形象塑造手法散论》,《中州学刊》1983 年第 4 期。

周桐淦:《失去的和缺少的——读〈听从时代的召唤〉致张一弓同志》,《文学评论》1983 年第 5 期。

周志宏、周德芳:《谈〈流泪的红蜡烛〉的思想、情节、语言》,《开封教育学院学报》1984 年第 1 期。

庄众:《处于变革时代的新型农民形象:谈张一弓的〈火神〉》,《奔流》1984 年第 3 期。

卢斯飞:《张一弓:在艺术创新的道路上》,《教学与进修》1984 年第 2 期。

谢望新:《关于张一弓创作论辩的笔记》,《十月》1984 年第 4 期。

周健平:《哲理性、幽默感、乡土味——试谈张一弓小说的语言艺术》,《钟山》1984 年第 5 期。

刘敏言:《他在走自己的路——论张一弓小说的思想和艺术追求》,《文学评论丛刊》第 20 辑,《文学评论》编辑部 1984 年编。

陈继会:《张一弓创作的风格追求》,《郑州大学学报》1985 年第 1 期。

张宇:《张一弓的命运之神》,《中国作家》1985 年第 2 期。

颜慧云、王钦韶:《使弓不虚弯,斯则妙矣——张一弓创作漫评》,《河南大学学报》1985 年第 2 期。

郑得旺:《浅谈〈挂匾〉得与失》,《人民文学》1985 年第 5 期。

傅廷习:《浅谈张一弓部分中篇创作的失误》,《江淮论坛》1985 年第 6 期。

张晓菲:《开拓型的新女性——评张一弓、叶文玲的两篇新作》,《河南大学学报》1985 年第 5 期。

杨飚:《张一弓新作恳谈会纪要》,《莽原》1985 年第 6 期。

陈继会:《历史与现实组合的艺术形态:兼谈张一弓中篇小说的结构》,《小说评论》1986 年第 3 期。

齐岸青:《这种生命存在方式:我所认识的张一弓》,《奔流》1986 年第 7 期。

顾传菁:《他和时代贴得紧紧的:论张一弓的小说创作》,《渤海学刊》1986 年第 12 期。

齐岸青:《闲话张一弓》,《文汇月刊》1987 年第 4 期。

葛翰敏:《现实与历史交叉点上的农民形象:浅析〈流星在寻找失去的轨迹〉中的宋福旺》,《商丘师专学报》1987 年第 3 期。

陈继会:《张一弓:寻找与超越》,《当代作家评论》1987 年第 4 期。

管华:《散论〈犯人李铜钟的故事〉和〈心香〉的悲剧》,《韶关学院学报》1987 年第 4 期。

高立民：《为民族号脉：读张一弓的〈夜惊〉》，《当代小说》1987年第10期。

邓荫柯：《〈黑蝴蝶〉：张一弓的新探索》，《海燕》1988年第4期。

艾云：《超越中的心路历程：〈孤猎〉及其作者张一弓》，《文艺报》1988年第9期。

顾传菁：《论张一弓的小说创作》，《莽原》1988年第5期。

王烟生：《〈都市里的野美人〉的多重启示》，《江淮论坛》1989年第4期。

孙荪：《英雄情结——张一弓创作思想之核》，《河南大学学报》1989年第5期。

梅蕙兰：《辉煌的瞬间与平淡的日子——张一弓与何士光创作比较》，《文学评论》1990年第6期。

杜田材：《比较视角下的李准、张一弓语言景观》，《莽原》1991年第1期。

曹增渝：《用激情和理性浇铸当代英雄——兼论张一弓对主流文学的意义》，《小说评论》1992年第4期。

宋立民、何思玉：《一个作家走过的路：张一弓创作轨迹的检视》，《黄淮学刊》1993年第4期。

石一宁：《将文学完全推向市场是不行的：河南省作协主席张一弓访谈录》，《文艺报》1995年第4期。

李玉梅、蒋晔：《张一弓：孤独的跋涉者》，《河南经济日报》1995年9月29日。

柳传堆：《两个没有统一的野美人：评张一弓的中篇〈都市里的野美人〉》，《三明师专学报》1996年第3期。

郭新和：《一个真诚而充满激情的灵魂：张一弓小说创作论》，《河南师范大学学报》1997年第3期。

苗纪道：《试侃张一弓》，《河南省情与统计》1997年第12期。

南丁：《张一弓弓未藏》，《北京文学》2001年第3期。

阎纲：《悼犯人李铜钟》，《随笔》2001年第3期。

刘学林：《张一弓在酿酒》，《热风》2001年第6期。

何镇邦：《家族叙事的意义：读张一弓的长篇新作〈远去的驿站〉》，《文学报》2002年第6期。

何西来：《童年往事和晚年追寻：读张一弓〈远去的驿站〉》，《中华读书报》2002年第29期。

马治军：《理性之光与理性之累——张一弓创作浮沉论》，《河南师范大学学报》2002年第3期。

李保民：《一种值得注意的文化现象：从姚雪垠、张一弓的创作谈起》，《周口师范高等专科学校学报》2002 年第 3 期。

何镇邦：《诗情与历史文化相交融的家族叙事》，《群言》2002 年第 11 期。

蔚蓝：《家族小说叙事的新范型：张一弓长篇小说〈远去的驿站〉评析》，《莽原》2002 年第 6 期。

何向阳：《历史的"张看"——评张一弓〈远去的驿站〉》，《文艺报》2003 年 5 月 20 日第 20 期。

蔚蓝：《丰厚的生命体验：评张一弓长篇新作〈远去的驿站〉》，《博览群书》2003 年第 3 期。

周云华、曹茂兰：《穿越岁月沙漠的苦泪：张一弓小说中的传统意识透视》，《苏州教育学院学报》2003 年第 2 期。

叶永胜：《家族传奇的温情回眸——评张一弓〈远去的驿站〉》，《艺术广角》，2003 年第 5 期。（《理论与创作》2003 年第 5 期重复发表。）

李遇春：《告别与寻找——关于张一弓小说的话语转变》，《文学评论》2004 年第 4 期。

南丁：《漫话一弓》，《时代文学》2004 年第 6 期。

何镇邦：《灿烂的晚霞——我所认识的张一弓》，《时代文学》2004 年第 6 期。

刘学林：《孤独的跋涉者》，《时代文学》2004 年第 6 期。

张婷婷：《我有这样一位父亲——女儿眼中的张一弓》，《时代文学》2004 年第 6 期。

袁琳：《悲壮崇高的英雄赞歌：论张一弓的小说创作》，《郧阳师范高等专科学校学报》2005 年第 1 期。

张戈：《打捞历史夹缝中的回忆：访作家张一弓》，《中华读书报》2005 年第 16 期。

翟苏民：《论〈远去的驿站〉中的人物形象及其创造》，《殷都学刊》2005 年第 3 期。

张志涵：《张一弓：烟雨人生，似火年华》，《文化时报》2006 年 6 月 2 日。

刘同般：《政治对文学的召唤：以河南籍作家姚雪垠、张一弓的创作为例》，《阿坝师范高等专科学校学报》2006 年第 2 期。

英英、李怡：《张一弓：想把秋天以后的时光重新安排》，《老人春秋》2007 年第 9 期。

毋华敏、何思玉、滕朝军：《〈犯人李铜钟的故事〉：整体命意的真实性和情节细节的虚假性》，《湖北第二师范学院学报》2008 年第 1 期。

舒晋瑜：《张一弓：以悲悯之心写河南农村》，《中华读书报》2008 年 4 月

23 日。

郭大章、李长国:《农村生活的真实写照》,《广西大学学报》2008 年第 S2 期。

赵修广:《〈远去的驿站〉:张一弓的历史沉思与生命咏叹》,《淮北煤炭师范学院学报》2008 年第 6 期。

李洁:《地域文化情怀与人物塑造:评张一弓〈远去的驿站〉》,《安徽文学》2009 年第 4 期。

陈平原:《不忍远去成绝响——张长弓、张一弓父子的"开封书写"》,《文学评论》2012 年第 2 期。

刘涛:《历史小说的一种写法——〈黄鹭鸟仍在啼叫〉阅读札记》,《东京文学》2012 年第 4 期。

苗梅玲:《孤独的身影与浪漫的灵魂——张一弓访谈》,《东京文学》2012 年第 4 期。

张永、李鲁愿、秦华:《静守孤独的自由:中原之子系列人物之张一弓》,《郑州日报》2012 年 7 月 6 日。

沈岳:《近访张一弓》,《焦作日报》2012 年 7 月 21 日。

编 后 记

《张一弓研究》的编选历时一年,这在讲求效率的当下学术生产体制中显得有些不合时宜。我也原本打算用一个月的时间编出来,但一旦着手,却发现事情远比想象得复杂。首先要做的是通读张一弓的作品,尽管早先已阅读过张一弓的代表性作品,但记忆漫漶,已不足以支撑工作的进行,只有老老实实地从头细读,这就花费了不少时日;然后是搜寻并阅读关于张一弓的全部评论,从中选出合适的文章作为研究资料的主体——研究论文选辑,这是颇费思量的工作;最后的年表编排和研究资料索引,也占去不少精力。而把所有的材料进行转换、录入,则耗费了大量的体力劳动,这在笨拙的我辈则是无可奈何的事情。

研究论文的选择,依照的是综合的考量。所谓综合,就是既考虑到论文作者的知名度、论文的影响力以及论文本身的水平,又要考虑到论文观点的代表性及多元性、论文对作家不同时段作品的关注度及涵盖面。书中入选的论文是编者反复比较、多方权衡的结果。尽管如此,还是会有一些不妥之处,但尽心而已,也就感到欣慰了。对入选的文章,为了出版的方便作了统一的技术处理,主要是注释一律改为脚注,对一些明显的文字和标点符号的疏失作了订正,其他方面包括注释的不完整、不规范,词语使用的不当等,则一仍其旧、保持原貌。

张一弓是一个跨年代的作家,在变幻不已的当代文坛,可谓"一生多世"。20 世纪 50 年代开始发表作品、引起注意,80 年代名重一时,新世纪宝刀不老、新作迭出,是当代文学发展历程中堪称样本的作家,具有丰厚的文学史意义。但评论界对张一弓的关注,却是令人感慨不已的。50 年代的张一弓崭露头角即遭批判文章的围攻;80 年代的张一弓在文坛关注度极高,却也毁誉参半;新世纪的张一弓捧出了高质量的《远去的驿站》等作品,却没有得到应有的关注。文学史是冷酷的,文坛也是名利场,好在张一弓先生很早就对此淡泊、开通,静享"孤独的自由"了。但文学史从某种意义上来讲,也是虚妄的;文坛的势利也给我们带来了很多历史的错觉。它们都阻碍了我们对丰富生命的贴近和对复杂时代的深切透视。因而,本书的编撰,如果说有什么压在纸背的东西,那即是对张一弓先生、对他所开创的文学世界的一种温情与敬意!

本书为河南省青年骨干教师资助项目和河南省高校科技创新人才支持计划研究成果。

吕东亮

2014 年 8 月 5 日于信阳师范学院半亩塘畔